日本思想の道しるべ

鶴見俊輔

中央公論新社

日本思想の道しるべ　目次

装幀　髙林昭太

日本思想の道しるべ

I

日本思想の可能性

中学校一年生の時に、友達が、

「日本人ならばみんな大和魂を持っているから」

と言った。

「ぼくには、みつからない」

と言うと、その友達はやや心外な顔をして、

「君には、ないかもしれない」

と言った。私はその友達と親しかったし、その友達が文章がうまいので好きだったから、私にとっても、大和魂についての彼の考えが、とても心外だった。これは、お互いに心外なことだった。

一九三六年（昭和十一年）、二・二六事件の頃だから、それから二十七年たっている。大和魂とはなにかというしかたではなく、日本とはなにか、日本に生きているということの意味はなにかを、私はあらためて問いたい。

私は、民族という感じを強く持ったことが二度ある。一度は、アメリカにいて日本軍の真珠湾攻撃

が伝えられた時。チャールズ・ヤングという友達がこのことを知らせに来てくれた。

「これからはお互いに憎みあうことになるだろう。しかし、そういう憎しみを超えて、やがてもう一度親しさを恢復する時が来ることを祈ろう」

私には、そういう彼の感情がわからなかった。戦争中、私はアメリカ人を憎んだことがない。どちらかといえばアメリカのほうがより正しいと信じてきたから、憎むべき理由がない。同時にこの戦争に日本は負けるし、負ける時に日本にいなければならないと感じた。この感じかたには合理的な根拠はない。負ける時になぜ日本にいなければならないのか。私の理性からいえば、日本の国家が負ける時に日本にいても、日本の外にいても、どちらでもいいはずだ。しかし、日本の国家が負ける時には日本にいなければいけないという感情がはっきりと私の中にその時あった。

二度目は三年ほど前、アメリカで友達だったマリアン・リーヴィーという社会学者が、今はプリンストン大学の教授になって日本をおとずれた時。清水寺のそばの坂を歩いていると、リーヴィーが急にひとつの人形を認めて、あれがほしいというので、一緒に店の中に入っていった。店の少女はそれは売れないと言う。

「まだ一つしかつくっていないので、このつぎにつくる時にこれとおなじくらいよくできるかどうかわからないから」

はたちくらいの、のんびりした感じの少女だったが、彼女がその人形の作家なのだ。この時に私は、民族のほこりというべきものを感じた。アメリカ人の要求にたやすく応じる日本人を多く見ていて、その例外がここにあるというだけのことではなくて、ここに、自分でその作品をつくった人がいて、これまたきわめて不合理な理由で、その人がこの作品をつくった源に私もまたつながっているのだ、という感じからである。これも、まえの真珠湾攻撃の時と似て、理性の上ではあまり根拠がない。だが、日本語を共にし、日本文化を共にする者同士のあいだでは、創作の場がひとつだ、という実感が私の中に働いている。この意味では、二十七年遅れてではあるが、大和魂をある意味では自分も持っていると答えなおさなければならない。

日本思想の特色はなにか？　という問題は、大切ではあるが、それは、日本思想の流れの中で考える私にとって日本思想はどういう可能性を持つか？　という問題に答えるために大切なのだ。日本に住み、日本語で読み書きし、日本文化の約束に従って考えることをえらんだ自分にとって、今日、日本思想の持っている意味はなにか。

ここに一冊、ディヴィッド・トムソンが書いた『世界史、一九一四―一九五〇』（オックスフォード出版部）という小さい本がある。トムソンによると、世界は二十世紀に入ってからはじめて、一つの世界として描くことのできるものとなった。それまでの世界史のように、フランス史、アメリカ史、中国史、インド史などべつべつに書かれたものを寄せ集めて一冊にとじ合せるというのでなく、世界を動かした事件および条件、世界を動かした組織、世界を動かした観念、世界を動かした人物をとりあげて、それらを通して彼は世界史を描く。この本の索引を見ると、日本人の名前は、ひとつも出ていない。日本からは、世界的人物は出ていないのだ。これはトムソンが英国人だから、ヨーロッパ中心主義にかたむいているからかというと、そうではなく、毛沢東やネール、ガンジー、南アフリカ連邦の首相スマッツ、インドネシアのスカルノなどは出ている。これらに並ぶ政治家が日本から出ていないというのは、公平な評価ではないか。ムッソリーニとヒットラーは出ているが、ファシズムの三代表国家のもう一つの指導者だった東条英機は出ていない。これも、東条英機が、ムッソリーニやヒットラーのようにみずからの考えでひとつの運動をつくり出したのではないことを考えれば、当然だろう。世界を動かした観念というところでも、日本からはなにも生まれていない。歌劇としては、アルバン・ベルクの「ヴォツェック」、クルト・ワイルとブレヒトの「三文オペラ」の二つがあげられ、ほかにピカソの絵、思想家としてはスペインのオルテガの『大衆の叛逆』などがあげられている。それらとおなじほどの独創性と影響力を持つ観念は、日本からは生まれていない。

では、日本はまったく評価されていないのかというと、そうではない。日本に言及している度合はアメリカ、ソ連に次ぎ、フランスやイギリスよりも多い。特に、地名として出てくる長崎、広島、沖縄。これらをよそにして現代世界史を語ることはできないのだ。

日本からは、世界史的な意味を持つ偉大な個人は出なかった。しかも、日本は現代世界史にとって重要な意味を持っている。このバランスの感覚の中に、われわれが日本思想について考える時の道しるべがある。地球の表面のごくわずかな部分に集まって生きている日本人の集団が、この百年にしてきたことは、世界にとって大きな意味を持っている。この百年の日本人の集団としての行動の中にふくまれるものとしての思想が、日本に生まれた特定の個人の思想にくらべて対照的に重要な意味を持つ。おなじ程度の対照が、ヨーロッパ諸国、アメリカ、中国の思想史においても成りたつとは思われない。

この百年に集団として日本人がしてきたことは、世界の思想史にとって意味のあるものを特にえらぶとすれば、二つに分けられる。ひとつは明治維新、もうひとつは十五年戦争である。

明治維新について

日本の文学史には、ヨーロッパの文学史に現われるような、架空の約束によって架空のもうひとつの社会をつくりだすような本格小説は現われなかった。中村光夫によれば、日本の近代文学は欧米の近代文学をお手本としながらも、作家みずからの幼い時の夢がやぶれてゆくようすをそのまま書いた私小説と、それぞれの時代の社会の風俗をこまかく写して時代のうつりかわりを伝える風俗小説とに分かれて、日本文学独自の伝統をつくり出した。ここに見られるフィクションの欠如は、日本の政治思想史にあるユートピア思想の欠如と見合っている。藤田省三によれば、日本の近代政治思想史の上に理想社会の見取り図の設計がなかったことが、その後の日本思想に大きな影響を与えている。フィクションとユートピア、文学と政治思想の両方にまたがって作品を生み出したルソーのような個人は、日本にはたしかに欠けている。トマス・モーア、カンパネルラ、ラブレー、スウィフト、デフォー、ヴォルテール、プーシュキン、メルヴィル、マーク・トゥエインのような個人を、日本の思想史は生み出していない。明治以後の日本の近代は、すぐれた個人の見取り図なしにもたらされた。にもかかわらず、そこには、集団を単位として見る時に、ユートピアを構成する力が働いていた。

徳川幕府は日本の国を一六三三年から一八五四年までとざした。しかし、毎年十一月、十二月には季節風が吹いて、漁師や水夫を日本の外に連れていった。彼らの多くは無人島に着いた。日本の人口は幕末まで三千万人くらいで、今ほど本島内に家がたてこんでいなかったから、日本のまわりには無人島が沢山あった。漂流の何カ月、無人島上の何年かを、この人びとは、徳川の封建社会で教えられなかった、まったく新しいルールをつくり出して生きるほかなかった。身分本位の社会習慣は必要によってなくなる。多くの漂流者はそこで死んだであろう。漂流者の何人かは、無人島のそばを通りかかった外国人の船に助けられて、中国、アメリカ、ロシアで、これまた日本の社会習慣とはちがうルールによって成りたっている社会があり得ることを見きわめて、日本に送りかえされてきた。

日本に帰ってくると、漂流者はまず牢獄に入れられた。ここで何人かは、最後の綱を断ち切られたように感じて、自殺したり発狂したりした。それでも生きのびた者は、長いあいだ御苦労であったと言われ、幕府からほうびのお金をもらい、故郷へ帰ることをゆるされた。ただし、海外で見てきたことを人にしゃべってはならぬ、諸国をまわってはならぬと申し渡されたのだから、お金はほうびというよりも口止め料だった。

漂流民のひとり、重吉の場合を見よう。重吉はロシアをまわって、一八一六年（文化十三年）に日本に帰ってきた。ほうびとして幕府から生涯にわたって二人扶持、自分の藩の尾張の殿様から七石二人扶持を受けて侍に取りたてられ、小栗という苗字をもらった。故郷に帰ると貞淑な妻が、死んだと思った主人の家を守っていた。重吉はそこに帰って、だんだんに気がめいっていった。長い漂流の中で、多くの仲間が死んだ。その時に仲間のうちの誰かひとりでも生き残るとすれば、そのひとりが石碑をたてて、一行みんなが成仏できるように供養をすると約束した。今重吉がそのひとりとなったが、彼の武士の身分と俸禄をもってしても、石碑はたてられない。重吉は幕府からもらった二人扶持だけを残して故郷の妻子のために当て、尾張の殿様からもらった七石二人扶持と侍の身分と苗字とを殿様に返し、そのかわりに、禁じられていた自由な通行の権利を得た。ロシアから持ってきた帽子と服とをたずさえて、各地の人に見せ、自分の仲間のための石碑をたてたいからと、寄付をたのんだ。こうして托鉢によって得たお金と、夜昼内職して得たお金とで、重吉は念願の石碑をたて、その供養に後半生を送った。

重吉の行動にはふたつの観念がふくまれている。ひとつは、家庭の幸福よりも死者をふくめた共同体のほうが、重吉にとって重かったこと。もうひとつは、誰からどのようにしてもらったお金も、お金であるからにはおなじ意味を持つ金なのではなく、なくなった仲間の供養をするためには、殿様からもらったお金を返して、道で会った人の寄付ならびに、自分の労働にたよるべきであると考えたことだ。今日に伝わっている漂流譚のひとつひとつに、このように行動の中にふくまれた漂流者個人の思想が残されている。

話をひろめるのにいちばんいい方法は、これは秘密だよ、と言って、人に耳うちする方法だ。人から人へと伝わるあいだに、もとの話のかたちはゆがめられてゆくが、話の主題は伝わる。徳川の末は漂流譚がかたちを変えつつ語りつがれた時代だ。その意味は、十五年戦争のあいだにかわされた数々の流言や、かえ歌よりも大切だ。伝えられた話はまわりまわって、日本のサークル運動史の最初のグループと考えられる尚歯会の学者たちにとどく。尚歯会の渡辺崋山と高野長英が、夢に託して書いたユートピア思想が、漂流民に関するものであったことは、おもしろい。イギリスの中国研究家モリソン氏が漂流民を日本にわざわざ送りかえしてくれようというのに、それを徳川幕府が砲撃して追いかえすのはけしからん、などとのべたが、モリソンとは中国研究家の名前ではなくて、モリソン号という船の名前だった。徳川幕府の言論抑圧に苦しんだ彼らが、時として、幕府の支配を抜けて、無人島の天地に新しい社会をつくりたいなどと話しあったこともうなずける。こうした話が実際的な計画と見なされて密告され、長英と崋山の投獄にまで発展する。彼らはともに自殺して終った。

渡辺崋山、高野長英など尚歯会の思想の中には、ユートピア的構想力がある。それらを、重吉たち漂流民の創意ある行動と結びつけて理解することが必要ではなかろうか。ウーリエル・ダ・コスタがユダヤ教徒の共同体から破門され、石を投げつけられて殺された(あるいは自殺ともいう)のを見聞したことは、スピノザの徹底した自由宗教思想をつくるきっかけのひとつとなった。ダ・コスタとスピノザとを育てる同時代の根を見ることが思想史として重要なことと考えられるが、この両者の関係にも増して、漂流民と尚歯会の知識人とを育てた同時代の根は重要である。

尚歯会のユートピアとはべつに、日本の古代の神話をもととした尊王攘夷のユートピア思想があった。これも機能としてとらえるならば、目前の徳川幕府の政治形態とはちがう政治形態が昔にはあったし、だからこそ今から後もつくり得るのだ、というユートピア思想としてあった。このように考えることは、すでにこまかい考証のなされている日本思想史を、にぶい蛮刀でたたくようなものだが、もっと大まかにとらえる道をさがすことが必要だと私は思う。

尚歯会から流れ出る近代社会のユートピア像と、国学から流れ出る王政復古のユートピア像とは合流して、明治維新の思想をつくる。明治新政府の思想において、尚歯会流の考えかたは文明開化、つまり工業化への方向を代表し、国学流の考えかたは中央集権と富国強兵の方向を代表する。それらふたつのものが結びあわせられて、明治国家の思想が生まれる。この明治国家は、一九四五年の敗戦によってほろびる。そのほろびかたそのものの中にふくまれた新しい思想は、滅亡のもとをつくった満洲事変以来の十五年戦争に求めることができる。

十五年戦争について

ドイツ人シグムント・ノイマンの著書『現代史』（曽村保信訳、一九五六年）によれば、第二次世界大戦は一九三一年の満洲事変からはじまった。宣戦を布告せずに他国の領土内に軍隊が入ってゆき、軍のうしろだてによってそこに傀儡《かいらい》政権をつくり出すという方法は、日本が満洲事変ではじめて試みて、その方法をイタリーとドイツがまなんだものである。このかぎりにおいて、日本にとっての十五年戦争は、世界の歴史のコースに大きな影響を与えた新しい動きだった。満洲事変は、日支事変にいたって日本国家を動きのとれぬ困難の中に追いやり、やがてその困難を打開しようとして大東亜戦争をくわだてさせることとなる。日支事変から大東亜戦争の終りにかけて、日本国家の中枢には、調査と計画にもとづく指導力が失われていた。大東亜戦争を、アジア・アフリカの植民地解放というよい結果のゆえに肯定するという考えかたがあるが、この考えかたは、その論者が十五年戦争の最中に日本国家のプログラムを支持し、それによって勝つことができると考えていた人である場合には、成りたたない。なぜならば、戦後のアジア・アフリカ諸地域の独立は、日本国家の戦争目的があのようなしかたで挫折したことの結果として生み出されたものだからだ。

しかし、国家の計画に加わっていたかいないかを問わずに、日本国家の内部に、日本国家がこれこれのしかたでの抵抗に会って戦争に失敗し、その失敗の結果としてこれこれの目的が達せられると計算して、この国家目的に参加した人がいるならば、そういう人にとっては、戦後日本の発展も、戦後のアジア・アフリカ諸国の解放も、みずからのプログラムのうちにふくめられたものとして考えられるだろうと思う。この考えかたが、眼に見えるように描かれているのは、吉田満の書いた『戦艦大和の最期』である。尾崎秀実《おざきほつみ》を、そういう思想を持った人の実例としてあげたい。

この考えかたが、眼に見えるように描かれているのは、吉田満の書いた『戦艦大和の最期』である。この世界最大の軍艦大和が、日本本土をはなれて沖縄にむかう特攻作戦にすでに出撃してから、大学生出身の士官をふくめて、なぜ自分たちは死ぬかの意味についての議論がはじまる。言論統制の最もきびしかった戦争中の日本において、この時ほど自由な議論がなされたことはない。それは、徳川封建制のもとで、漂流者がつくり出した別様の時間――空間とおなじような時間――空間だった。この議論に決着をつけたのは、学徒兵出身の士官ではなく、軍隊内部で自分の考えをつくりあげてきた哨戒長の臼淵大尉である。

「自分たちは戦場に達するまえに撃沈されるだろう。自分たちは作戦に役にたたない。自分たちの死は無駄である。このことが、自分たちの死によってあきらかになることが、自分たちが死ぬことの意味なのだ」

軍人としての冷静な計算を徹底させてゆくならば、みずからが命じられたこの出撃が軍事的に無意味であることをさとらざるを得ない。自分たちにこのような作戦を命ずる日本の軍隊の訓練のしかた、その構造、その考えかたの根底にまちがいを認めざるを得ない。軍人としての思想を徹底させる果に、臼淵大尉のこのような結論が生まれたのだ。十五年戦争の死者の何人かは、そのように考えて死んだ。

この考えかたは、合流の論理というべきものをふくんでいる。自分たちはこの方角にむかって動く。自分たち以外の諸勢力は自分たちを押しつぶすためにこのように動く。その結果自分たちはこのように屈折して、自分たちの目的を達せずして失敗するであろう。その自分たちの失敗のしかたそのものが、自分たちのプログラムの中にふくまれて、自分たちが現在表面的にこころざしているよりも高い目的が、自分たちの失敗の上に現われてくるであろうと考える。すべての現実的な行動のプログラムは、多かれすくなかれ、こうした合流の論理をもちいて、組みたてられているであろう。これまでの十五年戦争の日本側指導者たちの残した公式文書、覚え書き、行動記録によって見ると、尾崎秀実のようなごくわずかの例外をのぞき、合流の論理をもちいて十五年戦争時代の日本国家のプログラムを組みたてていた人は見つからない。しかもこれらの指導者は、合流の論理と、単に目前に新しく生じた結果を常に正当化する論理（状況追随の論理）との区別がつかない。だから、戦争中は楠木正行《くすのきまさつら》に続けと、名文章を書いて、みずからは死地に立たずに青年を死に追いやり、戦後はこの民主主義こそ自分たちの願ってきたものだと、アメリカ占領軍の政策に身をよせるのだ。この状況追随の論理は合流の論理とおなじく、現実主義の一類型にはちがいないが、いかなる現実にも常に身を寄せてゆくという意味においての現実主義であって、現実を切りひらいてゆくという意味での現実主義ではない。

戦後の日本は、戦争を放棄したその憲法、徴兵制度を持たない国家のかたちを、十五年戦争の避けがたい遺産として引きついだ。あのような敗戦のしかた、占領のされかたのゆえに、みずからふかく問うて異議を申したてるひまのないままに、今の憲法と国家のかたちを持つようになった。そのかぎりにおいて、戦後日本の国家という制度の中にふくまれた思想は、十五年戦争の結果の一部であると考えることができる。われわれは今、十五年戦争当時の日本国家の指導者たちが、十五年戦争を正当化するしかたをとらない。今の立場にたって、合流の論理を通して十五年戦争と戦後の情勢とを整理し、日本の戦争意図の失敗の結果として戦後の日本の思想が生まれたことを見るようにしたい。これは、臼淵大尉のような死者の眼を戦後世代の心の中に活かすことになるだろう。

十五年戦争と、その避けがたい結果として現われた戦後日本とは、明治維新と並んで、世界の思想史に対して大きな意味を持っている。明治維新は、アジア・アフリカ諸国の中で、欧米とおなじしかたで工業化することを通して独立をたもつ道すじを最初につくった。それから百年近い今日もなお、アジア・アフリカ諸国が自分の道をさがし求める際のひとつの参考例となっている。バーバラ・ウォードがガーナ国首相のエンクルマのまねきに応じて、ガーナ建国に最も役にたつような講義をたのまれておこなった『世界を変える五つの思想』（鮎川信夫訳、一九六〇年）を近頃読んで感じたことだが、明治維新はアフリカ人のユートピア思想の一部分となっているのだ。戦後の日本国家がその制度の中にふくんでいる平和思想もまた、未来の世界社会に対するユートピア的構想力の表現としてこれから働きつづける可能性を持っている。しかし、ここで問題はもとにもどる。

集団的思考の回路を通して、日本人はユートピア思想をつくった。しかし、そのことは個人としてのユートピア思想家が、日本の文学史にも、日本の政治思想史にも、現われなかったことをつぐなうものではない。十五年戦争とその敗戦は、これまた集団的思考の回路を通して、国家制度の中にふくまれた平和思想を生み出した。この事実もまた、十五年戦争の期間を通じて弾力性をもって刻々の状況と取り組むガンジーのような個人を日本が持たなかったことのかわりにはならない。敗戦体験の記憶がうすれつつある現在、そうした個人の不在が日本にとってむずかしい問題をつくっている。集団としてわれわれがユートピア思想らしきもの、平和思想らしきものを過去において持ってきたということは、現在のわれわれを十分に支えてくれるものではない。連帯よりも自立に現在力がそそがれなければならないという吉本隆明、谷川雁の考えは、現在の日本の状況と適切にかみ合っていると思う。日本思想の特色はなにかという客観的な問題設定と、それに対する実証的な手続きによる解答とは、今日もなお必要なことではあるが、そういう学問専念主義にどうしても欠けてしまうなにかがあって、それが今までにまして大切なのだ。

伝統について

今はなにがいいことになっているのかを常に新しく知ろうとして、その新しい権威に自分を合わせようとする習慣が、リースマンによればアメリカでも戦後ひろがってきたそうだ。日本でも、明治国家を支えた天皇制思想の座標軸が国民全体のものとして働く状態がなくなってから、社会全体の傾向をもって自分の判断の基準にする習慣が強くなっている。この習慣は、進歩派、保守派の区別をこえてひろがっているようだ。これは、ニュース主義と呼んでもいい思想のかたちをつくり出した。現在の問題を、常に現在もたらされるニュースによって判断しようとする考えかただ。そういう考えかたは、現代人の底にある不安をますます強めてゆくばかりだろうし、そうしたかたちで強まってゆく不安は創造力を持たない。

現在を現在としてうすく切ってはいけない。われわれの力のゆるすかぎりの厚みを持つものとして、現在のどんなニュースをもとらえるべきだ。地球の歴史の厚み、人類の歴史の厚み、エジプト以来の記録された歴史の厚みをフルにつかって、今もってこられたばかりのニュースを判断することができるといいのだが、私としてはたかだか、十五年戦争以来のこととして、また明治維新以来のこととして、現在の日本の状況をあるていどの厚みをもって切ることができるばかりだ。だがもっと勉強していつかは、『古事記』以来の流れの中で、日本の伝統そのものの厚みをもって現在の日本の状況を切りとってみるところにまで進み出たい。

私は近頃『古事記』を読んで、特にそのはじめの部分に、天皇制がつくられる前の社会思想が、ところどころに顔を出しているのを感じた。それに気づかせてくれたのは、筑紫申真の『アマテラスの誕生』（一九六二年）という本だった。天皇制のつくり出される前の日本の社会思想は、どういうものだったのだろう。それは『古事記』のはじめにあるような、自然と人間があまり区別されることなく交流し、人間同士も、おたがいにあまりけじめなく、一体感をもって集団的に合議するような状態ではなかったか。そのもとのかたちがきだ・みのるや柳田国男や神島二郎の伝えるいろいろな部落会議に今も残っているものではないか。こういう見かたをもとにして、柳田国男が『明治大正史』で試みた明治維新批判をさらに進めてゆくならば、官僚万能・法律万能主義で上からの改革をおこなった明治新政府の思想そのもののもろさが、日本のよりふかい伝統の内部から批判されてゆくのではないか。

明治国家が成功をすでにおさめた大正時代に、先祖代々の位牌四十五枚をふろしきに入れて、帰るべき家も土地もなく、年の暮になって、ただ都会をさまよい歩いた末に交番に保護された九十五歳の老人の話などは、祖先崇拝の習慣に生きてきた人びとがいかに明治国家の中で保護されずに、のたれ死にに追いやられたかを示す実例として、明治国家に対する保守的な立場からの有力な批判になっている。

明治国家がそのエネルギーを汲みあげた源は、そうした祖先崇拝、なくなった親たちをふくめての郷土とのふかい結びつきにあり、それが、人の見ていないところでも自分の理想にむかって努力をつくす習慣を与え、一種の座標軸としての役割を果していた。この源泉から断ち切られた大正・昭和の国家が、明治とは別の道を歩みだすのは当然のことだったと、柳田は考える。われわれの中にある最も原始的なものを掘りおこし、それを現在に活かす道を見つけることが、これからのわれわれのひとつの目標になるだろう。このあたりのことは、私にはまだよくわからないが、山岸会と大本教に対して興味を感じるのは、そこに天皇制がつくられる前の日本の社会思想が、すぐれて現代的なしかたで活かされているように感じられるからなのだ。世界各国の国家主権を世界社会の中にひたし、それをつくりかえてゆくという目標に、その遺産が役にたつように思う。

はじめに書いたように、私は自分が大和魂を持っているかどうかよくわからないで育ってきた。今も、日本人を越えるものが、自分の中に強く動いていることを感じる。同時に、ここに住んで日本語によって考えている以上、この伝統が自分の中に強く生きてこなければ、自分の思想には活力がないと思う。十五年戦争のあいだに自給自足（アウタルキー）という言葉がよくつかわれたが、方法的な仮りの約束としてのアウタルキーを、これからの自分の勉強のプログラムにしたい。日本文化が雑種文化としてしかみずからの道を切りひらけないという、加藤周一の意見には賛成だが、活力のある雑種をつくり出すためには、ただ西欧種の思想と日本種の思想とをまぜてゆくだけではできない。

むしろ、今特に要求されることは、日本の古来の伝統的な思想をどのように今までとは別の仕方でのばすことができるかを主として考えながら、そのプロセスにおいてかずかずの雑種をつくってゆく方法だと思う。日本の伝統の語彙によって現代の世界の要求に耐えるような思想をつくり得るとは思えないが、方法的な自給自足を、もっと試みてみなければ、われわれは日本の伝統の持つ可能性をためすことができない。

過去が過去として切り離されることなく現在の中に生き、われわれを未来にむかって推し進めるように働く。それが思想の力だ。われわれが日本の思想の力を、その弱さ、つまらなさ、もろさをかくすことなく見てとって、開発するためには、この暫定的自給自足の方法をもっとつかってみなければだめなのではないか。

（一九六四年一月）

日本の思想百年

一　「思想」の定義

「思想」という言葉は、へんな言葉だ。わたしは、あらゆる言葉を、今の日本の使いかたからひきはなして欧米の流儀に近づけてゆきたいと考えるものではない。しかし、「思想」という言葉にかぎっていえば、欧米流の使いかたに近づけるように努力したい。

さきの陸軍中将石原莞爾は、戦争裁判の証人として、とりしらべをうけた。連合軍の係官が、

「あなたは、戦争中、東条英機大将と思想的に対立したというが、それは本当ですか？」

ときくと、

「本当ではない」

と石原はこたえた。係官が意外だという顔を見せると、石原はつづけて、

「私には思想がありますが、東条には思想がありませんから、思想上の対立などおこるはずがありません」

と言った。

この話には石原将軍の面目があらわれていておもしろいと思う。しかし、石原のように「思想」と

いう言葉をつよくたかい意味だけでつかうことには反対だ。

「だれそれは無思想だ」というふうな中傷の言葉を、他人に投げかける習慣が、明治以後の日本にできた。自己批判の言葉としても、たとえばこういうふうにつかわれるのを、ときどき聞く。

「わたしは無思想なので、これから勉強して思想を身につけたいと思っています」

こういう場合の思想とは、なにかひとつの原理によって結びあわされた思想体系、まとまりのある思想をさすのであろう。だが、それだけではなく、その思想が日本人の毎日の言葉からかけはなれた外国種の抽象用語によって表現されるような種類のものであることをも、あわせて意味している。こうなると、前の石原の話にあった逆説としてのおもしろみが消えてしまって、思想を自分の毎日の日常生活から切りはなしてとらえるというこまった習慣と、さけがたく結びついてしまう。

それは、思想は学者などが持つべきもので、それ以外の者は持つ必要はないもの、という考えかたとも結びつく。明治以後の学者の模範は官立大学教授であって、それらの人たちの生活を律する思想が根本的には天皇制官僚としての思想であることを考えるならば、こういう人びとの著作に思想を求めるという習慣は、欧米種のさまざまの思想が何年に誰によって日本に輸入され、何年に誰によってどのように解釈されたかというあとをたどることになり、たしかにそのかぎりでは、思想は思想の専門家たち以外には必要のないものになる。

このような天皇制官僚による研究と解釈が、そのもとの思想をおとろえさせたという自覚もまたあった。その自覚をおしすすめると、カントは日本でいつ死に、マルクスは日本でいつ死に、ニーチェは日本でいつ死に、サルトルは日本でいつ死んだか、というふうに、思想というものがみんな死んでしまったという完全否定の状況把握がうまれる。椎名麟三のエッセイにはそういう心境がスケッチされている。こういう考えかたは、輸入してきたもとの国々ではカントの思想、マルクスの思想、ニーチェの思想、サルトルの思想がそれぞれ根づいて生きているということを前提としている。だがそういう前提は正しいだろうか。そのもとの国々においても日本の官僚的学者が思想を衰弱させて死なせたような条件がないと保証できるだろうか。

わたしは思想を、それぞれの人が自分の生活をすすめてゆくために考えるいっさいのこととして理解したい。それは断片的な知識とか判断からなりたっているものだが、おのずから全体をつらぬく傾向あるいはまとまりを持っている。その細部に注目するのでなく、全体のまとまりに注目する時、とくに「思想」とよばれるような対象がはっきりあらわれるのだと思う。人は自分の私生活について考える時にも、人間とはだいたいこんなものだ、とか、人生とはこんなものだ、とか、社会とはこうあるべきだ、という一般論を避けることはできない。人間以前の社会については断定をさしひかえるが、人間以後の社会においては、思想を持たないという状態は考えられない。思想にまとまりがなければいけないという考えかたは、それをあまりつよく要求する場合には、研究とか解釈の領域内に思想をとじこめてしまうことになりかねない。身分を保証された研究室で歴史上のなにかの人物の思想を研究し解釈するという条件のもとでは、思想は高度の一貫性を持つものになりうる。ただしそれは、その研究者の生活をささえる思想とは無関係なものとしての一貫性である。

思想が欧米渡来の学術語によって表現されていなくてはならないという考えかたもまた、廃されていいものと思う。思想が抽象性と一般性を持つことが必要とされる場合にも、必ずしも欧米思想用語の輸入をとおして目的を達しなくても、おなじ目的に達することはできる。われわれの毎日の生活上の言葉が、つかいかたによってより高い抽象性と一般性をもつような状態に達するように努力することを正統の道としたい。

日本文化の特色は、たとえばドーアの『徳川時代の教育』に論じられているように、江戸中期に同時代のフランスやイギリスをうわまわるたかい読み書きの能力を持つ大衆が存在したことにある。欧米の学術語の日本輸入以前から存在する日本の大衆の思想の伝統の上に、近代日本の思想はたてられた。こういう視野の中に近代の日本思想を置く時、この百年の思想史は、欧米学説の輸入史とは別の性格を持つものとして見える。

二 状況に根ざす

明治以後の学問の歴史は、明治以前と切れることによって再出発をはかった。その中で明治以前の知識人の思想的伝統ならびに大衆の思想的伝統とのつながりを見失わないでみずからの思想をつくり出した人は、日本の学者の中では少数派である。この事情は、約八十年後に日本の国家の最初の敗北をむかえた時にくりかえされる。この時にも、敗戦前の時代とのつながりを見失わずにみずからの思想をつくろうとした人びとは、学者のあいだでは少数派だった。このことは、学者の思想が日本では欧米とはちがい、インドや中国ともちがう、かなり特別の性格を持つことに由来する。この点についての反省をもって思想史をふりかえるならば、同時代の欧米先進国の思想を見事に吸収した人びととはべつに、日本の伝統と日本の状況を頭に入れて日本の外の思想を日本にうつし植えようとした人びととの系列が注目される。自由民権思想における中江兆民、北村透谷、キリスト教における内村鑑三、社会主義における幸徳秋水、堺利彦、山川均、尾崎秀実、無政府主義における大杉栄、石川三四郎など、この人たちは国粋派と輸入派との中間にたつ人びとであって、いわば土着派の外国思想研究者である。彼らは、加藤周一の用語を借りれば、日本文化の雑種性に耐えて、さけがたいこの日本文化の状況の要請にこたえてゆこうとした思想家だといえよう。

明治以前の思想とのつながりの上に、近代思想をつくった一つの道すじとして、家学をあげることができる。家の中での学問の蓄積は、明治以前には、今日考えられないほどの大きな役割を果したであろう。その延長線上に学問をつみあげていった人には、明治以後の学校制度をとおしての欧米思想の学習から、それほどの悪影響をうけていない。わたしは、明治以後の家学の役割をひろくしらべて見たいと思っているが、果せないでいる。すこししらべて見たかぎりでは、佐佐木信綱の歌学、柳田国男の民俗学（新国学）、権藤成卿の政治学などが、その実例である。

幕末以後の日本の百年の思想史の中で、誰が一番えらかったか。そういう素朴な質問にも、いくらかの意味はある。もっとも重大な思想家として、どんな人を最初に思いつくか、というふうな連想のテストの結果がどうでるか、というだけの意味は、あると思う。『現代日本思想大系』という叢書（筑摩書房）の目録の中から、一人で一冊をしめている最重要の思想家をさがすと、福沢諭吉、内村鑑三、西田幾多郎、田辺元、鈴木大拙、河上肇、柳田国男、三木清、和辻哲郎ということになり、内村、鈴木、柳田をのぞくと、全部が大学教授であり、さらに福沢、三木をのぞくと、のこり全部が東大・京大の教授である。こういう連想が、日本百年の思想史を考えるともっとも普通の撰択だろう。今日の大学生、大学卒業生としては、このような答を出せば、教養ある人の答としてとおるのだろうと思う。

近代日本の思想の素描をこころみるについて、わたしは、そういう連想の道すじから離れたい。

世界思想史の中で日本思想がどれだけの役を果したかという問題について、まだ評価はできていない。明治以後の日本思想についてだけいえば、この百年の世界思想に大きな影響を与えるだけの独創的な思想家を生みだしていないというのが、公平な評価であろう。日本の大衆の思想的伝統を活かしてこれに独自の表現を与える思想家が現われるには、この百年では足りなかった。しかし、「独創的」という言葉にはふたつの意味がある。ひとつは、ほかの人の仕事によって置きかえることのできない独自の何かを人類の思想的遺産に対して加えたという意味である。もうひとつは、その仕事が当人の自己に根ざしているという意味である。大まかにわたしの状況判断をのべるとすれば、わたしはこの百年の日本思想史は第一の意味における独創性を欠いていると考える。しかし、第二の意味における独創性を持つ思想家たちを重んじる気風をまずつくることをとおして、やがて数百年の後には第一の意味における独創性を世界思想史の中で持つことができるようになるかもしれないと思っている。

第二の意味における独創性、その思想が自分の中に根ざしているという条件をみたすためには、ただ単に思想が当事者の自我に忠実であるだけでなく、その自我が生きている同時代の状況と見事にかみあっていなくてはならない。結果としてつくりあげられる思想のかたちが世界思想史の脈絡の中でどれほどめずらしい骨格を持っているかは、いちおう別の問題である。その骨格そのものが他の国々の人びとに重大な影響を与え得るほどのものであるならば、その思想はふたつともの意味で独創的といえるわけだが、そういう先例をわれわれが持っていると信じることはできない。

自分と自分の生きている同時代にふかく根ざす思想を求める時、われわれは、この百年の中から、田中正造（一八四一―一九一三）をあげることができる。幸徳秋水らのいわゆる大逆事件による処刑の後で、石川三四郎が日本をのがれてフランスに旅立った時に、石川は、田中正造の伝記を書くことを田中に約束したそうである。田中の伝記が書かれたならば、世界に独特なこの新しい偉人の姿が現われ、世界の人びとに影響を与えるであろうと、石川は考えたのである。この約束を、石川はヨーロッパ放浪中に果すことはできなかったし、日本に帰ってからも果すことができないでなくなった。田中正造の思想が体系として独自の構造を持っていたかどうかはうたがわしい。むしろここには、思想家が知恵を引き出すことのできる原鉱のようなものがあると考えたほうがいい。この百年の日本思想を考える時に、まず田中正造を私が連想するのは、彼の思想の中に、思想そのもののレベルにおける一貫性とはちがって、状況にふかく根ざすという性格がよく現われているからである。林竹二の評伝「抵抗の根――田中正造研究への序章」(『思想の科学』一九六二年九月号)によれば、田中正造は封建時代における権力批判の精神が明治以後の社会制度の下に新しい生命を獲得したひとつの実例として重大である。

田中は栃木県安蘇郡小中村に生まれた。祖父の代以来の名主の家の子として自分もまた十九歳の若さで名主となった。領主の六角家は代々善政をしいてきたが、田中が名主となった頃にはたまたま筆頭用人に私腹をこやす人が用いられ、若君の結婚準備のために新しい館をつくり、業者からたかいリベートをとろうとしたり、名主を一方的に六角家の側から指名して、それまでの自治の制度をくずそうとした。そこで領内七ヵ村の百姓七百余名が連判して、大きな抵抗運動が生まれた。この闘争は、一八六四年(文久四年)から一八六九年(明治二年)までつづいた。その最後の段階で田中は投獄され、わずか三尺立方の牢獄の中で十ヵ月と二十日間をすごした。田中は毒殺をおそれて、ひそかに同志にさしいれてもらったかつお節二本で三十日のあいだ飢えをしのいだ。この闘争は明治二年、田中が二十九歳の時に、百姓の側の完全な勝利をもって終った。この闘争には田中は父と共に参加していたのだが、その最中に彼が名主をしている村と彼の父の割元としての支配下にある村とのあいだに争いが生じた。この時田中は奉行所に出て、父と争うことをあえてしている。こういうところに、名主は村の意志の代表なのだから、親子の間柄をこえて動かなければいけない時があるという田中の信念が、すでに封建時代に生じていることが見えておもしろい。

もうひとつ、封建時代における田中の特色は、利益を重んじることだった。田中の父は、名主の職にある者は商売などのいやしいことをしてはならないという考えを持っていたが、田中は父の反対をおしきって、藍玉の売買をして、三年のあいだに三百両をもうけることができた。この金が、六角家に対する抵抗運動を組織する時に役にたった。

田中は明治に入ってから県会議員となり、衆議院議員となる。その間に足尾銅山の鉱害をうけた谷中村の人びとの問題をとりあげて解決しようとしたが、議会では解決できないしくみになっていることをさとり、一九〇一年（明治三十四年）、六十一歳の時に議員をやめる。おなじ年に天皇に直訴をこころみたが、この方法も効果はなかった。それ以後は谷中村に住みつき、村外の人びとと力をあわせて、谷中村の生活権をまもるためだけに力をかたむける。しかし、一九〇五年には谷中村の人びとはもうそこには住めなくなって、村外に移住したし、一九〇七年には残っている人びとに対しても警察はその家屋を破壊して強制退去を命じた。一九一三年（大正二年）、田中は七十三歳で失意のうちに死ぬ。しかし田中の教えた少年島田宗三が田中の志をついで訴訟をつづけ、一九一九年にいたって谷中村村民の賠償請求の訴えに勝利を得て、田中の主張をつらぬいた。

「谷中のほかに日本なし」これが田中の信念だった。田中にはこのような断片的な文章と言葉しか残っていないが、この言葉の中に、民主主義についての田中独自の把握のしかたが現われている。大衆社会の成立と共に、日本人の大多数がかなり似たような生活様式を持つようになると、さまざまの特殊な少数グループのかかえている深刻な悩みが忘れられやすい。戦後二十一年目の今日、日本には原爆被災者がおり、戦争未亡人がおり、傷痍軍人がおり、在日朝鮮人がおり、未解放部落の人びとがおり、不安定な労働条件の下に働く中小企業の人びとがおり、都会の施設からしめだされた農村の人びとがいるが、それらの人びとの声は、政府の視野に入らないばかりか、マス・コミュニケーションの視野にも入らず、したがって国民大多数の視野にも入らない。

「谷中のほかに日本なし」という田中の民主主義思想を現代の状況にあてはめて考えてみるならば、これらの少数者の問題を自分のものとして受けとめ、そこから日本全体のしくみを批判しつづけてゆく活力のある民主主義思想がうまれるだろう。このような型の民主主義思想を、われわれは敗戦後といえども、みずからのものとしていない。アメリカに占領された七年間のあいだに、アメリカがわれわれに教えることのできなかった種類の民主主義思想がここにある。アメリカが日本人にこの種の民主主義を教えることができなかったのはあたりまえで、当のアメリカ自身がこの種の民主主義思想の欠如のために危険な道に入りこんでしまっているのだ。

明治国家の理想像は、教育勅語によって定式化された。教育勅語にはさまざまの徳目がならべてあるが、民主主義的な人間であれ、というふうな徳目はここに入っていない。敗戦後の昭和国家の理想像は、「期待される人間像」(一九六六年)によって仮りに定式化されているが、ここでは民主的な人間であるようにという徳目が加えられているものの、国家がまちがいをおこす時に力をこめてそれを批判する個人の権利義務を擁護するという民主主義思想の精髄がかけている。田中正造の語録と文章とその生きかたとは、人民の抵抗権の側から民主主義をとらえてゆく道すじを教える。これこそ今日をもふくめて明治以後の日本人に最も必要な思想だったと考えられるし、日本だけでなく、今日の世界にとって最も重大な思想だといえる。

封建制度下に権力に対するある種の抵抗をこころみたか、あるいは抵抗をこころみなかったことについてのふかい反省を持ったかのいずれかの場合においてのみ、明治以後の時代における民主主義思想は根のあるものとなり得た。この問題は、戦中・戦後の問題にうつして考えることができる。戦争の末期から敗戦直後においてさえ、われわれが日本の軍国主義権力に対してほとんどなんの批判をもなし得なかったという反省の上にたてられなかった民主主義思想は、なんの意味もない。国家権力が紙のごとく薄くなっていた戦争末期に獄中でなくなった哲学者戸坂潤、おなじく敗戦直後に獄中でなくなった哲学者三木清、この二人の哲学者は戦後の日本の民主主義思想の性格とわかちがたく結びつけられている。これら二人の獄死をふせぐことのできなかったわれわれみずからの状況をあきらかにすることなく、戦後の民主主義について語ることはできない。こう考えてくると、封建時代から明治以後の時代にかけて一貫性を持って生き得た田中正造の思想の発展のかたちは、戦後の民主主義論、戦争責任論、転向論など二十年間にわたって論壇をにぎわした争点に対して、ひとつの黙示を与えている。

三　不動の原理なし

明治以前の日本思想史の中から、一人のピタゴラスもあらわれることはなかった。このことの負い目を、明治以後の百年間に、われわれは、とりもどすことができないでいる。

ピタゴラスというのは、一つのたとえとして名前をあげただけだが、バートランド・ラッセルの『西洋哲学史』によると、ピタゴラスにおいて、ヨーロッパ文明ははじめて、変化しないものに対する宗教的畏敬の感情、変化しない様相において現実をとらえる教理的自然科学的学問の方法という二つのものの結合をもった。この結合の方式が、その後のプラトン哲学の成立、やがては自然科学的世界像の成立への道をひらいたという。

わたしは今からほとんど三十年前にきいたバートランド・ラッセルの「ピタゴラス主義について」という演説を思いだす。ヨーロッパ的文明への信仰をゆるがす第二次世界大戦の序幕に、なぜラッセルが、とくにこの題目をえらんで話したのか。個々の科学者の個別的専門的な仕事の中に拡散してしまっている方法意識と、それを支える一種の宗教的情念（それなくしては科学的探求はあり得ないもの）を、もう一度はっきりととりだして、若い大学生たちに見せたかったのであろう。

ナチスの支配下であろうと、神がかり的な日本の軍国主義の支配下であろうと、学者は支配者のいやがるような真実を言わねばならぬ。そういういやがられる真実をあえて研究し発表する活動を支える情念はどこから出てくるのか。その条件を、ラッセルは、神秘主義と数学の結合であるピタゴラス思想の成立の中にさぐった。

ピタゴラスのいない日本の思想史を背にして、明治政府は、急速に西洋の科学の輸入を計らざるを得ず、輸入ばかりでなく、科学が日本人によって進められる条件を設計せざるを得なかった。この時、日本の天皇制国家の原理が、ピタゴラスの代用をした。そこには、絶対的権威としての日本国家の支配者への宗教的・道徳的・政治的献身という情念がつちかわれ、この情念を支えとして、この情念が必要とする科学的研究（たとえば軍艦をつくる原理の習得）が進められた。日本政府の命令へのうたがいのない服従と、高度の科学技術の習得との結合という方式が、ここにつくられた。このような情念を支えとして、明治国家成立後二十年ほどしてから、長岡半太郎の「磁気歪の研究」（一八八九年）や北里柴三郎の「破傷風血清療法」（一八九〇年）などのような世界的水準の科学的業績がうまれた。

松田道雄の「日本の知識人」（『日本知識人の思想』一九六五年）によれば、明治時代の自然科学出身の実学型知識人を支えた情念は、ナショナリズム（民族国家主義）であるという。このナショナリズムが、もっとも浅い形をとるばあいに、時の国家権力への無条件の追随ということになる。より深く複雑な形をとる時には、民族への奉仕の視点からなされる国家権力批判への道をひらくことになる。明治の実学思想を支えたナショナリズムは、大正、昭和をへてだんだんにより浅い形のものになり、十五年の戦争下には（昭和研究会におけるように、国策の根本的な手なおしをするための集団ができるばあいなどもあるが、それは例外的で）政府の命令に従って研究をするという種類の国家主義のわだちに入る。実学派ではない学者の思想もまた、このわだちにそうていった。敗戦後の改革がどれほどの変化をもたらしたかは、まだわからない。戦前ほどの情熱をもって国家の目的に献身できないために、やや淋しい感情が、今日の学者につきまとっているのではないか。

明治政府のできる前には、尚歯会のように、政府の方針をうけいれて政策立案のために奉仕するというのでなく、市民としての姿勢をつらぬいて学問をすすめ、政策批判、政策立案をするというゆきかたをとる団体もあった。高野長英、渡辺崋山らは、その代表的学者・思想家である。この市民的姿勢は、明治以後は、明六社にあつまった学者たちにうけつがれた。福沢諭吉は、その代表的学者・思想家である。だが、この市民的伝統は、学者の思想の主流にはなり得ずに終る。

ピタゴラスにおけるような普遍宗教の情念によってささえられた普遍的学問方法という結合方式は、

日本思想にはあらわれなかったが、普遍宗教形成への胎動のごときものは、幕末以来、くりかえしあった。「新興宗教」という妙な名で呼ばれる宗教のかなり多くが、日本でうまれたそれぞれ独自の普遍宗教であった。天理教、大本教、ひとの道、生長の家、立正佼成会、創価学会がそれである。これらの新興宗教は、明治以来書かれた日本思想史の本には、姿をあらわさないが、いずれも、日本の大衆がみずからの努力で普遍宗教をつくろうとした結果として、これまでよりも重んじられねばならないだろう。

特に大本教は、二元論的な独特の構造の神学によって支えられている。開祖である出口なおとその養子で教祖の出口王仁三郎とがとっくみあいでけんかをする話が教団発行の公式歴史に記されているし、祭りの中心としての綾部と教理の中心としての亀岡という二つの中心を持っている。あらゆる現象を一つのものとして統一的に把握し得たと称するヨーロッパ流の普遍宗教に対して、大本教はべつの可能性をさし示している。それは自由主義諸国と共産主義諸国との対立という状況に対しても、一元論的な思想からはあらわれることのない共存の思想を示唆する。

ピタゴラス思想におけるように不動の原理を信仰し、原理によって生きようとする姿勢は、日本には育たなかった。このために、丸山眞男の言葉を借りるならば、肉体主義の伝統が日本にある。すぐれた思想構造を持つ運動も、すぐれた能力と魅力を持つ特定の肉体によって指導されないと、運動としてのびてゆかない。ここに、教祖というものが、日本において果す独自の役割がある。教祖とは、刻々変化する状況が新しい問題を持ってくるごとに、これに対して平均の人が思いもかけぬような意外な、しかし適切な解答を与える能力を持つ人である。その解答の出しかたは、教理によって十分に定式化されることがない。おどろくべき弾力性を持つ教祖が肉体として生きつづけるあいだは、運動はのびてゆく。しかし、教祖の肉体が死ぬと共に、すぐれた教理を持つ運動も、状況に対する弾力ある反応ができなくなってしまう。教祖の子供が教団をうけつぐ場合も多いが、子供は教祖の持つ異常な弾力性を持たないばあいが多く、かなり成功するばあいにも、教団の経営者あるいは立法家としての成功を得るにすぎない。このような状況は、中山みきの死後の天理教を見舞い、出口王仁三郎死後の大本教を見舞い、岡田虎次郎死後の岡田式静坐法を見舞い、山岸巳代蔵死後の山岸会を見舞った。牧口常三郎・戸田城聖死後の創価学会もまた、教祖なしの運動となって以来、政治運動としては成功しても、思想運動としては前に持っていた弾力性を失っている。

教祖の肉体の死が彼の切りひらいた教理上の新境地をもうずめつくしてしまうのは残念なことだ。しかしこれは、文字のない原始的文化において、数かぎりなくあらわれる名人、達人、大思想家の業績がうけつがれずに失われてしまうのにくらべれば、まだましな状況かもしれない。記録が残っている以上、教祖の開発した境地を再開発する人が出てくる可能性はなしとしない。

ピタゴラスなしの日本文明は、ピタゴラスなしで成立することによってある種の強みさえ持っている。この側面を過大評価することは危険だと思うが、そういう側面があることも軽んじることはできない。橋川文三の評伝「柳田国男」(『世界の知識人』、二十世紀を動かした人々叢書、一九六四年)によれば、理想型の図式によってつよくしばられていない柳田国男の現象記述本位の方法は、ある意味でウェーバーをこえて人類の未来の思想につらなるという。この考えかたは、ウェーバーの眼が、ピタゴラス流・キリスト教流の概念図式によって曇らされているために、柳田国男のようにそういう概念図式なしに虚心に現象に接することができない事情をのべたものであろう。

学問の方法としてでなく、世界観として柳田の思想をおしすすめてみたら、どうなるか。柳田国男は、戦争中の軍部のように、日本人の世界観を他の諸国民におしつけようとはしなかった。異国人にたいする彼の対しかたは、次のようなものと言えるだろう。

「わたしたちのそだった国では、死後のたましいについて、こんなふうに信じていますよ。お国では、どうですか？」

それは、普遍妥当なただ一つの世界観と信じるものを、他国の人びとに強制しようとするキリスト教諸国民の外国人への接しかたとは、ちがう道すじを、開くことができたはずだ。明治国家は、その道をとらず、満洲事変以後の日本の軍国主義政権はその道をとざした。敗戦後の日本は、このような接し方で、諸外国にたいする可能性をもっている。

四　知的大衆

一九三一年から一九四五年にかけての戦争時代をどう見るかは、現代の日本人にとって思想構成上の一つの試金石である。この時期につまらぬことを言ったり書いたりしたと思って、この時代の自分の生活と思想をケシゴムで消すように消しさろうとする人は、思想の根を深く自分の中におろすことはできない。

十五年の戦争時代の日本思想の一つの問題は、日本人が集団としての分裂にたえにくいということだ。東条英機首相のくりかえしたスローガンに「一億一心」という言葉がある。その一億一心という状態になりやすい。国家全体の意志がある方向にむかった時、それに異をたてるということが、しにくい。

このことは、前にのべたピタゴラスぬきの日本文明の性格とかかわる。現象面にあらわれていない不変の座標を心中に保つことが、日本人としては非常にできにくいのだ。

これまではなれることのできなかったキリスト教とマルクス主義の日本における発展の歴史は、座標をたてて身辺の現象を見ることへの努力の歴史だった。しかしキリスト教についていえば、内村鑑三、藤井武、矢内原忠雄らの無教会派、明石順三らの灯台社などをのぞくと、軍国主義的潮流にたいする批判者の小集団として戦時下に生きつづけることはできなかった。イギリスとアメリカにおける平和運動のにない手であるクエイカー派についても、日本のクエイカーは平和主義ぬきのクエイカー宗であったと言える。日本のクエイカー派の代表的思想家である新渡戸稲造をとってみても、彼は満洲事変までの軍国主義批判者であった。大きく見れば、日本におけるキリスト教徒は、まじめな人という連想をつねにひきおこすような存在であった。キリスト教徒という言葉から「平和」を連想することは、とくに昭和思想史の脈絡においてはむずかしい。敗戦後の日本のキリスト教団が、この問題をすりぬけて、戦後に入っていったことは、今日の日本のキリスト教にたいして制約としてのこっている。

マルクス主義者は、国論にたいして批判者としての位置をとることとの意味をもっとも深く考えた集団である。市川正一、徳田球一、志賀義雄、春日庄次郎らの獄中共産党員、尾崎秀実ら獄外で反戦活動をした共産主義者、学問と思想の領域に自己を限定して軍国主義的言論への批判者の位置を保ちつづけた山川均、宇野弘蔵、大内兵衛、中江丑吉らのマルクス主義者が、日本思想にたいしてもつ意味は、戦後の今日から見ても重要である。

だが、これらの人びとの活動は、あくまでも知識人としての、そして知識人のそのままたごく少数部分としての活動であった。幕末から明治・大正にかけての田中正造のような仕方で、日本の大衆の知的伝統をうけいれ、それとむすびつきつつ、国論を批判する姿勢をとった例はないだろうか。さらにまた、知的大衆の一人として、国論を批判する姿勢を保ちつづけた例はないだろうか。大本教史の中に姿をあらわす人びとに、私たちはその面影を見ることができる。生活綴り方運動の歴史の中にも、私たちは、そういう小学校教師と生徒たちの姿を見ることができる。

また戦争のまっただ中で、軍国主義批判の演説をしたために議会から除名された斎藤隆夫が兵庫県から翼賛選挙で非推せん候補として出て当選しているのを見て、不思議な感じをもつのだが、この時期に斎藤隆夫を当選させた人びとは、どういう人びとだったろうか。おなじく軍国主義批判の故に留置された尾崎行雄も、この時当選しているが、尾崎を当選させた人びとはどんな人びとだったろうか。こういう人びとの肖像をしっかりもつことから、私たちは、日本思想史を記述しなおしたい。

知的大衆の思想がどのようにして表現の道を見出すかは、日本思想にとって記述上の問題であるだけでなく、理論上の問題であり、実践上の問題である。記述の段階においては、柳田国男、宮本常一らの仕事がすぐれた実例をつくっている。理論の段階においては、中井正一の「委員会の論理」（一九三六年）が大きな見とおしをもつプログラムを提示した。中井の仕事が、主として専門的職業人の委員会のつみあげと学説のプログラムを描いたのにつけくわえて、松田道雄の『常識の生態』（一九五六年）その他一連の仕事は、医師と患者との合作によってつくられる療養学の形について論じ、この理論の形はその後、『私は赤ちゃん』（一九六〇年）などの仕事によって小児科医と母親・こどもの合作によってつくられる育児学によってうけつがれている。この過程は、問題をかかえる人それ自身と問題について考える人との合作というようにおきかえて考えることができる。谷川雁の『工作者宣言』

（一九五九年）は、そのような思考の行なわれる場所としてのサークルについての見とり図を描いた。

こうして、いわゆる専門的知識人（学者・技術者・官僚・文筆業者）からはなれて知識人のあつかう問題を追ってゆくと、自分たちの問題をたやすく活字によってあつかわせぬ大衆の存在にゆきあたる。「知的大衆」と私がここで書いて来た人びとでは、「大衆」の全体をおおい得ないだろう。そうかと言って、「大衆」を「知識人」ときりはなして類型化することも現代の状況にあわないと思うし、とくに現代日本の状況にはあわない。

ここで、吉本隆明の大衆論（『ナショナリズム』解説、現代日本思想大系、一九六四年）が問題になる。吉本は、ここに書いてきたような「知的大衆」の表現の彼方に「大衆」がいると主張する。この論点は、「知的大衆」をもって「大衆」をおきかえようとする考え方のおとしあなを示し、ブレーキをかけることを教える。

戦後の日本思想でもっとも興味のある問題の一つは、大衆論であり、大衆と知識人論であったと思う。この問題について、中国との対比において日本の状況を新しく照らし出したのが、竹内好の「中国人の抗戦意識と日本人の道徳意識」（一九四九年）その他一連の仕事である。竹内は、日本の近代化が、先生ににせて自分をつくることに集中する優等生の文化の型にあてはめておこなわれたために、中国人の抗戦意識の源をとらえることができずに今日まできていることを指摘する。ここで、日本の近代化の型の対照としてあげられた中国の近代化の型は、一つの理想型であって、かならずしも、中国の実情を過不足なくうつしているものではないだろうが、この理想型の提出によって、日本の近代文化の欠点が見事にうつしだされたことは否めない。いったん竹内によってひらかれた視野で日本文化を見る時、明治以来の知識人と大衆の関係の型をそのままにしておいて、知識人の側から大衆を啓いことはない。蒙してゆくという仕事を、戦後になってもう一度とりあげることには望みをかけることができない。大衆の側から知識人にむかって呼びかけてくる根源的方向性を求めることが必要になる。その根源的方向性が、どのような性格のものかは、ふたたび意見のわかれる問題であろう。しかし、大衆の側からくる根源的な方向性は、戦後の日本政府がくりかえし言明してきたようなアメリカの世界政策支持の思想とまったく一致するものと考えることはできない。大衆の記憶の中に沈んでいる十五年戦争の体験、隣りの中国にたいする罪悪感と親近感、原爆にたいするつよい嫌悪の感情は、明白な表現をもたないままに、ここにある。

敗戦直後、物理学者渡辺慧は「世界への流入」というエッセイを書いた。戦後日本の思想は、世界に流入してゆくであろう。その時に、日本の大衆の心の中に沈んでいる戦争体験、中国への罪悪感と親近感、原爆の嫌悪を保ったまま、世界に流れいってゆくのでないと、世界への流入がたんにアメリカへの（日本の知識人の一部の）流入に終ってしまうだろう。もし、それらの体験を保って世界に流れいるならば、日本の思想が米中対立の世界の状況にたいして、何か貢献する道をさがすことができるかと思う。

二十世紀のはじめにスペインの哲学者オルテガ・イ・ガセットは『大衆の反逆』を書いて、ヨーロッパ知識人の伝統がおわって今や大衆の文化の時代が来たと述べた。日本の思想が日本の知的大衆の思想として明白な表現をもつ時が来るならば、その時には、オルテガがなかば予言として提出した問題を、かなりの経験のうらづけをもって発展させ、オルテガがあたえた悲観的な解答とはいくらかはちがう解答をこの今世紀最大の思想問題にたいしてあたえることができるのではないか。

（一九六六年十月）

日本の思想用語

序説

日常の言葉を使って書いたり話したりすることのできなくなった人は、はっきり考える力そのものを失う。というのは、私たちにとって、（定義なし、例証なしで）はっきりした意味をつくる言葉は、小さいときから毎日使いなれてきたものにかぎられているからだ。

学術語は、その場できちんと定義されて使われるものでないかぎり、はっきりした意味をつくりだしにくい。学術語が学術語であるゆえに、精密なものだというボンヤリした信仰があるが、これはあてにならない。どこかで精密に定義されているのであろうと考えて、その定義によりかかって、学術語を使うならわしが、学生・もと学生・学者のあいだにずいぶんとひろまっている。それにさからうところから、はじめたい。

ひとつの民族の言語は、その民族が階級にわかれるまえに文法と主な単語とができてしまっているので、その言語の中心となる日常生活上の用語については、一つの階級内部の言葉とか、一つの職業内部の言葉として分裂していない。民族の言葉の中には、その民族が昔からくらしの中でつみかさねてきた感じ方、考え方、生き方がたくわえられている。言葉をたくみに使う人は、言葉の中にこもっている祖先の知恵をいきかえらせる力をもつ人である。人類が地球を単位として一つの工業化された社会組織をもつ時代が来るとすれば、そのときには、どういうことになるかわからないが、今の世界にあっては、民族の言葉は、その民族の自発的につくりえる思想にとってかくことのできないバネである。

柳田国男の自叙伝『故郷七十年』は、自分の思いつきがどのような仕方ではじまり、育ってきたかをのべる。田の字の間どりをもつ小さい生家の生活の中に、平均的日本人の生活上の問題がすべてふくまれていたという自負が語られる。問題とともに、それを考える用語もまた、明治のふつうの日本人の生活の中からとられた。明治の日本人の最大多数が農民であったから、しぜんに、思想用語の多くもまた、農民の日常生活の用語の中からとられてゆく。**農民の生活用語**が、**日本人の思想用語**の中心部をつくる。「話の種」、「思想の根」というような言葉は、今でも私たちのあいだで通る言葉だが、しかし、今の日本人の思想用語としては、その上にさらに、商人の言葉、武士の言葉、僧侶の言葉、そして、明治新政府の官僚の言葉がくわえられる。明治以後百年に及ぶ日本人のくらしの中からとられた思想用語もまた重要な意味をもっている。そのなかで、満洲事変以後十五年に及び敗戦で終わった戦争下の生活は、独自の一連の思想用語を生みだしたし、古い思想用語に戦争体験による新しい意味をあたえた。

敗戦以来の日本では、主として欧米の学術用語の翻訳が、明治はじめと同じくふたたび思想用語の中心となり、戦時中にみられた日本古来の言葉のかなりこじつけ的な解釈による思想用語としての転用はかげにひそんだ。欧米の場合には、学術用語そのものが、二千数百年の年月をとおして日常生活語から精練されてきている。ひろく思想用語として用いられるようになった多くの生活語は、今日でも、生活語と専門的思想用語としての二重の役割をになっている。それらが日本語にうつされると、「抽象」、「表象」、「概念」というふうな、日本の毎日の生活語とはっきりちがう一連の言葉の系列におきかえられてしまう。それらは、今日の日本語の条件では、いきいきした意味を私たちの中につくるものとはいえない。

二十世紀に入ってから、ラッセルやカルナップなど記号論理学者の努力によって、すみずみまで定義された学術用語の模型がつくられた。しかし、それはあくまでも**人工言語**（人間がまず自覚的に規則をつくり、その規則にしたがってつくりだした言語——たとえば、エスペラント、数学、記号論理学の言語）の領域にとどまり、**自然言語**（自覚的にいつ規則をさだめたという時期を決定できぬほどの昔から習慣のつみかさねでできたさまざまの民族の言語、ギリシア語、ラテン語、エジプト語など）の領域では、すみずみまで明らかな用語体系はつくりにくいということもはっきりしてきた。たとえば、英語、ロシア語の場合、数百年もの習慣をひきずっているので、どんなに簡略化してみても、一つの共通の意味をみんなにつたえるような言語はつくりだしにくい。自然言語を思想の道具としてどうつくりかえるかという問題は、数学のような人工言語を思想の道具としてどうつくりかえるかという問題とずいぶん性格のちがうことが明らかになった。むしろ記号論理学に習熟した言語学者としてチョムスキーがきりひらいた領域として、自然言語の深層部分に人間共通の普遍言語がかくれてはたらくと考える道すじが有望だろう。チョムスキーによればその人類共通の部分を、子どもは二歳から三歳までに習得してしまうが、この時期には子どもはまだそれぞれの民族に固有な文化に習熟してはいないのだ。

それと同時に、これはひろく**未開人の言語**をしらべた人類学者サピアが社会科学百科事典の「言語」という項目でのべていることだが、どんなに原始的な文化をもつ民族の言語をとってみても、その言語によって人間の最高の文明の達成を言いあらわせないとは断定できないほどの複雑さとしなやかさを、いかなる言語もそなえている。日本語の場合にも、敗戦直後に何人かの文学者・学者が公表したように、近代的・合理的な思想の表現には不適切だからすててしまうほうがいいなどという主張はなりたたない。前のサピアのあとをつぐ言語学者ホーフによれば、ただ一つの主語をかならずたてなくてはならない文法構造をもつヨーロッパ語よりも、主語を略して場面としてのみ状況を記述することのできる日本語は、二十世紀に入ってからの科学の内容を表現するのに適切な日常言語だと言える。欧米の言語が二千数百年かかって日常用語から思想用語をつくってきたのを、わずか数年で、漢語まじりの官僚用語にうつしかえたことから、日本の知識人の思想用語に特有の困難がおこった。この困難を一時に直すことはできない。前にのべたように、日本人大衆の思想用語の中心部が農民の生活用語から来るものだという理由から、今日の日本の知識人の思想用語を全部一時に農民の日常言葉に強力に翻訳しなおすという努力が成功するとは思われない。

丸山眞男は『日本の思想』の中で、日本の文化が専門種目ごとに**タコツボ**にとじこもる形になっていることをのべる。タコツボの反対の模型は、**ササラ**である。ササラは、文化の専門化の度合が進むのに応じて分れてゆくが、そのもとの初歩的な部分においては一つのもとに属している。ササラのみきの部分は、日本の文化にとってどこにあるか。タコツボのような現状から、ササラのような型にかわってゆくには、どういう道があるのか。ここでも、問題は一時に解くことはできない。問題を、個人に関してと集団に関してとにわけて、考えてみよう。

字引には**公的な字引**と**私的な字引**の二種類があるだろう。公けの字引は、同時代の人びとがどのような仕方で言葉を使っているかを教える。言葉の共通の意味についての字引である。私的な字引とは、ある言葉について自分の中に自然にわきあがってくる特定の風景、事件、情緒などからなる、言葉の私的意味についての字引である。思想は、そして思想用語は、私的字引の支えなくしては成りたたない。ここで「思想」を仮りに定義すると、「それによって生き方の全体的設計をたてる考え」という意味で使っているのだ。また、公けの字引は、同時代におけるいくつもの私的な字引を編集整理したものとしてのみ成りたつのだ。ある特定の個人が、自分の生き方全体について自問自答するような重大な人生の別れ道は、つねに、その人の思想用語にとってのササラのみきにあたる。近ごろになって、神島二郎の『日本人の結婚観』、松田道雄の『日本式育児法』などの本が出て、結婚の仕方、子どもの育て方の中に日本思想史のすじ道をみる方法が工夫された。こういう研究の中で、結婚についての日常の言葉、育児についての日常の言葉は、思想用語として、とぎすまされてゆく。

学術用語を公けの字引のレヴェルでだけうけとらず、それをみずからの体験の中にひたし、また他の人びとの体験の中にひたして、意味をさぐってゆく場所として、サークルという集団の場がある。日本の学問が圧倒的に大学によって担われている現状において、サークルという民間の学問運動はささやかな位置を占めるにすぎないが、それでも、サークルは戦前の学問の歴史になかった数ページを戦後の学問の歴史にくわえたし、その変化は、学術用語・思想用語の歴史にもおよぶ。サークルでの体験の交流は、学術用語のタコツボ化と対照的に、ササラのみきをなしている。

個人、集団をこえて、それらをふくむ大状況の問題がある。戦後の日本は、コミュニケーションの技術が一段と進んだために、ラジオ、テレビなどが要求するような、きいてわかる日本語への動きが進んでいる。タイプライターやテレタイプの発達はやがてローマ字化への道を広げるであろう。こうした状況のなかで、日本の思想用語は、これまでのように儒教と仏教学とを背景にもつ漢語系の官僚用語を少しずつぬぎすててゆくだろう。また、戦後の日本人の生活は、国際的な大状況の中に、戦前とくらべようのないほど密接にくみ入れられてきている。このような国際化がすすんでゆく果てに、現在のタコツボ的な各種専門の思想用語もまたとかされてゆくのではないだろうか。こういう傾向がはっきりした実をむすぶまでのしばらくの時期のために、日本の思想用語についての仮りの整理をしておくことが、この文章の目的である。欧米の哲学事典の用語を翻訳して日本の状況とむすびつけるという方法をとらずに、すでに現代の日本人の使っている日常用語の中から、哲学的（ここでは「哲学的」と「思想的」とは同じ意味で使う）な使いみちのあるものと考えられる言葉をえらんで解説する。

方法

【見たて】 箱庭などによくあらわれているが、そういう特別のしかけをしなくとも、タタミの上に扇子なり手ぬぐいなりをおいて、それらを山に見たてたり、川に見たてたりして、相手に状況を想像してもらうという話しかたをする場合がある。これは、感覚から切りはなされた抽象概念というのとは、ずいぶんちがうが、抽象作用と似た役割をはたす。感覚から切りはなされた抽象概念がどのように発達してきたかは、たとえばレヴィ＝ストロウスが「未開人の精神」できりひらいた道をとおして、比較民族思想史として、これから、それぞれの民族について明らかにされるのを待つほかない。しかし、インドにおいても、ヨーロッパにおいても、抽象概念の発達は、普遍宗教のうしろだてによってきたといえる。感覚による証明を必要としない数理的・論理的定理への探求は、感覚をこえた不動かつ永遠なるものへの信仰があってはじめてすすめられた。感覚から完全にきりはなされた抽象概念の尊重はやがて、自由にみずから定義し、定義をつんで、ほころびのない体系をつくるという、数学および論理学の体系をうみ、さらに、神学および形而上学の体系をうんだ。神学および形而上学の体系をこのような仕方でつくることは、ここでは問題が各個人の自由意志でえらび得ることに数学や論理学よりも深くかかわっているので、かえって、ヨーロッパ人（またインド人、中国人）特有の狭さを示し、ここでは抽象への好みが、マイナスの力としてはたらいている面がある。このことは、もうすこしあとでのべる。だが、ともかくも、普遍宗教をうしろだてとして、欧米、インド、中国では、抽象概念が発達してきた。日本では、そういう普遍宗教は発達しなかったし、普遍宗教をうしろだてとする抽象的概念の発達もなかった。そのかわりに、ひとつひとつのモノ、ひとつひとつのイキモノの中に、人間の願いとひびきあうような宗教的、道徳的、美的な性格を見いだし、うやまいの心をもってそれらに対した。人間と人間以外のものとのあいだにことさらの区別をたてず、連続としてみる態度は、欧米的な神学および形而上学にくらべてあらゆる面ですぐれているとは言えないが、欧米の世界観のおちいりやすい狭さをうちやぶる力をもっている。だが、そういうことを別としても、個物への敬意という宗教的態度は、個物への共感、個物への感情移入の習慣を日本人のあいだにふかくしみわたらせた。島国としての日本は、上層階級においてはインドおよび中国の普遍宗教のそだてた抽象概念、ヨーロッパの普遍宗教のそだてた抽象概念をとりいれながら、留学生や帰化人の影響のゆきわたらない民衆のあいだでは、この島の中の自分の住んでいる場所で見聞きする個々のモノを中心として、個々のモノにからめて考える習慣を保ってきた。

これは、明治に入るまで主として農業によってくらしをたて、それぞれの土地にすみついて生涯ものを考えてくらした日本人としてあたりまえのことだったろう。江戸時代に入ってからの鎖国は、この習慣を、さらにとぎすましていった。鎖国を破るために一役かったロシア使節プチャーチンにしたがってきた小説家ゴンチャロフは、日本の代表と会見したときにだされた干菓子のこまかな模様におどろいたことを、その日本紀行『フリゲータ・パラーダ』に書いている。菓子によってさえ、世界のいろいろのものの形をことこまかくおきかえて再現しようとする努力に、ゴンチャロフは、文化の高度の発達をみるとともに、その無益さにあきれている。

小さなものの中に、より大きなものをおきかえて、集約して表現しようとすることは、三百年の鎖国をとおして、日本文化の重要な特色となった。明治初めに日本をおとずれて、『日本ふうのもの』という辞典をつくったバジル・ホール・チェンバレンは、おなじ傾向に目をつけて、**極小化**への努力と呼んだ。極小化は、たとえば欧米の近代につくられた密画のように、現実の一点一点をそのまま小さくして再現する努力ではない。それならば、顕微鏡写真と同じものになる。顕微鏡を発明できなかった日本の民衆は、あり合わせの小さなものにおきかえて、遠くの大きなものを表現しようとした。極小化とならんで、**おきかえ**がおこなわれ、そこではじめて、見たてがなりたつ。この場合、人は目の前にあるAというモノを見ていると同時に、今は目に見えないBというモノを心に思いうかべているのである。ここには、感覚に今あたえられている状況からの抽象作用がある。「現実」と「幻影」、「宇宙」と「社会」、「社会」と「個人」、「物質」と「精神」といったような抽象概念は、さまざまのおきかえの原則をとおして、あるいは盆栽の白砂と松の木として、あるいはいけられた花のさまざまの高さによって表現される。

中世から江戸時代をとおして発達した日本の**家元制度**は、それぞれの流儀の中で独自のおきかえの約束をつくり、つたえてきた。おきかえの約束は、芸道に入門できる人びとをこえて、民衆のあいだにつたえられた。歳時記のような独特の美学的連想辞典がつくられ、歳時記をくって先人のつくった連想の回路に自分の心をゆだねて、月や柳や雪や時雨に託して月並俳句（ありきたりの俳句）をつくるという習慣が、ひろまった。日本人がみんな月並俳句くらいのものをつくれるというのは、そのつくる作品が個性の刻印をもつ本格的芸術作品でないという意味で、桑原武夫のいう第二芸術への道をひらいたことになるが、しかし、日本では日本人すべてが月並俳句をつくるほどに季節季節の個々のモノにからめて連想の回路ができているということに、一つの思想的達成をみとめることもできる。この意味で、チェンバレンが、かれが書き得たと思われる日本宗教史とか日本思想史のような本を書かずに、『日本ふうのもの』として、個物にからめた日本人の連想の回路をえがこうとしたことは、日本思想の特色によくにあった方法だといえる。

あるものAを、べつのものBによって、おきかえて表現する約束が、江戸時代にはもうひろく民衆のあいだにゆきわたっていた。その例として、「こんにゃく問答」という落語をあげることができる。江戸をくいつめた八五郎が、いなかに流れてきて、親切なこんにゃく屋の六兵衛の世話で、あき寺に住みつく。そこにほんものの坊さんがやってきて、禅問答をもうしこんだ。問答に負ければ、お寺を明けわたさなければならないので、八五郎は六兵衛をにわか和尚にしたてる。六兵衛は問答の相手がなにをいってもだまっている。そのしぐさ（A1）は、六兵衛にとってはおしでつんぼのまねのつもり（B1）だが、旅の坊さんは、無言の行（B2）をしているものと思いこんで、かまわず、手まねで問答をしかける。

坊さんは「ははあ、おこたえなきところをみると、当山の和尚は三アラギョウのうち無言のギョウちゅうとおさっしもうす。しからば形でまいらん。これはいかん？」と、両手のオヤユビとヒトサシユビでまるいもの（A2）をこしらえてみせた。すると六兵衛は、両手で大きな輪（A3）をこしらえてみせた。旅の坊さんは、両手をひろげて十本の指をさっと出す（A4）と、六兵衛は片手をあげて五本の指を出す（A5）。坊さんは指を三本だした（A6）。すると、六兵衛は目の下に指をあててアカンベエ（A7）をした。ここで坊さんは、ははっと平伏して逃げ出した。

出てくるところを、下男役の八五郎がつかまえて、どうしたわけかときくと、坊さん「とうてい私ごときがおよぶところではございません。拙僧最初に法華経の五字の説法は八天に閉じ、松風を生むや、有無の二道は禅家五道の悟りにして、いずれが理なるや、いずれが非なるや、説破いかにと、うかがいましたるところ、大和尚のおこたえがございません。察するに三荒行のうち無言の行中と存じましたゆえ、指にて円き物をこしらえ、日の本（B4）はとうかがいましたるところ、大海のごとし（B2）とのお答え、十方世界（B8）はとうかがいましたるに、五戒で保つ（B6）とのお答え、三尊の弥陀は（B12）とうかがいましたところ、目の下にあり（B14）とのお答え、とうてい拙僧ごときの遠くおよぶところではございません。ひらに命ばかりはごかんべんを。」

ところが、八五郎が本堂にもどってみると、六兵衛はまっかになって怒っている。「ありゃ、永平寺の坊主だなんてなあウソだ。なんでも、このへんをあるいているコジキ坊主にちげえねえ。おれんとこの商売を知っていやがる。だって、てめえんとこのコンニャクはこれっぱかりだ（B3）と小さなマルをこしらえやがった。それから、おれがこんなに大きい（B5）って手をひろげてやった。するとこんどは十丁でいくらだ（B7）とこう聞くんだ。人の商売をけなしやがってしゃくにさわるから、たけえと思ったが五百だ（B9）といってやったら、ケチなやつめ、たけえから三百にまけろ（B11）といいやがるから、アカンベをしていやだといってやった（B13）。」

このくいちがいを、図解して整理すると、上のようになる。

	I こんにゃく屋にとっての意味	II 坊さんにとっての意味
A1（沈　黙）	B1（おしつんぼ）	B2（無言の行）
A2（小まる）	B3（これっぽっち）	B4（日の本）
A3（大まる）	B5（大きい）	B6（大　海）
A4（10指）	B7（10丁でいくら）	B8（十方世界）
A5（5　指）	B9（五百文）	B10（五　戒）
A6（3　指）	B11（三百文）	B12（三尊の弥陀）
A7（目の下の指）	B13（いやだ）	B14（眼　下）

おなじモノ（A1、A2、A3、A4、A5、A6、A7）が坊さんにとっては仏教のおきかえの約束のゆえにB2、B4、B6、B8、B10、B12、B14として理解され、こんにゃく屋にとっては商売仲間にしぜんな符牒のおきかえの約束ゆえにB1、B3、B5、B7、B9、B11、B13として理解される。そのくいちがいが、落語のききてである第三者にとっては、両方の立場からみえておもしろい。江戸時代にすでにこの落語がたのしまれていたということは、当時の日本の民衆のあいだに、ちがう流儀によるおきかえの約束についてかなりの知識があったことを推定させる。

風流な人というのは、目のまえにおかれたモノをモノとしてみるのでなく、そのモノのおきかえの約束を、それぞれのコミュニケーションの状況に適切な仕方で知っている人である。旅の坊さんの手まねは、それぞれ坊さんの約束によって理解し、こんにゃく屋の手まねは、こんにゃく屋の商売の符牒の約束によって理解することができる。歌道の適切な状況においては、和歌のおきかえの約束により、俳諧の適切な状況においては、俳句のおきかえの約束によるというふうに、さらにまた茶道、華道、武道というふうに、実にさまざまのおきかえの約束が日本文化にはある。これらすべてに通じる人は、**大風流人**であろう。伝説上の千利休とか、世阿弥とか、宮本武蔵において、われわれは、一つの流儀のおきかえの約束をまなんで、他の流儀のおきかえにも察しのつくようになった大風流人の理想をもっている。ただ剣道がつよいとか、茶をうまくたてるとかいう人でなく、その道の**シンボリズム**（おきかえの約束）をとおして人生と世界のすべてについてらくらくと語りうるというこれらの人びとを理想とするところに、日本思想の特色があるのではないか。しかし、前にあげた「こんにゃく問答」という落語をきいて、あははと笑えたひとりの町人もまた、あるていど風流を解しているといえよう。ここに**風流**という国民的理想がある。

風流人と風流人との話しあいは、こんにゃく問答のような、おきかえの約束の誤解をうまず、相手のおきかえの仕方を見事に理解して、言葉すくなく、一息でかたづいてしまう。ここでは、問題は、何かのモノあるいはモノのたとえをとおして、まずその情緒的等価物にうつしかえられ（どのような学問的問題あるいは政治的問題にも、その問題状況のこの側面についてこのように悩むとか、ここから光がさすであろうとかいう感情的側面があるものだ）、その情緒をあるいはそのまま相手につたえたり、あるいはまた、その情緒のつくりかえを相手にすすめたりする。こうした共同思索を、おたがいの立場にとらわれずに、はだかの人間となって一緒にやってみることをおこなうのが、モノまたはモノのたとえによる方法である。たとえばなしをとおして進むので、おたがいが社会人としてもつ立場にしばられない自由の境涯がひらけている。理想化されてとらえられた場合の**腹芸**《ハラゲイ》とは、こういうものであり、ハラによるコミュニケーションとは、こういうものである。西郷南洲と勝海舟のうちに、私たちは、そういう政治の理想像をもつ。ただし、モノをあいだにしておこなわれるコミュニケーションは、おたがいにたいする明確な社会的拘束から当事者をまぬがれさせるので、このような場面をとおして、ワイロのやりとりとか、暗殺の相談とか、相当にずるいとりひきがすすめられる場合もある。明治以後のいわゆる**黒幕**と称された政界のかくれたところで指導者をうごかしてきた策士たちは、たとえば杉山茂丸とか小泉三申のようにいずれも風流な人びとであって、表だった権力者たちのふところにとびこんで相手の政治的問題を、モノのたとえによって情緒的等価物にうつしかえつつ問題の解決をすすめるという型の政治家だった。かれらは、いつもモノをあいだにおいて語る風流なコミュニケーションにたよってデリケートな政治問題を語ったので、そういうかれら黒幕専門家が、総理大臣と反対党首とのあいだをこっそりとゆききしたとしても、公人双方にとっては言質をとられる心配はなく、交渉がうまくゆかぬときにはいつもひっこみがきいた。とくに明治・大正期の政治史において、政治上の党派的対立をこえて何ほどかの国民的事業をしようと考えると、そういう黒幕的人物にたよるほかなかった。

片桐ユズルの『意味論入門』は、混乱したコミュニケーションの型を、こんにゃく問答とテレスコ問答とにわけている。**こんにゃく問答**とは、一つの言葉が、いくつもの意味をもつことから混乱がおこる場合で、つまり言葉の**多義性**あるいは**アイマイ**さからおこる混乱だ。**テレスコ問答**とは、いくつもの言葉が、おなじ一つの意味をさすことによっておこる混乱だ。おなじ一九四五年八月十五日の日本国家の行動を、「敗戦」とよんだり「終戦」とよんだりすることは、テレスコの一例で、このテレスコによって日本の国家は、国民のショックをやわらげた。「占領」という言葉をさけて、「進駐」という言葉をえらんだのも、おなじ政治的技術でコミュニケーションの明確さを失わせるという意味では混乱だが、当時の日本政府の立場にたてば、論理的混乱によって政治的混乱をやわらげたことになる。

モノの見たてにより風流な仕方ですすめられる思想は、個人の心の中で育てられる場合には、はっきり人の目にわかるほどの論理的混乱を示さない。自分のたのしみで書きつけておく**俳句**や**和歌**は、他人に示されない場合、その人にとっての、たんに美的側面だけにつきない全思想的側面をふくめてのメモになるであろう。だが、こういう風流な思想が、一個人の内面からはみでて、実際に人と人とのあいだのコミュニケーションに投げこまれると、そこには、おなじように風流を解する受け手が要求される。そうでないと、論理的混乱がおきる。実例によってみるとき、見たてによるコミュニケーションには、論理的混乱がつきものである。モノは、そのさししめす何事か（指示物）と、一対一でゆるぎなくむすびついていない。**家の中**でのコミュニケーションの場では、「あれ」とか「これ」とかいえば、眼のうごきなどを考えあわせて、すぐに「ああ、あのモノサシのことか」とか「イスのことか」というふうにすぐにわかるが、家をはなれて、もっとひろく社会あるいは宇宙の何かについて「これ」とか「あれ」という言葉を使ってはなせば、どこまでが「これ」でどこからが「これ」でないのかのくぎりがはっきりしなくなる。こんなふうに、ことばの指示物がはっきりしない場合のことを、**粗雑さ**とよぶことにすると、モノの見たてによる意思表示は、あいまいさだけでなく粗雑さをまぬがれがたい。

第二次世界大戦の末期に新興宗教の教祖が、信徒から、戦争はどうなりますかときかれて、床の間にかけてあった竜の昇天の掛軸をさしたという。信徒は、神風が吹いて日本がアメリカに勝つと考えてありがたがってかえったという。すると、アメリカの原爆がおちて日本が負け、日本が平和国家となって更生する。そのことをいいあらわしたのだといって、教祖は、ごまかしてしまう。これは、宗教的あいまいさ（どの意味が実現してもあたったとする場合）を利用したごまかしとも考えられるが、教祖の心には、何か異常なことが近いうちにおこって全体の状況がかわるというくらいの意図の表現しかなかったのかもしれず、そうとすれば、この実例は、モノの見たてによるコミュニケーションの粗雑さの例と考えられよう。どのような異常事態か、どのような更生かがはっきりしないのである。

あいまいさと粗雑さは、ひとまとめにして、ぼんやりさとしてくることができる。ぼんやりした思想の領域、ぼんやりしたコミュニケーションの領域があり、それは、そのぼんやりしていることがするどく当事者によって自覚されているかぎり、科学においても、芸術においても、宗教においても、政治においても、日常の生活の領域においても、すぐれた創造のきっかけとなりうる。だが、ある仕方での風流な思想表現をしたものにたいして、その風流の約束を理解せずに別の意味をくみとった場合、たとえば、ある十七歳の少年が深沢七郎の小説『風流夢譚』をよんで、その小説としての約束を知らず、皇族の人身にたいする危害をくわえる作家と出版者の意図をよみとって、この小説をのせた雑誌を出した会社の社長の宅におしいり、社長の妻を傷つけ、社長宅のおてつだいさんを殺したというような事件がおこる。風流はつねに、達人相互のやりとりにかぎられるし、風流のコミュニケーションの成立は、ある種の教養人の存在を前提とする。「こんにゃく問答」を創作した芸人とそれをたのしんできた民衆のあいだにあった風流の視点は、江戸時代から百年たった今日の日本の大衆社会では通用しない。寄席が、風流な思想を育てる場所として数十人の芸人と数百人のお客とのあいだで生きていた時代と、テレビや週刊誌がおなじ江戸時代の物語を数百万人から数千万人の大衆に一時につたえる時代とでは大きなへだたりがある。オルテガの予言した「大衆の時代」における教養人の退化は、科学や芸術の領域だけでなく大衆文化の領域にまで及んでいる。こうしたうけとりかたの変質をへるとしても、今日の**テレビの普及**は、江戸時代に日本人のとぎすました実にさまざまのモノ見たての約束を、かつての時代にはそれぞれの家元内部の秘伝によってとじこめられていた状態から、より風とおしのよい広場にもたらしたという積極的な意味もある。国民の九割がテレビを見ているといわれる現代の日本は、かつてゴンチャロフやチェンバレンをおどろかせた見たての約束を、より近代的な脈絡の下に新しく開発する可能性をもっている。

【かるた】 かるたは、エジプトうまれといわれ、ヨーロッパから日本に、ポルトガル人の手でもたらされた。だから、カルタというポルトガル語で日本に知られている。だが、明治に入ってから日本をおとずれたポルトガル人モラエスは、ポルトガル人のはじめてもたらしたカルタが、日本人の手で見ちがえるほどにかえられたのをみて、びっくりしている。

かるたとふつうに日本でよばれているものには、**小倉百人一首**から**愛国百人一首**にいたる歌がるたがあり、**いろはかるた**があり、その他にもいろいろのかるたがある。それらはいずれも、代々つたえられてきた文化遺産を今日の眼で見てえらびなおし、伝統を、とざされた体系としてでなく、一種の**開かれた体系**としてとらえる視点をもっている。それらによって集団の遊び道具とし、ゲームごとに自由にならべなおすという使いかたが、**伝統**にたいするそのような開放的な態度を示している。

日本の文化は、基本的に**アンソロジーの文化**、**選集つくり**の文化である。西洋の文化のようにひとつの神によってひとつのゆるぎない**座標軸**が価値の基としてたてられるという形をもたない。さまざまの知恵が、今日まで生きてきたさまざまの人びとの工夫によって見いだされてわれわれの前にあり、それらを今日の要求にあわせて、今われわれが整理するという形をとる。先人の残した知恵は、それぞれが自分たちの特殊の経験からつくられたものなので、一つの原理によってあみあげることができない、あい対立した主張をふくんでいる。それらの対立をむりにはじきだしてしまおうとしないところが、日本の伝統的な思想の型にかなっている。思想の原理をどこまでおいつめていっても、いくつもの根にわかれている状態であり、一つの根にゆきつかない。そうした思想は、たとえば科学の窮極の理想、宗教の窮極の理想、社会改革の窮極の理想を設定するものとしては、力がたりないが、ただ一つの窮極の理想にすでに現在自分（あるいは自分の属する集団）が達していると誤認して、そこから現状へのきびしい審判をおこなう思想傾向がくりかえし欧米にあらわれたことと考えあわせるならば、今日の状況にたいして欧米流よりも正直な把握をゆるす思想形態として、今までよりも高く考えられてよいし、世界の思想史のなかで独自の位置を占めるものとなるまでに今後さらに高めてゆくことができると思われる。

ただし、このような考え方は、たやすく現状をうけいれるという態度をそだて、現状批判の態度をそだてにくい。ヨーロッパの文明の認識の基礎になる科学的方法は、ギリシア哲学の源流にあるピタゴラスの不変なるものにたいする敬意にあったとラッセルは主張する。その不変なるものへの敬意は、宗教的な感情であるとともに認識の方法であり、自然にたいする数学的原理の適用という自然科学の核心をすでに含んでいたという。この不変なるもの（超越者）の観念は、日本の思想的伝統にかけているものであり、象徴的にいえば、ピタゴラスが日本にあらわれなかったという問題を今日も日本の思想はになっているといえる。ピタゴラスは、その革命思想の故に迫害されて死んだ。十五年戦争下に国体論によって迫害されて獄死した哲学者・戸坂潤と三木清は、ピタゴラスのような仕方で超越者にむかって自分の思想をつくりかえてゆこうとして同じ運命にあった人といえる。

森龍吉は、古来の物活論やごりやく信仰と癒着し現存の権力と妥協した既成仏教を排して、信仰における超越者の形成をめざしたところに親鸞の卓見を認めた。親鸞のめざしたもの、また後に日蓮のめざしたもののなかには、**宗教的な超越者**、**政治的な超越者**の観念はあるが、ピタゴラスのめざしたものとしての**知的な超越者**はない。科学的認識や方法を、それに政府や独占資本の補助金が支払われないときにも、政府の弾圧に抗してでも進めてゆくという態度は、親鸞や日蓮の思想の延長線上にただちに出てくるものではない。

明治以後に日本の政府の採用した**天皇制思想**は、天皇の言葉である**勅語**をただ一つの中心原理として、日本思想全体のくみかえをおこなおうとした。このことによって、日本思想は、それまでの、どのようにたちきられても、部分としてうごめき生きてゆけるミミズのような形からはなれて、一つの背骨をもつ人間らしい形に進化したようにみえた。このときに採用された背骨とは、生きている現在の天皇の言葉であり、欧米や中国におけるように、生きているすべての人の行動をさばきうる抽象的基準ではなかった。現在の天皇をさばく基準は、現天皇の言葉に求むべくもなく、現政府（あるいは軍部）が天皇の言葉をよりどころとする場合には批判の根拠がなかった。日本の**戦争裁判**にあらわれたように、戦争の指導にあたったそれぞれの日本人は、自分の上級指揮官の命令にみずからの責任をおわせ、こうした責任の追及がすすんでいった先で、到達点となる天皇は無責任とされるという**無責任の体系**（丸山眞男）がうまれた。この無責任の体系が批判されずに通用していた敗戦までは、天皇の言葉をまとってみずからの立場を守ろうとする表現が**政治の公用語**だった。勅語からとられた「皇道」、「肇国の精神」、「国体」などの言葉は、このように、自己の立場を倫理的・政治的に正当化し、それら自身としては何者によっても正当化される必要のない**お守り言葉**として、政治の面、軍事の面、教育の面で働いた。お守り言葉のもっともさかんにやりとりされた一九三一～一九四五年の十五年戦争の時代においても、この公用語による表現は、政府の最高権力者のあいだではひそかな自覚的統制の下におかれていた。だからこそ、一九四五年八月十四日から十五日にかけて、政府は、「国体護持」というお守り言葉によって国民の心を集中しつつそのゆびさす状態を、一億玉砕まで戦うこと（A）から、天皇の意思によって敗戦を甘んじてうけること（B）へと転換をなしとげた。ここには、明治以来のお守り言葉の体系をたくみに利用しつつ組みたてられた政治技術がある。この政治技術は、明治国家を設計した伊藤博文らが、そのはじめから自覚的に用意した日本国家経営についての顕教と密教の併用にもとづく。顕教としては、お守り言葉の体系を無批判にうけいれてこれの使用をとおして自分の目下の者にたいする軍隊下士官、小学校教師など大衆的知識人の集団へのはたらきかけがあり、密教としては、欧米的功利主義によってお守り言葉の体系を抑制しつつ利用してゆく高級官僚、独占資本上級サラリーマンの集団へのはたらきかけがある。密教の領域において訓練をうけた東京帝国大学法学部卒の少数精鋭に国家のかじをゆだねてゆこうというのが、明治の国家設計者の意図であり、それは明治から大正をへて、昭和はじめまでの日本国家の思想であった。この顕教、密教併用の方式によって、日本の国家は、小さな国力をもって欧米諸国のあいだに入ってゆき、小舟をたくみにあやつって国家間の競争に大きな漁獲をあげた。しかし、密教による支配はくずれてゆき、昭和に入ってから、満洲事変以後、顕教的教養にひきずられてそろばんを度外視した国策の実施がおこなわれ、その結果としての敗戦がきた。

顕教と密教というモデルは、そのまま実態をあらわすものではない。十五年戦争下の軍隊生活においても、お守り言葉をちりばめた演説をこころみては兵隊をぶんなぐる下士官たちは、そのお守り言葉によって表現されるたてまえ（おもて看板として人に示す思想——梅棹忠夫の造語）をそのまま生きていたわけではなく、ほんね（自分が本心で信じ、それによって自覚的に生きている思想）は別にあった。軍隊生活では外からみえる形のところだけととのえておけばいいのだという要領本位の価値観、質はどうでもよい、とにかく量だけそろえておいて点検のさいに上官にみせればいいという員数《いんず》本位の価値観が、下士官と古い兵隊に共通の思想であり、たとえば自分の班の兵隊が物干場でじゅばんをなくせば、他の実力ある兵隊がどこからか別のじゅばんを盗んできておぎなうというような盗みの暗黙の奨励さえなされた。その考え方のずるい実利的な性格は、勅語よりもむしろいろはかるたに通じる。東大法科卒の高級官僚のレヴェルにおいてだけでなく、大衆的レヴェルにおいてさえも、お守り言葉はたてまえだけの言葉として、ある程度自覚的に、使いこなされていたものと考えられる。

しかし、そこでは、公用の討論はお守り言葉という公用語でおこなわれることを常としており、いろはかるた的な言葉で公式の場での議論がなされるということはなかった。敗戦による天皇制の後退、占領軍の示唆による人間天皇宣言は、勅語にもとづくお守り言葉の使用をいくぶん色あせたものとさせた。明治以来かつてなかった仕方で、いろはかるた的な実利主義の言語を公式の議論の場にまでひきだせるようになった。戦後の政治の公用語は、戦前のように「国体明徴」、「祭政一致」などの勅語からとられたお守り言葉を軸とせず、「民主主義」、「公共の福祉」のように欧米の政治的伝統からとられた言葉とか、「経済成長」などのように科学用語からとられた言葉を軸としている。しかし、その背後には、欧米とおなじような単一の神の信仰からうみだされた普遍性と一貫性はみられず、むしろ、「犬も歩けば棒にあたる」「花より団子」というような、それぞれの状況を甘んじてうけいれてその状況の中での自分の利益を守るという状況追随的な実利主義をうらうちしているという意味で、戦後の政治用語は、いろはかるた的な日本民衆思想の伝統とむすびついている。

日本思想の源流には、一つの神の心を想定してその神の心に映るまとまりのある一つの世界の像をつくるという考え方がなかったことは前にのべた。このために、そのつどの状況の中にあらわれるバラバラの一つ一つの個物に親しみ、それと共感するという態度がうまれる。このことは、実物をおもんじるという一つの態度をうみだした。日本では江戸時代にすでに**博覧会**のようなものが平賀源内によってひらかれており、実物にたいする好奇心を異常な仕方でもつことが中国人と日本人とちがうところだろうということが、幕末の日本訪問者によって書かれている。明治の末に工夫された**修学旅行**は、日本独自の教育方法といわれているが、これも、義務教育だけで終わらなくてはならない少年少女たちに、自分の住んでいるところで見るもの以外の実物を見せることで、考える力をつけようという明治の日本の教育者の発明であり、**実物尊重の思想**の一つのあらわれとしてみることができる。抽象の拒否、理論の不信をとおしてもなお、ある種の抽象化と普遍化をなしうる道をひらいたものである。

実物主義とならんで、**実感主義**がある。これは、本当に自分の出あった状況で自分がほんとうに感じとった体験だけが自分の身につく思想だとする考え方である。これは極端な場合には、抽象の拒否、理論の不信への道をひらくが、しかし、別の仕方でとらえられるならば、重大な体験をくりかえし追体験することをとおして、感覚作用に根ざした抽象化・理論化をおこなう道をもひらくであろう。動員年齢で十五年戦争をむかえたいわゆる**戦中派**の人びと（安田武、橋川文三など）が、**戦争体験**をひとつのよりどころとして、それまで学者が整理した現代史とはちがう角度から歴史にたいし、日本社会にたいして、その発見を定着しようとしているのは、このような実感主義の一つの成果である。藤田省三は、明治の文学結社である硯友社の共同体感覚から孤立したという実感を田山花袋がもったところから、自然主義文学の運動がおこったという回想の意味を重視し、文学における実感主義の中に日本の個人主義の一つの芽を見ている。**共同体的な実感主義と個人主義的な実感主義**と二つの系譜が近代の日本思想の中にあった。

ある状況の中でもつ実感を土台として教育するというのは、科学技術の一貫した体系をつくり出し得なかった日本にとっての、技能教育の方法だった。日本の**職人の手仕事**の高さは、ある状況において体験によって自分の会得する**こつ**と、それをよりひろくさまざまな新しい状況においてさえ活用できるようにつくりかえた方向感覚としての**かん**によって担われる。かんとこつとは、体系的に本を書いてひろくつたえることは困難である。というのは、武谷三男の区分をかりれば、それらが、技術以前の技能の段階にぞくするものであり、技能は伝承困難だからである。**技能**は、個人の体験のつみかさねをとおして個人にとって進歩する。技能をつたえるには、自分と感情的に同一化するようなパーソナリティの質をもつ人を幼いうちに自分の手もとにおき、同じような状況で同じような実感をうるような条件をくりかえすことをとおして、時たま、成功が得られる。それぞれの技能のきわみ、つまり**極意**《ごくい》は、世阿弥の『花伝書』にあるように、一人が一生のうちに一人にだけしかつたえることができなかった。生涯をかけて一人からもう一人へ、感情の同一化と身体動作のたえざる模倣をとおして極意をつたえるコミュニケーションの方法を、**瀉瓶**《しゃびょう》と中世の密教の僧侶は呼んだ。一つのびんの口をもう一つのびんの口にぴったりとつけて、中の全部を一滴もあまさず流しこんでしまうような、師にとっては自分が無内容になるほどの困難な仕事だった。ヘリゲルの『弓と禅』は、ドイツの哲学者が現代の日本において弓道の名人から弓をならうすじみちをドイツ人らしく分析的に記した本である。

この中でも、名人は、現代に生きる人でありながら、ある状況の下に弟子に弓を射させて、それに少しばかりの感想をくわえるにすぎない。

明治の官僚技師であり教育者だった新渡戸稲造は、自分の発明した学術語として、「ココダナ」という言葉をあげている。ある状況で自分が困難に出会ってくじけようとする。すると「ココダナ」とそこのところを区切っておぼえて、そこに全力を出して工夫してとおりぬけようと努力する。それぞれの作業におけるそのような危機的な状況を「ココダナ」とよんでとくに記憶にとどめておくというのである。福沢諭吉のなくなった明治後期から大正・昭和にかけて日本の実学主義（大衆の生活の役にたつ学問をすすめる思想）を代表した新渡戸稲造が「ココダナ」という学術語をすすめたことは面白い。いろはかるた的な知恵とは、それぞれの実生活上の領域で個人が会得した「ココダナ」という断片的な実感をもちよって、きまったならべかたもなく、その場その場の要求にあうようにいいかげんにならべたものである。だからここには、思想の内容としては実利主義、実感主義があり、思想の構造としては非体系性とひらかれた性格がある。これを全体としてよいものと評価するか、悪いものと評価するかをこえて、その過去におけるはたらき、現在におけるはたらき、未来におけるはたらきの可能性を論じる道を見出すことが大切だ。すでに一九三一年の満洲事変以後、日本産の思想を全体としてすべてよいものと評価する動きが、大正デモクラシー時代のすべて欧米近代の思想を基準として日本産のものをさばくという思想への反動としてあらわれた。和辻哲郎らの日本文化の重層的構造の指摘などがすぐれた仕事であるにもかかわらず、日本産の思想を欧米流の思想よりも全体として高いところにおくという当時の軍国主義思潮にむすびつくような仕方での解釈にアクセントをおいたという意味では、その仕事は、あやういところをもっていた。この潮流を、マルクス主義哲学者・戸坂潤は「**ニッポン・イデオロギー**」と呼んで批判した。敗戦直後の、すべて占領軍アメリカの思想を基準として日本産思想を劣った不純物として批判するという潮流への反動として、戦後二十三年の今日、日本産の思想をふたたびもちあげようとする気運がよみがえっている。今度は、旧占領者米国が、その国家的利益のゆえに日本を同盟者としてつよくむすびつける都合上、日本文化の伝統的形態を高く評価することをすすめている。スキヤキやオシボリなど日本風のものごとがアメリカ人にとってもつ**エキゾティシズム**（異国風のものを珍しいものとして愛玩する）としてのねうちをそのまま日本にもちこんで、日本人自身がとうとぶ傾向がみられる。このようなエキゾティシズムは、満洲事変後のニッポン・イデオロギーの戦後的なむしかえしであろう。

私たちは、見たての論理、かるたの構造が、それぞれ、状況にふりまわされやすい性格をもつことを見た。同時に、それはひかえめながら、いかなる状況にたいしても、その状況をとざされた不動のものとして見まいという批判的性格をもっている。日本の制度をおしつけようという国家主義思想が大手をふってとおった戦争下の日本の占領地において、俳句をつくるのに日本の季題を守るべきか、それとも新しい**歳時記**をあむべきかについての論争がおこったことがある。このとき、文化批評にことよせて、マライ方面の軍政顧問の永田秀次郎は、日本の歳時記を守らずにその土地その土地の風物によせて新しい歳時記があまれるべきときがきていると主張した。永田の考え方には、それぞれの土地の条件と習慣を尊重し、その可能性をのばしてゆくことが日本の政治のやり方となるべきだという明治・大正の保守的自由主義の伝統が生きている。俳句の季題だけでなく、和歌の領域においても、歌枕という考え方は、同じような解釈の可能性をもっている。**歌枕**とは、名高い土地を歌によみこむしきたりで、それぞれの土地にふさわしい連想の回路が用意されている。これは、それぞれの土地にはその土地のたましいのようなものがあり、その土地にゆけば、どの人も、その土地のたましいにふれてある一定の感情をもつようになるという考え方を前提としている。各個人の内部にかけがえのないその人特有の詩の精神があるという考え方をもたない詩学にぞくしているという意味で、西欧近代の詩学を基準として考えると劣っているように見えるが、しかし同時に、それぞれの土地に行くとその土地の精神に同化するという精神のもちかたは、西欧の近代が自分たちの精神のキリスト教的範型を人類のもつべき唯一最高の範型として、アジア、アフリカに入っていったのとはちがう、しなやかな態度をうみ出しうる。前にのべた永田秀次郎におけるような国際政治的展望はその可能性を示しているし、戦後の小田実の世界無銭旅行記『何でも見てやろう』という本は、歌枕の伝統を、現代的な仕方で生かしたものと言える。ヨーロッパ諸国や米国、さらにまた中国のようなみずからの精神の範型を人類普遍のものと信じる諸民族とはちがう仕方で、日本人は、アジア、アフリカ諸国民族と交渉をもちうる。ただし、それは、日本みずからの帝国主義の復活をくいとめる程度に応じて、日本にひらかれてくる未来の可能性である。

かるた的な思想構造は、固定した普遍的理想にみずからをしばりつけないゆえに、独断による**きめつけ**をさけることができる。固定を排することを理想として、集団全員の間で無限定の時間をかけての共同討議をつみかさねる**ヤマギシ会**や、開祖出口なおと教祖出口王仁三郎、祭りの中心地綾部と教学の中心地亀岡という二つの中心をつねにもって対立と矛盾をいかなる時点にも解消せずに楕円形の運動を進める**大本教**のような思想運動が、日本の土着思想からうまれるのは偶然ではない。そこには、早すぎる仕方でとざされた一貫した体系性を発見しようとし、すでにそれを発見したと信じてそれをおしつけようとする米国式の考え方、ソ連式の考え方に、別の可能性をもって対している。それはゆるぎない単一の視座をわれわれはまだもち得ないのではないかといううたがいの提示である。

世界観

【浮　世】うきよという観念は、うれわしい世という連想の脈絡では、実人生になかば否定的な半身の姿勢をもって対しているとともに、まぼろしの中に浮いているこの世という連想の脈絡では、すべてはまぼろしでその中のたまたま一部分をなしている現在の人生ということになって、これもたかだかまぼろしの一部分だからおもしろくくらせばよいという肯定的な半身の姿勢ということにもなる。浮世にたいして、浮世のむこう側にある確固とした実在を信じ、そこから浮世を批判しているわけではない。有と無とが排中律によってかっきりときれているのでなく、一種の**連続体**としてつながっている構図の中に、この実人生がやや現実性の濃い部分としておかれている。しかしこの現実もまたまぼろしの素材によってつくられているものとして描かれている。橋本峰雄によれば、中里介山作の大衆小説『大菩薩峠』には、生命をもたぬ世界と生命とのあいだの連続体の中をめしいた主人公が手さぐりしながら歩いてゆく構図がおかれているという。江戸時代以来、明治・大正・昭和をつらぬいて、庶民のあいだのはやり歌は、おなじような浮世思想につらぬかれているものといえる。

人間の現在の生と、人間をこえた生命なきものの世界と、さらにはまた、生命を失ってなくなってしまった無の世界を連続体としてとらえる考え方は、太古の世界観が決定的に否定される段階をもたずに根本的な図柄として日本人の世界観に定着していることを示す。そうした連続体という図柄は、存在そのものの性格としてではなく、存在をみる主体の側の態度として、存在のうえに刻印をうつ。

これはユンクの言う**祖型**（アーキタイプ）である。人類共通の想像力の原型も推定できるが、民族としての想像力の原型も推定することができる。日本民族の想像力の原型について、本居宣長から柳田国男・折口信夫にいたる国学の系譜は、推定の手がかりをのこした。これらの人びとの研究をとおしても、日本人が、生と死をつながりあるものとしてとらえていたことは、ほぼたしかだ。なくなった人は、すぐに親族からたちさるのでなく、近くの丘のあたりにゆき、やがてさらに遠ざかってゆくと言う。

なくなったものを祭る責任は、生きている子孫にかかっているので、何かの不手ぎわから先祖代々の土地や邸を失った子孫が、先祖の位牌を数十個も風呂敷につつんで、ただそれだけを荷物として都会をさまよいあるき、ついに警察に保護されたという新聞記事を、柳田国男は『明治大正史』の中に書きのこしている。『大菩薩峠』の机竜之助だけでなく、この老人もまた、生と死の連続体のあいだにある自分の実人生をさまよっていたのである。

このような生と死・有と無の連続体の構図は、すでに古事記にあらわれているような**物活論**（タレスの造語）を背景にもつ。ものがそれぞれ、人間とおなじようにたましいをもっていると信じられ、人はそのたましいと共感をもち、交流し、そのたましいにはたらきかけるということができる。**もののあわれ**という本居宣長の言葉を、アストンは、モノのたてる「ああ」といらためいきにききいる精神だとして、The Ahness of Things と訳した。原始的世界観が、われわれの言葉づかいの中に、また言語以外の儀式や芸術などのコミュニケーションの形の中に生きていることが、今日の日本人に、欧米人以上に個々のモノにたいする感情移入をゆるす。死者が**たましい**をもつとおなじようにモノもまたたましいをもち、死者がばけてでるとおなじようにモノもまた**おばけ**となって出てくる。小泉八雲が「ちんちん　こばかま」という民話のかたりなおしの中で注目しているように、粗末にあつかわれた楊枝は、使い手である人間にばけて出る。人は、モノを生かすように、モノとともにたのしくくらすように、努力しなくてはならず、モノにたいして冷酷な支配者となってはならぬ。動物にたいしても同様であり、動物それぞれのたましいにたいして心をくばるようでなくてはいけない。キリスト教の天地創造の神話が人間と動物とを優劣二つの段階に区分し、人間だけにたましいをみとめたのにたいして、日本の神話はモノをふくめて動物や人間を連続体の中においた。日本において、今西錦司らの指導の下にサルの生態学が欧米以上の発展をみたのは、このような世界観の背景の助けがあったと、加藤周一は指摘している。

無と有、モノ―イキモノ―人間の連続体のわくをもって世界をみるという見方は、さまざまの**共同の幻覚**（柳田国男の造語）を日本人の間にうみだしてきた。死者からたちのぼる**人魂**とか**鬼火**、深山にきこえる**天狗倒し**という木々のざわめきなどもそういうものであろう。武道や芸道の秘伝書の中にも、共同の幻覚はまぎれこんでいる。さきにひいたヘリゲルの『弓と禅』の中で、師匠はある日ヘリゲルが射たのをみて、突然あたまをさげる。ヘリゲルが矢を射たのではなく、「それが射た」と言う。このとき、主体は、ヘリゲル個人ではなくなり、客体は矢でなくなる。一つの連続的な流れが、人とモノとをつらぬいて流れたのである。主客をこえたそのような作用のイメージの中に、武道は模範を見出した。

このような共同の幻覚は、モノと人間との区別をぼんやりさせるとともに、人間の意志による行動としての政治の性格をみとめさせないはたらきをする。自然のままになるなりゆきとして政治制度をみなす一つの態度がうまれる。思想としての**天皇制**は、そのような共同の幻覚の存在を土台としてなりたっている。丸山眞男が荻生徂徠においてみとめた、**自然**にたいする人間の**作為**としての政治の理念は、日本人がみずからの手でうちだした近代的な政治理念であるが、作為として政治をとらえる見方は深く定着したとは言えない。日米戦争の開始という人為の政治行動も、日本の詩人たちによっては天変地異とおなじような仕方でとらえられ、敗戦もまたそのような仕方でとらえられた。その考え方は、日本人にひろく共通するものだろう。このゆえに人間としての天皇ならびに戦時権力者の戦争責任の追及も、民衆の支持を得て進められることがなかった。

花田清輝は「罪と罰」の中で、戦後の日本人はみずからのおこした十五年戦争について**戦争責任**を追及できず、明確な罪の自覚のない薄明の領域を歩みつづけており、その明確さを欠く状態こそ日本人にとっての罰だとのべた。このように人間についての責任意識の不明確さは、日本人の論理の背後に、有と無とが不可分の仕方で連続体をつくっている物語的な形而上学があるからだ。排中律という論理意識は、有と無とにまっぷたつにわける存在論に支えられてあらわれた。有と無の連続体という存在論は、排中律のなりたつ単純明快な二値論理の成立を不充分なものとし、二値論理をとびこして、多少の度合の論理、相対的頻度と確率の論理に接続する。日本思想における前近代的なものと超近代的なものの癒着は、論理意識の領域においてもこのような仕方であらわれている。超近代的（あるいは現代的と言いかえてもよい）な思想形態をうけいれ発展させる力が、日本の土着的な思想の中にあることをみとめるとともに、超近代的な確率の論理意識を原始的なぼんやりした論理意識から区別された新しい発展とするきっかけが、近代的な悟性の論理にあったことも忘れないようにしたい。有と無、真と偽にわりきって考えてゆくことの努力のはてに、その努力のおのずからの限界の意識として、あいまいさと粗雑さの意味論や確率の論理がうまれたのである。

社会観・人生観

【はじらい】 **恥**の感情が、日本の思想を考えるうえでの根本的なワクぐみとなることをのべたのは、ベネディクトの『菊と刀』である。恥とは、自分のぞくしている集団の前で罰をうけることへのおそれの感情である。これは、内面化された理想像にたいして自分がダラクしたことを責める**罪**の感情と対比される。罪が内面的で一貫性があるのにくらべて、恥は外面的であり、何を恥と感じるかは、自分をとりまく集団の状況に応じて無原則にかわる。こうして、日本思想の状況追随的な性格、その**便乗主義**がうまれる。

恥の文化がはたして日本に特別のものかどうかはその後うたがわれているし、欧米の文化が罪の文化として規定できるかどうかについてもうたがいがもたれている。リースマンの『孤独なる群衆』が戦後のアメリカ文化について分析したように、アメリカの都市の上流中産階級の若い人びとのあいだには自分たちの仲間のおもわくを気にして仲間の意向によって自分の意向も決定するような**他者志向型**の社会的性格が育ってきているという。他者志向型と対比されるのは、その社会の昔からのルールにしたがう**伝統志向型**、自分の心の中に普遍的原理のモデルをもってそれにあわせて自分の方向をきめる**内面志向型**の社会的性格である。大衆社会状況の成立は、アメリカの文化から、内面志向型の社会的性格をうすめてゆくとともに、その社会的性格を担い手としていた罪の文化、罪の思想をもうすめてゆく傾向にある。丸山眞男のいう**無責任の体系**も、天皇制下の日本社会に特殊なことではなく、独占資本の安定支配下にある大衆社会としてのアメリカにおいても、他者志向的な数多くの官僚・経営者・政治家・軍人の構成する制度の中で、政策決定にさいしてしばしば見られる現象となった。こうして、日本思想の特色は、日本が大衆社会の一つの典型的状況をいちはやくつくりだしたことをとおして、日本以外の国々の性格変化をとらえるためのものさしになり得ることとなった。

いっぽう、日本文化には、内面性をつくりだすきっかけは、なかったのかどうか。作田啓一・多田道太郎は、ベネディクトの恥の理念を修正して、恥の理念の系統にぞくしながら、ある種の内面的な力としてはたらくはじらいという理念を設定した。作田啓一の『恥の文化再考』によれば、はじらいは、自己にたいする視線のくいちがいを意識しだしたときにおきる。普遍化と個別化の視線のくいちがいからおこる場合もある。自分を何某という個別的な人としてみられることを期待している時に、女として普遍的な仕方でみられた場合、女性の感じるはじらい、自分を患者として普遍的な視線をもってみてくれると思っていた医者が、とつぜん「何某さん」といって個別的な人間として自分に話しかけてくるときに感じるはじらいが、はじらいの原型である。そういう視線のくいちがいを、思想的な状況にうつして考えよう。

自分が自分のぞくしている仲間（たとえば大学生）のメンバーとして自己満足していないとき、心中で自分がひそかに自分をむすびつけてよりどころとしている外の集団（たとえば労働者）の誰かから、大学生のひとりとして自己満足している人間としてみられていると考えるときに彼ははじらう。その逆の場合もありうる。自分が、自分を心中でむすびつけている外の集団（たとえばフランス人なみの近代的文化人）のメンバーと思っているときに、自分の所属している集団（たとえば村の青年団の仲間）が自分をふつうの村仲間としてみる視線を感じるときにも、彼ははじらう。自己の同一性が失われる危険の前にたたされるときに、その危険にたいする反応としてはじらいがおこる。ベネディクトのいう意味での恥とのちがいは、たとえばゆたかな家の子が貧しい子にたいして感じるはじらい、学校でよくできる子ができない子にたいして感じるはじらいがありうるからであり、このような自己の優位のゆえにおこるはじらいは、つねに集団内部での劣位によっておこる恥の感情の中につつみこむことができない。

明治以後の日本の思想状況が、**土着思想**と**欧米輸入思想**との二つの潮流にさらされていることからいって、日本人の中にはじらいが思想形成の内面的な力としてはたらいてきたことは、当然である。完全に土着思想の側につききれる者と、完全に欧米の思想の側につききれる者とは、はじらいをまぬかれることができる。そうでない者は、さけがたく、はじらいの中にたつ。加藤周一は、日本の文化を、土着思想にも、欧米思想にも、純粋化することのできぬ**雑種文化**として性格づけたが、その雑種文化としての日本文化の大道を歩いて思想の実りをむすぶためには、われわれは土着思想か欧米（あるいは中・ソ）思想かにかたよってはその逸脱に気づいてたちどまり、はじらいをもって再出発せざるをえない。

近代主義という言葉がある。これは、幕末の開国にさいして、日本の文化が欧米にくらべておくれているという恥とはじらいとをもった日本人が、その後、自分たちのおくれた前近代的文化をぬぎすて、欧米の近代的文化に**追いつき追いこせ**という掛声で進んできたこの百年の歴史の中に根ざしている。日本には、実物尊重思想があることは前にのべたが、今や近代の実物手本が欧米にあると考え、その**ほんもの**にあわせて、自分たちの文化をつくりかえようとした。その場合、日本人の工夫した近代的なスタイルは、すでに**にせもの**として、しりぞけられた。ここには、明治以前からある**にせもの・ほんもの**の思想の日本文化にたいする一つの適用の型がある。

幕末から明治はじめの留学生たち、たとえば日本最初の女子留学生であり、津田英学塾をつくった津田梅子には、自分が**ほんもの**を見てきたというぬきがたい自信があり、自分が自分の目でみてきたほんものの近代文化をほんものの英語で教えてゆくという方法が、この学校の歴史をつらぬいている。近代文化のほんものの手本が、欧米、とくにイギリスにあり、そのほんものにまだ日本は近づいていないという思想は、十五年戦争の時代に、幣原喜重郎や池田成彬たち**重臣の自由主義**を支え、かれらをして**日本至上主義**への批判者としての立場をつらぬかせた。あるものをほんものとしてかたく信じるとき、日本人の信仰は、自分をとりまく状況に流されない確固とした強さをもつ。重臣的自由主義のように、有産階級の利益を守る立場にあらわれたほんもの・にせもの思想と反対に、無産階級の利益を守る立場にたつ場合にも、日本の思想的伝統の一部分となっているにせもの・ほんもの思想は、いちじるしい役割を果たした。ソヴィエトの現権力者の思想が、ほんもの思想であり、それ以外はにせものだという考え方は、大正・昭和を通じてくりかえし、左翼陣営内部における裁断の基準とされた。このことは、政治的権力によわいという傾向とむすびついて、日本の左翼思想にも影響をもった。思想の基準を、特定のほんものにむすびつけず、抽象的な基準としてとらえる考え方は、日本にも育たないではなかったが、大きな影響力をもちえなかった。マルクス主義の思想を特定のほんものの実物と分ちがたくむすびつけることなく、みずからの思想の原理として使いこなした山川均のような人もあらわれたが、こういう人の影響力は、戦前においても戦後においても大きなものとはなりえなかった。

にせもの・ほんもの主義は、完成した実物見本の模写という学習方法を重んじるために、未完成のものを軽んじる傾向をつくる。未完成のものから可能性をひきだし、その成長を助けるという考え方は、なりたちにくくなる。こうなると、日本の土着的伝統は、それが能狂言とか歌舞伎とかいう形で完成した名作の模写と保存という仕方をのぞいては、徹底的に軽んじられることになる。「花より団子」というふうな不完結な表現の形に託されたかるた的な思想は、これこそ日本の民衆の土着的な思想の表現の伝統をなすものであるが、明治以後の日本の近代主義とそれに色づけられたほんもの尊重主義によって視野の外におしだされてしまう。それだけでなく、アジア・アフリカの大部分は、日本人の視野からおちてしまうこととなる。**革命思想**においてさえ、それをつくりだす**疎外**されたものの創意の側からは理解されずに終わることになる。竹内好の「中国の近代と日本の近代」は、中国の近代文化とひきくらべて日本の近代文化を、**優等生の文化**として特徴づけた。つねに教師からしかまなべないという優等生の思考方式から自由でないという点では、日本の政府の思想だけでなく、日本の左翼の思想もそうであった。今日の世界についても、**東西問題**（米ソ対立など）からは区別された**南北問題**（欧米と対立するアジア・アフリカ）について、本格的にとりくむ姿勢は、日本の近代主義の中からは出てきにくい。

明治以後の日本の進歩思想は、多かれすくなかれ近代主義的性格をもち、そのゆえに、日本の土着的思想伝統をかろんじる傾向があった。こういう進歩思想にたいして、国家権力による弾圧がくわわると、たやすく集団的な規模で**転向**がおこる。転向とは、国家権力の強制によって個人の思想がかわるということをさす。国家権力による明白な暴力的強制がなされない場合にも、土着的思想伝統を無視した進歩思想は長いあいだには、まわりの風俗のはたらきかけをとおして、かわってしまうものだ。こういう場合を、**風化**と呼ぶとすると、戦後の日本におけるように、国家がむきだしの暴力をつかって個人の私生活の中にまで入ってこない場合には、風化と呼んだほうが適切な思想変化がふえてきている。しかし、風化とみられるものは、転向の一種とみることができるし、戦後の日本では、風化が転向の代用的形態となっている。

日本の土着的思想伝統は、一定の土地にともに死ぬまで住むであろうという期待をもってくらす人びとのおたがいへのつよい配慮によって特徴づけられている。おたがいに顔見知りの人同士が助けあって生きてゆくというところに日本人の理想社会の像があり、そういうふるさとの姿が美化されて自分の記憶の底からわきあがってくるときに、自分が理念としてつくりあげてきた進歩思想がつまらないものと見えてきて、たやすくそれをすてるということがおこる。天皇家が、血統上の宗家と考えられ、日本人全体のおやであるといういいつたえがあり、それを土台として明治以後に家族国家観が国家の諸制度をとおしてうえつけられた条件の下では、書物をとおして学習された進歩思想の理念は、簡単にくつがえしうるものだった。日本の進歩的思想は神島二郎の『日本人の結婚観』の言葉をかりるなら、独身者主義の性格をもっており、下宿から大学にかよう独身の青年が理念としてくみたてるという条件でなりたつものだった。それは、家庭、職場、地域、国家の人間関係の中で使いこなされるように考えぬかれた成熟した進歩思想ではなかった。だから、土着的な伝統である肉体主義（丸山眞男の言葉）、家族主義（川島武宜の言葉）、実感主義や義理人情によって、たやすく足をすくわれる。

今の日本人のあいだでは、思想上の理由で何かの行動に参加しないということは、きわめてきざっぽいこととみなされる。しかし、肉体上の理由（病気など）をいえば、たいていのことは、大目にみられる。われわれのあいだでは、思想上の表明にたいする不信の念がある。思想とは、たかだか、たてまえていどのことだという通念がある。そうとすれば、たてまえ以上のずっしりした重みをもつものは、何だろう。それは、ここにいるナマミの人間である。眼に見え、ふれることのできる肉体をもった誰さん、彼さんである。そういう肉体をもった具体的な人間を、肉体ごとほろぼしてしまおうというほどの思想的憎悪を、日本人は、きわめて例外的な場合以外にはもたなかった。キリシタンの迫害においても、公式に信条をかえさえすれば許された。明治以後も、公式に信条をかえれば、もと社会主義者も、軍国主義運動の指導者としてかえりさくことができた。敗戦後には軍国主義運動の指導者も民主主義運動の指導者としてかえりさくことをゆるされる。このような肉体主義は、理論の力を軽んじるという意味で大きな欠陥をもつ。同時に、そこには、思想をもつということにたいするはじらいがあり、それが、ある種の**寛容**をうみだしている。

日本人は、自分たちの生活の歴史の中から、さまざまの理想的人間像をそだててきた。**虫が好く**とか好かないというときの虫（自分の無意識的な好き嫌いの衝動）に忠実に生きる人間でも、俗社会とぶつかることもおそれず生きるようであれば、それは芸道の**鬼**として重んじられ、現世的な衝突をこえて非政治的な領域でだけ自分の好みを追求するような**仙人**のような人間として大目に見られる。現世的な欲望をすべてなくして宗教的な欲求のみにしたがって思うままに生きる**妙好人**のような人間像にもなりうる。俗世間の中にとどまり、他人の悩みがすべて自分の中にうつしえられるような**苦労人**という理想像もあり、他人のハラの底にある口に出さぬ悩みを理解して、他人を組織して何かの事業をなしとげる**器量人**の理想像もある。講談の『赤穂義士』における大石内蔵助、落語の『芝浜』の女房などが、それぞれ男性と女性における器量人の理想を担っている。人間関係のもちかたについての理想的な型の探求が、**茶の湯**のような独自の芸術を育てたといえる。

われわれ日本人は、抽象的人間の理念をつくりださなかった。そのかわりに、それぞれなりの肉体と人がらをもつ具体的な人間にたいするつよい配慮の理念をそだててきた。神の子が人類を救う使命をもつというイエスの物語も、ヨーロッパ人宣教師との交渉からきりはなされ、鎖国以来四百年間も日本人のあいだでひそかに語りつがれると、イエスが自分の身がわりに殺された赤ん坊たちのことを考えて苦しんだ結果、そのつぐないのために十字架にかかったという別様の話となって五島のかくれキリシタンのあいだにつたわっている。この考え方は、今度の大戦に生きのこったもと神風特攻隊員後藤弘の手記に次のようにあらわれる。彼は、敗戦の次の年から毎年春秋に同期生とともに靖国神社にゆく。国家主義のためとか、平和主義のためとか、そういう意味づけをこえて、死んだ同期生がそこにいるからというそれだけの理由のためにそこにゆく。どういう目的のためにであろうと、人間がみずから志願して生命をかけたということへの評価を、軽々しくくだしてほしくないということを、彼は戦後の人びとに言いたいと書く。ひとりの人間が、自分なりにその人生を生きるということが、いかなる思想的意味づけをもこえて大切な意味をもつという思想がここにある。この考え方は、欧米流の人間主義の理念とはちがう日本的な仕方で、人間の個々人への愛情を表現している。平和国家に日本が戦後生まれかわったことに賛成か、文化国家に賛成か、民主主義に賛成か？　という質問にも、日本民族の誇りを回復しなくてはならぬとか、紀元節を復活させようという掛声にたいしても、はじらいをもって対している一つの姿勢がここにある。

（一九六九年六月）

II

日本の折衷主義　新渡戸稲造論

一　折衷主義の系譜

日本人の性格は、外から来る文化の流れにたいするたくみな適応能力を特徴としており、日本人の思想を考える時には、その思想の折衷主義的性格を中心として考えることが当然となる。それにもかかわらず、折衷主義にたいする評価は、日本の知識人のあいだでは低く、知識人によって書かれる日本思想史においても低かった。知識人の関心は、折衷主義よりも修正主義にむかい、しかも、修正主義をいかに否定してゆくかということに、力がそそがれて来た。

修正主義と折衷主義とは、どうちがうか。修正主義では、まず一つの思想流派に自己をむすびつけるという行為があり、その上で、自分をとりまく状況にたいして働きかけてゆくことから新しくまなびとった知恵をもとにして、すでに学習した思想にたいする修正がなされる。折衷主義においては、一つの思想流派に自分をむすびつけるという行為がなく、むしろ、(1)考える主体、あるいは(2)その主体のはたらく状況を、中心として思想がつくられる。ここでは、(1)主体にアクセントをおく折衷主義と(2)状況にアクセントをおく折衷主義との二つのタイプが分れてくる。思想史の中にあるさまざまの流派は、主体が状況にはたらきかける上での参考としてかえりみられるにすぎない。ここでは既成の思想体系や学説は、模倣の手本にはならない。状況にたいするはたらきかけを重要視する点では、修正主義も、折衷主義も似ているが、修正主義と比較して折衷主義にきわだっている特徴は、主体、あるいは、状況を中心におくことである。⑴折衷する主体が、いかなる関心の方向をもつかということ、⑵主体のはたらく状況がいかなる性格をもっていると判断されるかの二者が、折衷主義を⑴主体本位の折衷主義、⑵状況本位の折衷主義の二つに区分する以上にこまかく分類するためのキメテになってくる。

日本の近代思想史は、これまでマルクス主義の思想史家によってとらえられたような修正主義と修正主義批判のサイクルとしてもとらえられるが、とくに左派のみならず、右派、中間派をふくめて日本の近代思想史を考えなおすためには、折衷主義における交流と衝突のサイクルとしてもとらえられることを必要とする。折衷の問題が、つねに修正の問題におきかえられて論じられることが、日本思想にとっての一つの不幸であった。今までの方法からはなれて折衷主義の自己批判、折衷主義の前進が計画されることが、今日の日本思想にとって重要な争点となる。

日本の近代思想史における折衷主義の正統は、幕末に準備され明治国家を創立した尊皇・開国の思想であり、同時代における折衷主義の異端にあたるものが、福沢諭吉（一八三四―一九〇一）の実学主義である。伊藤博文（一八四一―一九〇九）・井上馨（一八三五―一九一五）を中心においた明治の折衷主義の正統は、福沢諭吉・大隈重信（一八三八―一九二二）によってひきつづき生みだされる折衷主義の異端と抗争しつつ、明治中期以後の折衷主義の正統の位置を、新渡戸稲造《にとべいなぞう》（一八六二―一九三三）にわたす。近代日本の偉大な教育者として、福沢・新渡戸の二人は、名をならべられることがあるが、両者はその実学主義・民主主義・折衷主義においてよくにてはいるものの、福沢をとおしては尾崎行雄(一八五八—一九五四)・犬養毅(一八五五—一九三二)のごとき異端者が生みだされたのにたいして、新渡戸をとおしては、国家体制の奉仕者のみが生まれたということが、両者を区別する。新渡戸の思想は、明治後期から、大正をへて、昭和のはじめまでの日本を指導した。というのは、この人からしたしくおしえをうけた人たちが、日本の官僚の中心となって、大正・昭和時代の日本国家の動きを管理して来たからである。新渡戸の思想は、この時代における日本の官僚の思想のもっともすぐれた範型の一つをつくった。この意味では、福沢の影響力が実業界・新聞界に主として発揮されたのと対照的である。

新渡戸の折衷主義は、二つの部分から成りたっている。第一部は、各個人の人格を軸とし、あらゆる種類の思想学説、あらゆる種類の経験から自在に養分を吸収できるように、その人格を準備するすじみちをつくる方法を説く。第二部は、現実の日本国家の制度を軸とし、それがあらゆる種類の世界先進国の最新の知恵をとりいれて国民大衆の信用をつなぐにたるような政策として実行にうつす方法を説く。第一部は、修養論であり、第二部は国体論である。これら両者が、新渡戸以外の人物、たとえば内村鑑三(一八六一—一九三〇)によって説かれたならば、たがいにきしみあうような関係にたたされたであろうが、新渡戸においては、個人と国家、修養と忠誠とは、相似形をなした小さいものと大きいものという関係にたっている。このことが、大正・昭和の時代の父親・母親たちに安心感をあたえた。新渡戸の著述は、一高・帝大卒業の高等官僚だけでなく、雑誌や新聞をとおして、日本の社会全体に共感をよびおこした。大正時代の新人会コース、昭和はじめの共産党コースから、息子や娘をさそいだすための有力な転向コースとして、新渡戸の著書は、親たちによって熱心に読まれた。子供たちが福本和夫(一八九四—一九八三)の著書に読みふけるのと並行して、父親・母親たちは新渡戸の著書に読みふけって、当時の国家検察当局とはまた別個の「温情主義的な」転向対策を工夫していた。

新渡戸の著書を今よみかえしてみると、その古くなっていないことに、おどろく。むしろ、これから（一九六〇年一月現在）ひらけてゆく日本の新しい時代のためにとくに書かれたものであるかのように感じる。この人の思想は、大正から昭和はじめまでの日本の正統思想であっただけでなく、戦後の日本においても正統の位置をしめるものではないだろうか。このような日本思想の正統にたいして、反折衷主義者は反折衷主義者なりに、また私のような折衷主義者の後つぎはまた折衷主義者なりに、自分の位置を見さだめることが必要である。新渡戸の折衷主義の性格を描きだすことが、われわれの立つ場所を見さだめることにもなるであろう。

二　個人を軸とする折衷

修養とは、新渡戸によれば、修身と養神とを二つ合わせてできた言葉で、二つの中心をもつ楕円形の意味領域を作っている。修身とは、からだをかいならしてきたえてゆくことであり、これのやりかたについては、階段式に小学校の国定修身教科書に解説してある。新渡戸じしんも、これにならって、小学校以上の年齢層の人にむけて『中等大日本修身』、『実業大日本修身』を編んでいる。養神とは、精神を個人の人格の中にめざめさせてたもってゆくことであって、個人の中に精神がつくられるためには、伝統との接触が必要とされる。この伝統とは、日本古来の神道でもよいが、新渡戸じしんの場合には、儒教とキリスト教によってつくられたものである。国定修身教科書と、普遍宗教とをつなぐこの修身＋養神という概念の構成の仕方の中に、政治と宗教についての新渡戸の考え方があらわれている。ここでは政治と宗教とは、あいよってたがいにおぎなう関係にあるものとして、とらえられている。この点において、新渡戸は、同時代のキリスト教徒、北村透谷（一八六八―一八九四）・木下尚江（一八六九―一九三七）と対照的に主体本位の折衷主義よりも状況本位の折衷主義に入る。新渡戸の思想と当時の日本国家の思想とは同一でないながらも、なだらかな地つづきをなしており、青年時代に新渡戸思想で訓練されたものは、年齢と地位の上昇に応じて普遍宗教から現存政府の立場へとアクセントをおきかえて、何の違和感もなしに壮年時代以後には日本国家の体制の中心の位置にすすむことができる。

「およそ活物《かつぶつ》は養なはざれば死す、心はすなはち我《われ》にあるの一大活物《いちだいかつぶつ》なり。もつとももつて養なはざるべからず。これを養なふはいかん。理義《りぎ》のほか別方《べっぽう》なきのみ」。徳川時代の儒者佐藤一斎（一七七二―一八五九）の言葉を、新渡戸は修養論の中心にすえている。

いきものとしての心をどういうふうにして生きながらえさせ、成長させてゆくか。このことが、修養の根本なのである。「身を養ふの食物は、日々三度要するごとく、理義の栄養物も間断なく用ゆるを要することは、少しなりとも、此事に経験ある者の、よく知つて居ることである。日々刻々の修養は、為《な》して居る最中には、左様に思はぬが、段々集り積ると、立派な人物を築き上げる。」（『修養』一六ページ）

まず第一に、心が生きていることが目標なので、この意味で、「いること」(to be) が、「すること」(to do) よりも、上のものだ。こう考えることにおいて、新渡戸の思想は、外面的な礼儀正しさ、しかつめらしい道徳主義、実践第一主義とことなり、人がそれぞれ自分の心を、自分でしっかりと保って「いる」ことを、第一とする。だが、このように心が生きているために、行動が必要になる。「いる」ことが第一だが、「いる」ことのために、「すること」が必要になってくる。心が生きているためには、心の食物が肉体の行動をとおして、毎日、毎年とられねばならぬ。ここに「養神」と「修身」のつなぎめがある。人間にとっては養神が第一の目標ではあるが、修身をとおしてしか、養神はできないのである。そこで、心が生きているために、「すること」の計画を各自がたててゆく助言として書かれたものが、新渡戸の著書『修養』なのである。

することは、心の食物として毎日すこしずつ服用できるようにヴィタミン・カプセルのような手頃な単位になっていなければならず、また長期にわたって服用される計画性をともなわねばならぬ。

することは、毎日早くおきるということでもよいし、毎日一回冷水浴をするのでもよい。いやだと思うことをすこしずつすることは、人生にたいする耐久力をやしなう。ある女学校の同窓のグループが、その部屋ではけっして人の悪口を言わないという申しあわせをして実行している。人間だから他人の悪口を言いたいこともあるが、そういう時にはその部屋を出て、よそにいって言うことにしている。その部屋にいるときだけは言わないというけじめをつけることだけでも、自分に規律をあたえるという意味でよい。修養の眼目は、このように、自分のつくりたいように自分をつくりかえてゆく努力をすることにある。この意味では、どんなことを、とりあげるとしても、修養になるものである。余分の金をつかわないことにして、毎日何銭ずつかでも貯金することでもよい。手紙が来たらすぐその場で返事をかくというくせにすることでもよい。毎日一回日記をつけることでもよい。一日に何分間か、黙っていることでもよい。この沈黙という習慣は、一つの宗教もない日本民族にとっての宗教的儀式として採用されてよいものだし、各種民族が共同の集会をもつような場面における宗教的儀式として採用されてよいものだと言う。この提案は実際的である。新渡戸にとっての宗教の意味は、黙っていることで、同時代の社会とのつきあいをたち、存在しないものの声をきくということである。このゆえに、新渡戸はキリスト教徒としては、あまり教理にとらわれず、沈黙をとおして神の声をきくクエイカー宗にぞくし、またキリスト教徒でありながら儒教、道教、仏教、武士道、神道など、あらゆる種類の（現存社会の声をこえた）遠くからの声にたいして耳をひらいていようとした。このあたりの新渡戸の考え方は、日本の折衷主義的宗教心の実に見事な展開であり、それが、沈黙をもって万国共通の宗教的儀式としようという国際連盟事務次長としての実際的体験にうらうちされた提案となるのである。

毎日「すること」は、読書でもよい。一日に一ページずつよみ、一年に三六五ページよむような本を、彼は西洋の例にまねて編み、これが大正年間のベストセラーとなった。『一日一言』は、大正四年一月五日に初版発行、七日再版、九日三版、十一日四版、十二日五版、十四日六版、十六日七版、十八日八版、二十日九版、二十二日十版、二十四日十一版、二十六日十二版、二十八日十三版、三十日十四版となっている。一月だからとくべつに売れたのだろうとも思われるが、売れゆきはおちず、私の手許にあるコピーでは、同じ年の四月二十五日までに二十五版をかさねている。この本の特徴は、前著『修養』やその続篇『世渡りの道』が、毎月服用のせんじ薬として『実業之日本』誌に連載されたものを、毎日服用の最小簡便のカプセルの形にぎょうしゅうしたものである。一日分を声たからかにくちずさんでも一分以上を要しない。朝食の後、それぞれの仕事につく前、すなわち食膳をはなるるまぎわに、読んでもらいたいというのが、著者のねがいであった。新渡戸の『一日一言』以前にも、日本ではこの種の著書があったが、西洋の本を模倣したために、キリスト教のくさみをおび、キリスト教の教理を解していないものには理解できなかった。新渡戸の書物は、彼がキリスト教徒であるにもかかわらず、キリスト教の書物からの引用文のすくないことを特徴とし、全巻ほとんど毎日が「世の中を思ひまはせばすりばちの甘い日もあり辛い日もあり」というような日本の古歌の引用である。勅語からの引用も多く、教育勅語、戊申《ぼしん》詔書などからとられている。仏教からも、儒教からも、昔の武士の遺訓からも引用がある。キリスト教は新渡戸にとっては、多くの宗教の中の一つの宗教であり、イエスにくだった神は、人間にやどる多くの神々の中の一つであった。キリスト教にたいするこのようなうけいれかたこそ、明治初期のキリスト教徒とはちがって明治後期から大正期のキリスト教徒の態度の特徴であり、新渡戸のキリスト教観は、大正デモクラシー時代の日本の知識人のキリスト教にたいする対し方の先駆をなすものである。

することが、毎日つみかさなって大きくなってゆく。こうして事業ができる。人間が一個の人格として生きているということがまず第一に重大なこと、その人格の存在証明として事業をするということが第二に重大なこと、そして事業のための手段として必要な技術、知識、学問の習得はその次に来るべきことなのである。事業をするということは、志と徳によって主としてなされるもので、知恵とか学問とかは副次的である。青年は何かの事業についての志をたてて、その志におうじて学問をしてほしい。学校を出た後にも、事業に献身することをとおして、いろいろの知識をあらたに要するものであり、何十歳になっても事業の必要に応じて何度も新しく学問をすることになり、この意味では生涯が社会という学校における学生生活である。このようにすすめるところに、新渡戸の実学主義がある。

事業のために専門的学問をつかいこなすということは、事業のためのステップとして現在の専門的学問をならっておくということを意味するとともに、事業の必要に応じて専門別の垣をこえていくつもの専門の学問をゆきさせざるを得なくさせることによって、専門的学問をうちこわし、つなぎ、かえてゆく力にもなる。事業本位の学問は、学問のための学問のように専門のワク内にとどまることができず、しぜんに学問の綜合へとむかう。ここに、大学所属の学者のしたがる学問とはまったく別のタイプの学問が社会の内部に成立する道がひらける。明治時代には、国家そのものが音頭をとってそのような学問の道を進めていった。新渡戸が北海道開拓使黒田清隆（一八四〇—一九〇〇）のまねいたクラーク Clark 校長（一八二六—一八八六）の下に札幌農学校でまなんだのも、北海道を開拓するという事業のための学問であり、後に台湾総督府技師、国際連盟書記局事務次長、太平洋問題調査会理事長としての社会的活動からまなんだ学問も、事業のための学問であった。このような職歴のあいまに、京大教授、東大教授、一高校長、東京女子大学長として大学に所属した時にも、新渡戸の眼目は、学問のための学者をつくることでなく、事業のための学者（学問をつかいこなす事業人）をつくることにあった。

事業のための学問をめざすことは、しぜんに新渡戸のマルクス主義批判の根拠となる。新渡戸はドイツ留学中、マルクス Marx（一八一八—一八八三）の著書を読んだが、資本論はよくわからず、歴史に関する著作だけはわかっておもしろく思ったという（わからないということを率直に告白しているところがおもしろい）。年をとってからも読んでみたが、依然としてよくわからない。したがって、学理としてマルクス主義を正しいとも、正しくないとも、言いかねるが、マルクス主義を応用してつくられた事業をとおしてみる時、マルクス主義を信用できないと言う。

私は繰返していふ。私のいつたことは学理ではない。故に高いか低いか知らぬけれども、単純な学理から見れば、甚だ取るに足らない俗論であると、私は百も承知してゐる。マルクス論をただ学理として取扱ふだけならば、私は何もいはぬ。大いに研究したらよからうと思ふのであるが、これを運動として実行しようとするから、それがすでに俗論になつてゐるのである。故に、私はこれに当るに、俗論とでもいふか常識論をもつて「それはいけないぞ」といふのである。最高原理においては仮によいとしても、応用的理論としては受取り難い。現に実行してゐる露西亜《ロシア》の有様を見ても、到底これは行けるものではない。もし強ひて行ふならば、恰《あたか》も金の卵を生む鶏を殺すと同じやうなものである。西洋の話に、毎日金の卵を生む鶏があつた。婆さんがそれをもつて生活の途としてをつた。或時、金がモット欲しいので、一つづゝ生んでゐるのでは待遠しい、十ばかり一時に欲しい、しかし、十日は待てないといふので鶏の腹を割つた。ところが金は一つも得ることが出来なかつたといふ話である。それと同じやうなものである。

(『内観外望』九八―九九ページ)

このような議論のたてかたは、学理そのものによって根底からマルクス主義をくずし得たと称する同時代の反共学者たちの議論よりも、人間的に見て正直であるばかりでなく、学問的に見ても強い。明治・大正の時代の日本をつくりあげて来た、数多くの事業人たちの知恵を全部むこうにまわして、マルクス主義理論の学習だけによって日本の国家をつくりかえることができると考えた学生・学者たちの知恵は、新渡戸の俗論以上のものではなかった。

新渡戸の俗論は、人間の社会で今までにうまくいった有益な事業の例を記述し、その例の中からその事業のこつというべきものをぬきだして分析するという方法によっている。この方法によって新渡戸は、人類の知恵を集約し、また同時代の日本人の世間智を集大成することができると考えた。
新渡戸の分析の方法は、きわめて素朴なものである。例を一つひいてみよう。

僕が札幌に居た時、学生と共に、「ココダナ」といふ観念を持つことを努めようと相談し、終には学生間に「ココダナ」といふ文字が、一の術語となつて仕舞つたことがある。六《むつ》ヶしい心理学上とか、倫理学上とかから論ずれば、善悪の区別は之を明にするのが困難である。然し日常の事物に就ては、善悪の判断に迷ふ様なことは極めて少ない。人の物を盗《と》る、人の蔭口をするのは悪である。人の為になることをする、人に恵するは善であるといふ位のことは、何人にも又何時にても判断がつく。平 重盛《たいらのしげもり》は孝子とならんと欲すれば即ち不忠の臣となり、忠臣たらんと欲すれば則ち不孝の子となり、進退維《こ》れ谷《きわ》まつて苦しんだといふ。併し斯くの如きことは、彼の日常の生活に屢々であつたことであるまい。生涯に一度か二度あつたのみであらう。また何人にも、斯かる問題が常に起るとも思はれぬ。人間日常の事柄は、大抵直に黒白の判断がつく。判断がついたら、直ちに其善念善行を実にすることを勉めたい。善事を行はんとするときに、あゝ、平生期して居るのは「こゝだな」と力を入れて行ふ。懶惰《らんだ》に流れようとしたら、平生自分が戒めて居るのは「こゝだな」と省みて、勉強心に立かへる様にする。如何に些細《ささい》のことでも宜い、平生発心したことに接したとき、「こゝだな」といふ観念を持ちさへすれば、発心は継続され、目的に達し得ることと信ず。

（『修養』一一二―一一三ページ）

新渡戸の哲学の原理は、ここに言いつくされている。むずかしく言いかえれば、具体的な行動の失敗・成功の分れ目となる急所をわきまえることが理論の役割だとされる。このような単純な原理ではあるが、この原理によって動員された世間智の総量が、新渡戸にあっては（その行動半径のひろさのゆえに）他の同時代の学者たちよりもはるかに大きく、質の上でもまたヴァラエティーをもっていた。『偉人群像』は、新渡戸が会った世界の偉人の印象記を書いたものだが、この記録における新渡戸の特色は、新渡戸と意見の合わない場合の相手の意見を実に見事に要約してうつしていることである。伊藤博文は、韓国統監当時、皇族以外で「殿下」と呼ばれるただ一人の日本人であったそうだ。なりたての華族などは、一部屋おいて次の部屋から型どおりのあいさつを言上するのがつねであったと言う。めずらしいから、そのあいさつの型を記しておくと、「久々に御尊顔を拝して、御健康なる御様子を拝しまして満足至極に存じます、この度渡鮮に先だちまして、東京のお屋敷にお訪ね致しましたところ、皆さまもすこぶる御健祥でいらせられまして……」というふうだった。この韓国統監にむかって、新渡戸は、朝鮮に日本人を移住させよと提案するのだが、伊藤はなかなかきいれない。伊藤は、「朝鮮は朝鮮人のため」という主義で、日本人が朝鮮に入ることをよろこばなかった。

「朝鮮に内地人を移すといふ議論が大分あるやうだが、我輩はこれに反対してをるのぢや。」

といきなり述べられたから、

「然し朝鮮人だけでこの国を開くことが、果して出来ませうか」といふと、「君朝鮮人はえらいよ、この国の歴史を見ても、その進歩したことは、日本より遥以上であつた時代もある。この民族にしてこれしきの国を自ら経営出来ない理由はない。才能においても決してお互に劣ることはないのだ。然るに今日の有様になつたのは、人民が悪いのぢやなくて、政治が悪かつたのだ。国さへ治まれば、人民は量に於ても質に於ても不足はない。」

と幾分か語気の強いいひ方で滔々《とうとう》とやられた。

そこで我輩は、

「それはさうかも知れません、才能といふだけからいへば日本民族は大して賞めたものでもないかと思はれます。私も児玉さんの下に台湾にをりましたが、やゝもすれば、内地人は他種族の人を劣等視します。朝鮮においてもそんな事であらうと自分も思ひます。けれどもこの国を開き産業を増進するには、手が不足だと何も出来ないかと思ひます、人間の品質においては劣ることはなくとも、数において不足してをるのではないでせうか。」

ヂッと聴いてをられた伊藤公は「政治が良ければ、人間も殖えて来る、今まで政治が悪くても数は減る方ではない」といはれたから、かねて用意してあつた不完全ながらも朝鮮人の死亡者の多い調べは、全体にわたるものはなかつたけれども、四ヶ村にわたるものにして天主教の坊さんが、数十年間に渉つて調べたものを手にしてをつたから、これを基礎にした人口のむしろ減退する傾向あることを述べ、その理由を楯に「政治の如何のみに止まるか、それとも民族上の欠点に帰すべきこともありはせんか」などゝ、半分学者染みたことを陳述した。（『偉人群像』三一〇―三一一ページ）

この議論のかぎりでは、伊藤のほうが新渡戸よりも見識がたかい。ところが、新渡戸は伊藤をもうごかすようなもう一つの議論を展開するのである。それは伊藤のすきなドイツの首相ビスマルクBismarck（一八一五―一八九八）が、毎年大金を投じてドイツ東北のポーランド人居住地区にドイツ人を移住させることに成功した話である。

この伊藤博文との談話の記録に見られるように、新渡戸には、思いこみというものがすくなく、自分の提案がまちがっている場合のさしかえの提案（オルターナティヴズ）をつねに袋の中にもっている。新渡戸が世間智を集めておく袋には、このように各種事業人が成功した道すじが今後いついかなる場合にもその手を応用できるような代案目録として貯蓄されていたのである。新渡戸は、つねに豊富な代案目録をもって権力者に近づいた。その一々の代案は、欧米先進国のどこかで成功した事業からとられたものである。これがまさに、上位の官僚が自分を輔佐する中堅官僚にのぞむ思考形態ではないか。

新渡戸がめずらしく強く一つの政策をすすめた例も、報告されている。

児（玉源太郎台湾総督）「君、僕はこの糖業意見書を見た、しかも二度繰返して見た。一体わが輩は書類を二度も繰返すことはしない男だが、台湾財政独立の基を築く根底論であるから念を入れて見たが、そこで聴きたいことがある、君これで行けるのか。」
新（渡戸稲造技師）「はい、行けると思へばこそ書いたのであります。」
児「本当にこれで行けるかね。」
新「はい、技術上、学術上から推せば必ず行けると思ひます。しかしこの意見書通り実行するかせぬかによるのであつて、この中に殊に閣下に読んでいたゞきたいと思ふところが、一ページ御座いますがお気につきましたか。」
といふと暫く首を傾けてゐたが、
児「それはフレデリック大王のことではないか。」

新「全くさうであります。フレデリック大王がプロシアの農政改革実行の為めに、時には警察権を用ひ、時には憲兵の力をかりたりして、なか〳〵手きびしくやりました。しかるにこゝに糖業を基礎として台湾の財政独立を計るには、フレデリック以上の決心を要するものと思ひます。なか〳〵この保守的の農民を相手に改良種を植つけたり、進んで機械を用ひることは容易でなからうと存じます故に、仮に閣下が私にこれをやれと仰せられたところで、一兵卒のない技術官には何も出来ません。とに角この意見書でやるか、やらないかといふ問題は、全く総督の決心一つによることであります。」

(『偉人群像』三三四―三三五ページ)

児玉は部屋の中を五度も六度も歩いた末、椅子にもどって来て、「やろう」と言った。こうして台湾の糖業は出発し、それまで赤字で国家予算を食っていた台湾の経営が黒字となったのである。

新渡戸の頭脳は先進国における事業人たちの成功例をかぎりなく豊富に貯蔵していた。状況の必要におうじて、この貯蔵庫の中から、さしかえ提案をつぎつぎに出してゆくのである。それらをとるかどうかは、一段階上の官僚の実行力にまかされた。

例からしか説けないという思考方法は、新渡戸に学者にはめずらしく、事業人たちとしたしくつきあうことを可能にし、つきあいをとおして世界各国の事業人たちから世間智をひきだしてきて頭に貯蔵しておくことを可能にした。そして、その世間智が多くは当時の先進国であるヨーロッパから得られたということが、新渡戸の提案を進歩的なものであるかに見せたが、しかし、具体的なものに固執するというその思考方法において新渡戸はマンハイム Mannheim(一八九三―一九四七)の定義した「保守主義的思考」にぴったりとあてはまる。マンハイムによれば、保守主義的思考は、状況から抽象した理論体系をとおして未来を考えてゆくことをきらい、状況内で実現された具体的なものに固執する。こうして新渡戸の思想は、進歩主義のうわべをもちながら本質的には保守主義的思考として、主体本位の折衷主義よりは状況本位の折衷主義へと近づいてゆく。ここでさらに、新渡戸の折衷主義がいかなる状況把握をもっていたか、とくにその日本社会観を考えてみたい。

三　国家を軸とする折衷

個人にたいしてすすめる思想調合処方箋とほぼ同じ比率の思想調合処方箋を、新渡戸医師は、日本国家にたいして書いた。このような処方箋をかくことは、明治から大正・昭和にかけて新渡戸がおかれた地位からして、とうぜん期待されることだった。個人にたいする思想服用の処方箋が、修養観に見られたごとく、国家にたいする思想服用の処方箋は国体観にあった。

田中義一（一八六三―一九二九）陸軍大将の総理大臣時代（一九二七年四月―二九年七月）における中国侵略の開始は、新渡戸を心配させた。田中の外交政策にたいする批判は、その後も、新渡戸の公開演説にしばしば出て来る。文部大臣を留任させようとして田中総理がとくに天皇をわずらわしたという「優詔問題」がおこった時、新渡戸は、田中総理がこのような仕方で天皇を利用するということについてつよく非難する演説を貴族院においておこなった。

その要旨。このごろ学生の間に天皇を否定するような危険思想が生まれており、それにたいして新渡戸たちは思想そのものをとおして思想善導をしたいと努力している。ところが田中総理たちのように、自分たちの政策をとおすために天皇を利用するというのでは、これまた共産党の学生たちとはちがった仕方で結局おなじように天皇をないがしろにすることになる。こんなふうにして天皇を利用して権力者が自分の政策をとおすというのならば、それにたいする反動がおこっても当然の理由があることとなり、自分たちが現在の政府の側にたって天皇制を弁護してゆくというような思想善導はその存在理由をうしなうことになる。田中総理が今やっていることは、その主観的意図はともかくとして、「その結果において国体に傷つけることになりはせぬかといふことを私は疑ふのであります。」と、彼は演説している。

このように、田中内閣の専制と軍国主義化を批判する根拠は、国体観にあった。国体について、新渡戸が、どう考えているかを、さらにひいてみよう。

我国は西洋各国と比《くら》べれば進歩が、……法理の方面においては進歩が遅かつたからして、今こそ法治国と云へば進歩せる国の……国家の如く思つて法理一点張りに国を治めんとして、法治国と云へば完全なる国家の形であるが如くに思ふけれ共、我が従来の歴史を見ても、法理なしでも国が治《おさま》つて居つた。否法理以上に国を治めるものがあつたのである。わが国体と称するものは我輩は其れであると思ふ。（拍手起る）

我国体を簡単なる法規を以て論ずると云ふことが可能であらうか。私は之を憲法の学者に聴きたいのである。斯の如き歴史を持つてゐる国家に仕へるものが、簡単に法理で説けば無罪であるが故に敢へてなすといふことは、我が国体の許すところではないのである。私も永く外国に居つて、外国の事は聊《いささ》か心得てゐる積りでゐる。而して何事によらず、我が日本と比べて外国の文物を視察いたしますが、我国の現今において殆ど西洋各国に比して之がまさると云ふ点は残念ながら、唯一つあるのみで、外にはお国自慢は出来ることはないといふことを私は憂へてゐるのである。然らば其の誇る点は何かといふと、唯国体あるのみ。若しこれに瑾《きず》がついたならば、我国は唯亡国に陥るのみであると思ふ。（拍手起る）

（一九二九年二月貴族院における演説）

新渡戸の国体論は、エドマンド・バーク Edmund Burke（一七二九―一七九七）の政治思想にもとづいている。バークの説をひくことからはじまって、ゆっくりと国体観を展開し、その国体観にもとづいて共産党系の危険思想を、（また先にひいたように革新右翼軍部系の危険思想をも）批判してゆく彼の論理のすじみちを見よう。

バーク曰く、国を治むるものは政治家ではない、国を治めるには伝統、昔噺、迷信も入る、偏見もまた棄てることは出来ない、と。面白いではないか。これなどは、ちよつとした博士さんなどが、とても考へも及ばぬところである。偏見を尊重しろなんといふ、それこそ清濁併せ呑むといふやうな度量がある。かういふ偏見がある。かやうな迷信がある。しかし、それもその国の国民が信じてゐるならば、やはり無視出来ない。それも利用して国を治めなければならぬ。理窟一方で、これは偏見だから除《しりぞ》ける。これは迷信だから除ける。さうして自分の好きなものばかり残して、国を治めようとするから、治めきれない。（略）そこで王道といふものが生まれる。単に近頃流行する理窟からいふと、あれはもとディヴァインライトであつたのが、次にナチュラルライトとなり、そのナチュラルライトも怪しいといつて、今ではたゞトラディッションのやうになつて、英吉利《イギリス》などで続いてゐるのだといふだらうが、そこに私は重みがあるといひたい。理窟に合はないやうなところで、なほそれが国を治める根柢になつてゐるといふことが、リアリティに確かにどつか当つてゐる。吾々の眼がまだ達しないところのリアリティに触れてゐる、といふことの証拠であると思ふ。

我国は、英吉利などの歴史から見ると、到底較べものにもならぬほど古い。従つてトラディッションも二千年は確か続いてゐるらしい。私は二千年以上は、保証が出来ないやうな気がするが、二千年でたくさんである。無理に飴細工のやうに引つ張るのはいけない。それは昔の支那流の歴史家の態度である。この二千年の歴史がずつと続いて来てゐる。その中《うち》に何といふことなしにトラディッション、スーパスティッションと吾々が普通にいふやうなことを含んでゐるが、そのまゝで国が治まつて来た。すべて日本の歴史的の根柢を尊重しなければ、国は治まるものではない、といふことは、間違ひのない事実である。英吉利のディヴァインライトのセオリーの沿革を見ても、吾々は悟ることが出来る。露西亜の学説などを持つて来て、この二千年の古い国家の根柢を覆へさうなどといふことは、実に思ひも寄らないことである。

（『内観外望』一二八―一三〇ページ）

バークと日本の国体論とのむすびつきは、新渡戸においてはじまるものではなく、革命への気運が日本においてたかまった一八八一年―八二年（明治十四―十五年）ころに、一度あった。のちに伊藤博文を助けて明治憲法の起草にあたったアメリカがえりの青年官僚、元老院出仕金子堅太郎（一八五三―一九四二）が、バークの主著『革命の考察』を抄訳して『政治論略』を明治十四年（一八八一年）十一月に出版し、人民主権と共和制を否定して折衷的な君民共治の立憲君主制を主張した。「皇族もこれをテキストとして毎月二回金子の講義をうけ、地方官はこの書を数十部買いもとめて部下にくばり、管下人民への訓示演説の典拠としたと言う。これに対して自由党の理論的指導者植木枝盛（一八五七—一八九二）は、この本が出た翌明治十五年三月、数回にわたって『土陽新聞』（のち『高知新聞』）に『勃爾号《ボルク》ヲ殺ス』と題した反論をのせ、民権派の大かっさいをはくした」（井上清「日本人のフランス革命観」桑原武夫編『フランス革命の研究』所収、一九五九年）。このようにして進歩的知識人にとっては植木枝盛の一撃によってバークは殺され、そこから日本改造にたいするエネルギーをひきだすという努力は、明治・大正・昭和をとおしてなされることなく今日に至っている。保守的知識人（支配者の側にたつ知識人）にとっても、革命運動の後退につれて、バークから知恵をひきだすという努力は軽んじられていったが、金子堅太郎らの重臣的思考として、昭和時代にまで生きつづけてゆく。この重臣的思考を国民にむかって解説する役割を演じた人が、新渡戸稲造であった。

新渡戸にあたえたバークの影響は早くからあったので、英文『武士道』（一八九九年）をかきはじめるにあたっても、バークの用いたとおなじ国語で記すことをうれしく思うと書いている。『武士道』そのものの着想が、バークから得られたのではないだろうか。われわれが今それによって生きている習慣の精髄を大切にしよう、それを自覚的に展開してゆこうという考え方は、バークの偏見をも迷信をも尊重しようという考えにつらなる。

バークにひかれるまえまで、新渡戸はスペンサー Spencer（一八二〇—一九〇三）にひかれていた。それは、東京大学で主任教授の外山正一（一八四八—一九〇〇）がスペンサー主義者で、その指導下の学生はすべてスペンサー主義者となっていたからであるが、アメリカに留学しジョンズ・ホプキンズ大学で妙な経験をした。

そんなわけであつて、イーリー氏から、スペンサーの社会学の何章を読んで来いといはれた時に、私は、その社会学は二年ばかり前に読みました、大概知つてをりますと答へると、イーリー氏が、それでは何章に何があるかと尋ねたから、かういふことがあると私は答へた。然らばそのスペンサーの考へをどう思ふかと、こんどは訊《き》かれた。これには私も弱つた。第一そんなことは考へたこともないのだから、スペンサーのいふ通りですと答へると、

「それは違ひはせんか？」

「どうしてですか？」

「スペンサーがどういふ学説から、どういふ根拠によつて、あの説を述べたか、君は考察したことはないのか」

　これには私もすつかり閉口してしまつた。第一、根拠がどこにあるかといふことなどは、まつたくお構ひなしである。スペンサーのいふことだから間違ひはないと思つてゐるのだから、そんな問を出されると、根拠はスペンサーにあります、とでも答へざるを得なくなつた。

（『内観外望』七九―八〇ページ）


「スペンサーの根拠はスペンサーにある」という読み方を、この時に反省したわけだが、この反省をもととして、マルクスの根拠はマルクスにあるというような読み方をしている福本イズム段階の日本の共産主義学生にたいしたのであった。スペンサーのとざされた体系的思考方法から、バークの開かれた不定形的な思考方法へと手本をうつしたことから、十九世紀末に新渡戸はその主著『武士道』への着想を得て世界の論壇に登場したし、さらに二十世紀に入りその晩年になってからおなじバークによりつつ、共産主義者・超国家主義者から天皇制を守ることをこころみた。

私は政治学者でもなければ、政治家でもないが、あの人（バーク）の本を読むと、国を治めるといふものは、かくの如きものではなからうか、読む毎に、なるほどさうかなと思ふやうな発見をする。ヘーゲルなどについては、ちよいちよい聞いておけばよろしい。政治的思想の根本を養ふことは、バークに限るやうに思はれる。

（『内観外望』二一ページ）

大学教授の如く、理論や理窟の径路を辿つて行くには、それも必要であるが、しかし実際の政治に当つては、それではいけない。バークほどプラクチカルな、それと同時にデモクラテックの政治論をした人はなかつたらう。政治といふものは、人間の持つてゐるものそのまゝアクセプトする。人間とはこんなものだ、人間はかういふ弱点をもつてゐるものであると、事実をそのまゝに見て、それに相応な政治をするところに、初めて政治は成功するのである。ちよつと仕立屋に似通つたところがある。私のやうに、足の短い胴の長い人間には、足の方は短く、胴の長いチョッキをもつて着せると、寒さも凌《しの》げるし、どうやら格好《かつこう》もつく。ところが下手な仕立屋になると、「一体、人間といふものは、貴方のやうな格好ではありませぬ。先づ貴方の着物を拵《こしら》へる前に身体から直してかゝりませう」

と足を引伸ばしたり、胴を縮めるために圧迫を加へたりする。

所謂《いわゆる》危険思想などは、下手な仕立屋の如き遣方《やりかた》である。人間といふものは、理窟はかうならなくてはならぬと、たゞ想像を画いて、それに似せた着物を無理に着せようとするから、到底出来る話ではない。何か遊びごととか、討論会なら、それでよい。或は雑誌に発表するとか、大学の講義としてやるくらゐなら、それでもよい。けれども実際の政治は、そんなものではなからうと思ふ。ここに危険が存するのである。

（『内観外望』六一―六二ページ）

だが、この危険思想を、危険思想だからと言って投獄、懲役、ごうもんなどによって強制力をくわえてなくそうという方向に新渡戸は反対し、また宗教的・政治的権威を借りておどしつけて改宗させることにも反対し、経験主義的な思考方法にもとづいて説得してゆくというあくまでも思想そのものによる説得にたよろうとした。田中総理にたいして、くりかえし国際会議上でさえ新渡戸のおこなった非難は、時として日本の他代表をおこらせ、退席・辞任にまでいたらせたりした（怒って太平洋問題調査会を辞任したのは伯爵副島道正である。一九二九年十月京都における太平洋会議のときのこと。副島道正「故新渡戸稲造博士を偲びて」『新渡戸博士追憶集』五〇五ページ）。すくなくとも一九二九年（昭和四年）までにおいては、新渡戸は、左翼思想よりも右翼思想に国体破壊の危険性をみとめていたのである。ところが、一九三一年以後に日本の中国侵略が日本の政府の政策としてきまってくると、米国の排日移民法通過にふんがいして以後太平洋をわたらぬといったちかいを撤回して米国にわたり、一九三二年四月から一九三三年三月まで米国各地を旅行して満洲事変における日本の立場を弁護して、米国の世論をかえようとした。彼は次の太平洋会議（一九三二年）においては、論旨をかえ、数年前にかんかんにおこらせたおなじ副島道正伯爵が「バンフの太平洋会議に於ける博士は、失礼ながら満点であった。氏は此会議に於て大に我国威を宣揚したのである」（同前、五〇六ページ）と折紙をつけることになる。「国体」と新渡戸が言う時、それは神秘的意味あいのものでなく、まったく経験主義的・習慣尊重的意味あいのものである。国民的習慣のことだと考えてよい。それぞれの国に特殊な国民的習慣がつくられ、なかなかかえにくい。日本の国体もその一種で、したがって日本にはあってい るが、他の国におしつけるわけにはゆかぬ。この意味では新渡戸の国体観は、日支事変以後の八紘一宇主義とはちがう。ただし、日本の国体（国民的習慣）は、非常にすぐれたもののようで、その故に日本は明治以後の奇蹟的な近代化を実現できたのである。岩倉、木戸、大久保らには、国体という偏見の有効性については、これをもりたててゆこうという意志はあっても、これでやってゆけるかどうか、じっさいにはかなりの不安があったろうが、そのすぐ次の世代にぞくする新渡戸らになると、徳川制度下の封建的な日本の記憶をもって明治天皇制下のうってかわった近代的な日本の実現を見ているので、この変化の推進力となった国体に岩倉らの前世代以上、また新渡戸以後の世代以上の非常な経験主義的信頼感をもっていた。

吾々が西洋から借りた専門語などを遣《つか》つては、到底いひ現すことの出来ない理由が、我国体の中には存在してゐる。日本は一家のやうだと穂積君などはいつてゐるやうだが、これは一つの憲法学だとか何とか、そんな学問では解けないだらう。恐らくこれから学問がだん〳〵進んで来れば、どうして日本の国はかく一種違つた国体を、今日まで維持するやうになつたらうといふ讃嘆の声と共に、その偉大なる理由の大発見をする学者が出て来るだらうと思ふ。まだその時機に到らないのである。故に今日、日本の国体は、どう見ても説明が出来ないからといつて、それは日本の国体に理窟がないのではない。吾々の頭が、十分これを噛砕《かみくだ》くだけの力がないからである。何故《なにゆえ》かくいふかとなれば、現に、二千年続いたといふファクトが、ここにある。嘘でも何でもなく、ちやんとここにあるのである。先づこのファクトをアクセプトしなければならない。それを自分の聞噛りの、しかも西洋で出来た言葉などで、説明が出来ないからとて、そのものが合理的でないとか、学問的でないとかいふことは、これこそ頗る危険思想である。

（『内観外望』六四ページ）

このようにすぐれた国民的習慣の記憶をもっとも見事に保持する役割をになう人、国民のための記憶担当者として、新渡戸は天皇をみとめた。天皇が即位にのぞんでおこなう大嘗祭《だいじょうさい》について、次のように書いている。

二千年・三千年前とおなじ素朴な食器に、二千年・三千年前とおなじ簡単な食物を、天皇みずからよそって、ただひとり食膳につく。天皇がみずから給仕をすることは、生涯にこの時一度と言われる。周囲は、部屋のつくりといい、家具といい、古色蒼然たるものである。

かういふ場所に三時間、陛下はたゞ一人でお伽《とぎ》を遊ばされる。三時間に三時間、合せて六時間、ここで陛下はいかなることをお考へになるだらうか。恐れ多いことだが、吾々はそれを想像して見たい。人によつては、さういふことを想像するのは不敬だといふが、私はその言葉をそのまゝ受容れることは出来ない。何故なら、私は、天子様を普通にいふ神様だとは思はない。故に、人間としてかういふ場合に直面したならば、いかなる考へを起すだらうかを想像して見るならば、恐らく誰《たれ》人《びと》と雖《いえど》も不真面目な考へは起るまい。神座の前に恭《うやうや》しく畏《かしこ》まつて、二千年前、三千年前の祖先に御対面遊ばす時、陛下の御心持はどんなであらう。

日本の皇室の歴史には、吾々民草がまだ聞いたこともない、伝統《トラデション》がたくさんあらうと想像される。お互の家でもさうである。先祖代々言ひ尽したと思つてもまだ伝はつてゐない伝統といふものは残つてゐるものである。五十年百年の歴史を持つ家において然り、まして二千年三千年の歴史ある王室には、いかなることで一般に知れないことが残つてゐるかわからない。ゲーテだつたかメモリーと想像《イマジネーション》は吾々をどんなところへでも引摺《ひきず》つて行く、といつた。メモリーといふのは、記憶の力で、何万年前のことを、今日の如く眼の前に見ることが出来、想像の力は、何万年先のことをも想像することが出来る。しかも想像する材料を十分に蓄へてゐられる陛下が、かゝる境遇にをられて二千年三千年前の事が、その記憶に上らないでゐられようか。皇統連綿として来つた潜在意識として、この機会に陛下の奥に残つてゐる御記憶が、浮び出すであらうことは、心理学者ならずとも、想像出来るところである。

詰《つま》り、日本の皇室の最良《ベスト》なる伝統が、潜在意識より浮出して来るやうに仕組んであり、更に昔はかうであつたから、この後はかうではないかといふところまで、想像が出来、そこで始めて我が皇祖皇宗から伝つた我が責任、我が職務は何であるかといふことを、十分御自覚になることだらうと思ふ。それが大嘗祭の目的だらうと拝察する。

（『内観外望』一六五―一六七ページ、傍点鶴見）

ここにくりひろげられた天皇観は、徹頭徹尾人間主義的であり、経験主義的であり、合理的であり、狂熱的かつ非合理な超国家主義とは別の思想である。ただここには現存の日本の制度・習慣を美化しようという一つの動機がはたらいている。このことが、西洋への日本の紹介者としての新渡戸の特徴となったものでもあった。

たしかに日本には注目すべきものが、多くあった。明治以後の日本国家が示しためざましい躍進、それを支えた日本国民の忠義――それは、ヨーロッパ人に眼をみはらせた。日本人の忠義についてときあかした新渡戸の英文の著書が、ヨーロッパ、アメリカであらそってよまれたことは偶然ではない。『武士道』は米国の観念論哲学の代表者ジョサイア・ロイス（一八五五—一九一六）に刺激をあたえ、彼の主著の一つ『忠義の哲学』（Josiah Royce "The Philosophy of Loyalty" 1908）を書かせた。英国の文学者・科学ジャーナリストのH・G・ウエルズ（一八六六—一九四六）もまた、『近代の理想国家』（H.G.Wells "A Modern Utopia" 1905）のなかで、未来の世界社会の建設の素材として武士道精神の復活を考えた。

新渡戸が武士道を高く評価することの中には、日本の支配階級の道徳観がそのまま被支配階級におこなわれることをよしとするという前提がふくまれていた。たとえば、次のパッセージ。

> 過去の日本は武士の賜《たまもの》である。彼等は国民の花たるのみでなく又その根であつた。あらゆる天の善き賜物は彼等を通して流れ出た。彼等は社会的に民衆より超然として構へたけれども、之に対して道義の標準を立て、自己の模範によつて之を指導した。
>
> （『武士道』矢内原忠雄訳、一二〇ページ、傍点鶴見）

ここにくりひろげられた支配階級の美化は、封建制度下の武士道讃美からそのまま、王政復古以後の国体礼讃につながってゆく。まさにこの故に、新渡戸は、日本政府が外国に派遣するのにもっともふさわしい人物だった。満洲事変以後の日本の中国侵略政策を正当化するために、日本政府が欧米に送った数百名の自由主義者からなる国民使節の群像の原型となる人であった。

新渡戸の初期の英文著書『日本国家——その国土、国民、および生活』（"The Japanese Nation: its

Land, its People, and its Life" 1912）は、ことに新渡戸みずからの経験にそくして、日本が植民地行政にいかにたくみであるかを米国人に例をあげて説明している。日清戦争後の講和交渉において清国代表の李鴻章《りこうしょう》（一八二三―一九〇一）がほのめかした台湾統治の障害をのりこえて、原住民を帰属させ、米人の好んでのむウーロン紅茶、米人の好んでつかう樟脳《しょうのう》、日本で消費する砂糖をつくることによって島をゆたかにして赤字財政を克服していった経過をのべた。一九一二年においては、日本が植民国家として世界史上たぐいまれなる民族であることを説かれても、米国人は信用したものである。だが、ほとんど同じ主張が、似たようなタイトルの英文の著書『日本――その問題および発展の諸相』("Japan — Some Phases of her Problems and Development" 1931）でくりかえされた時、新渡戸の日本政府美化は、もはや欧米人にも中国人にも通用しなくなっていた。世界史の状況にたいする日本国家のはたらきかけかたは、明治末と昭和はじめとでは、それほどのひらきがあった。新渡戸は、このことに気づかず、明治末とおなじ論法を用いて昭和はじめの日本政府の方針を弁護している。

この最後の英文の著書の中で、新渡戸は国体観を展開している。それによれば、日本人の国体観は、(1)日本史が始まって以来の支配者である天皇家が国民の尊敬をうけ、立派な政治をしいて来たということの信仰、(2)日本国民の大部分はこの天皇家の血縁のものであるという信仰、(3)かくて天皇は国民全体の象徴であり代表であるという信仰から成っている（『日本』一七一ページ）。こうして、天皇家は国民と一体であり、日本国民全体が和をもって天皇の心にしたがっている。欧米人のごとく国民が分裂抗争したりする方法は、日本国民にとって実りのある方法ではなく、つねに和をもって天皇によりよく奉仕する道を工夫する方法が、日本の方法だ。

日本の国民性に根ざしたこの方法を主とするかぎり、この方法にそうてうけいれられた自由主義の原則は分裂をつねにさける和解本位の国家的自由主義となり、キリスト教は政府の政策をややさしく手ごころをくわえさせる穏健な国家主義となる。

キリストの教と、王に対する忠君の心とは、決して矛盾するものではない。あたかもバークのいふパッション、センティメント、プレジュディス、これは哲学者がかく名づけるのであつて、政治家から見れば、国を治める材料になるとやゝ同じやうに、宗教も片寄つた宗教から見れば、或は人格の尊重だとか、人類の幸福だとか、人権とか、ナチュラルライトとか、ディヴァインライトなどを主張して、王道に叛《そむ》かんとする議論もある。

けれども、私はジャンダークの伝を見て、さういふものではない。天に仕へるといふ心と、君に仕へるといふ心は、決して矛盾するものではない、といふことを、やゝ感情的の話であるけれども、深く感ずるのである。

今日、若い青年諸君に対して、かうした古びたやうな王道論をしたならば、いかにも私の頭の古いことを疑はれるかも知れないが、しかし、私は新しい考へをもつて、なほ王道の尊ぶべきことを、今日主張するばかりでなく、王道なるものは、デモクラシーが進むと共に、今後一層発達するものであらうといふ、殆んど予言までもしたいやうな心持がするのである。

（『内観外望』一四四―一四五ページ）

各個人の心が大切であることは前に修養論のところで見たが、各個人の心は事業をとおしてあらわれる他なく、事業をとおしておたがいの交渉がなされる。事業が大きくなればなるほど、それは国家的規模のものとなり、こうして、大事業人同士すなわち国家的一流人物相互の最高の交際形態が生まれる。新渡戸が国内国外の一流人物に会うことに熱中し一流人物との会見記を好んで書いたのも、各個人の事業が国家というわくの中でふれあって国家的事業のもとをつくり、さらに国家的事業がたがいにふれあってさらに人類の事業をたかめるという信念から出ている。十和田湖畔の山野をきりひらいて田畑をつくった祖父新渡戸伝《にとべでん》以来の家業をつごうとして、農業に志した彼は、早く農業に見切りをつけるが、その理由は農業が世界に雄飛する帝国主義国家の支柱となる事業ではないからであった。

　今や我国は将《まさ》に農本国を脱却し、商工を以て経済の国是となすの機運に近づかんとし、余も亦此現象を歓迎するの意あるは、本書を読過せし諸子の夙《つと》に知悉せる所なるべし。是れ一見商工を重んじ農を軽んずるが如くにして、農学者として基本分を尽さざる所あるが如しと雖《いえども》、而も余は自ら之を以て農に不忠なるものと信ずる能はず。是れ農業よりも国家全体の経済発達の要あるを知り、農民よりも全国民の尊きを思ひ、農事よりも国事の重きを感ずるがために外ならず。余嘗て巴里に遊びて歴史家の泰斗ラビス先生より、古来農本国にして世界に飛躍せし邦家未だ是あらざるの教を受けしことあり。英国の農学の泰斗ケアード氏亦曰く「農のみを以て世界に勢権を張れるの国民なし」と。余も亦屢々《しばしば》諸国の歴史を繙《ひもと》き仔細に之を検せしが、洵《まこと》に先生の言の如く、農業のみによりて世に其勢力を占めたる国あるを見ず。何れの国と雖、自ら其勢力を拡張して他国又は他人種に及ぼししものは、所謂農本主義を脱して、商工に力を致したる者にして、現に今日欧米の所謂帝国主義若くは膨脹主義を唱ふるは、皆商工業発達の結果に外ならざるなり。余輩は固《もと》より或る意味に於ける帝国主義、即ち暴力を逞《たくま》しうして、弱肉強食の醜を演ずるが如き残忍酷烈なる主義は、決して之を望む者にあらずと雖、苟《いやしく》も国力の伸長にして経済発達の結果として起る以上は、その膨脹に咎《とが》むべき所毫《ごう》も無きのみならず、却《かえ》りて人類進歩の一端として、寧《むし》ろ嘉《よみ》すべきものあるを見るなり。而して此意味に於ける帝国主義の実行は、農本国に於ては決して望むべからざる所にして、主として商工の力を藉《か》らざるべからず。然らば則ち、商工の必須欠くべからざるは、多言を要せずして自ら明らかなる可し。

（「農業本論」『新渡戸博士文集』三八五―三八七ページ）

支配者・被支配者が一体となって和合しつつ国家の勢力を世界諸国に伍して進めてゆく。この究極目標のために役にたつようにあらゆる技術・思想が折衷されてゆくことが新渡戸の思想であった。国家の勢力の伸長のために、たがいに和合し努力しつつあるグループが、一高校長・東大教授であった新渡戸を中心として日本の中堅官僚の中にできた。この人々は、まじめかつおだやかな仕方で国家の力をのばしてゆこうとし、ことに一九三七年の日支事変、一九四一年の大東亜戦争につきいるにさいして冒険が極端になって来たという不安をもったが、しかし、国家としての和をくずすことにしのびず、大勢のおもむくままに、大東亜戦争の敗北まで、戦争という国家的事業をおしすすめてゆくのであった。

わたしはここで、大東亜戦争がはじまってから数日たってからのある夜、当時アメリカ留学生仲間であった外務省官吏と話したことを思いだす。負けるにきまっている（と彼も思い私も思っている）この戦争をはじめたことのおろかさについて改めて口に出していったところ、彼は急にけしきばんで、「それではどうしたらよかったと言うのだ。他に方法があったというのか」ときいた。新渡戸を原型とする日本の官僚的自由主義をもってすれば、日支事変も進めてゆかざるを得ず、大東亜戦争も開戦にふみきらざるを得なかったであろう。官吏としての位置にとどまり、国家の政策を推進するという前提をはなれない以上、日本の戦争政策をおしとどめる方向に働くことはあり得なかった。官吏であることをやめる立場、国家に反逆する立場、偽装して国家の方針にはむかう立場はあり得たが、それらは新渡戸を原型とする官僚的自由主義の延長線上には成立しないものだった。こうして、新渡戸の自由主義・折衷主義の思想の延長線上には、新渡戸ゆずりのおだやかな趣味をそのままひきつぎながら、穏健な超国家主義、軍国主義、全体主義が生まれることになる。

四　今日の折衷主義

哲学史をひらいてみると、折衷主義という学派は、キケロ Cicero（前一〇六―四三）にはじまる。ピタゴラス Pythagoras、プラトン Platōn のような革命家、プロタゴラス Protagoras、パルメニデス Parmenidēs、アナクサゴラス Anaxagoras のような無責任な批評家、アリストテレス Aristotelēs、セネカ Seneca のような相談役の用だけをつとめる学者とちがって、キケロは、弁護士、財務官、統領など実務の直接の責任者として考える立場にあり、（最後には殺されたが）この立場からしぜんに、彼の先人であるソフィストやプラトン、アリストテレスとはちがう彼の折衷主義的学風が生まれたのであろう。

折衷主義の発展の歴史として哲学史を記述しなおすことは、この小論の範囲をこえるが、一、二例をあげると、長期にわたって大規模な事業の直接の責任者になった者は、権力者側にたつと反権力者側にたつとをとわず、実務そのものに強制されて折衷主義の傾向をおびるようである。二十年の長い期間にわたり百八十四人の執筆者を組織して百科全書刊行の事業をなしとげたディドロ Diderot（一七一三―一七八四）は、反権力者側にたつ折衷主義的思想家の一つの例である。

折衷主義が折衷する規準は、どこにあるか。いっぽうでは、折衷主義者個人の個性ということに帰せられるであろう。この場合には、気質、性格、趣味というようなものが折衷の規準とされる。このように主体本位のものとしてとらえられた折衷主義においては、個人の視点から同時代の社会を裁断するために、その見方はアウトサイダー的になることが多い。もういっぽうでは、折衷の規準は時代の要求におかれる。このように状況本位のものとしてとらえられる折衷主義においては、その生産性はそのおかれる状況の生産性によることとなる。時代の状況、おかれている体制が生産的であるならば、状況本位の折衷主義も同じく高度の生産性を発揮する。

状況本位の折衷主義は、主体本位の折衷主義にくらべて、インサイダー的であり、技術者、官吏、会社員など大組織の中に働く人々に多い。福沢諭吉・新渡戸稲造は、どちらかと言えば、この系譜にぞくする。福沢の場合には、実業家・新聞記者用の思想として準備されており、状況を逆にアクセントをおきかえることをとおしてよりよく状況の要求に奉仕しようというかまえがあるが、新渡戸の場合には官僚・技師用の思想として準備されており、状況に順応することをとおして状況の要求に応じてゆくかまえであり、両者をくらべれば、新渡戸の思想のほうがより純粋に状況本位の折衷主義のモデルとなっている。折衷主義が現実に成立する時には、主体本位の折衷主義と状況本位の折衷主義との両極のどちらかに偏する場合が多い。

折衷主義の思想は、主体本位の折衷主義としても、状況本位の折衷主義としてもとらえることができる。この意味では、あたえられたどの折衷主義の思想についても、その折衷の主体の性格は何か、その折衷の状況の性格は何かを問題とすることができる。だが、どちらとしてとらえるほうがより適切かによって、折衷主義そのもののタイプとして、主体本位の折衷主義、状況本位の折衷主義との二つが成立するということも言える。日本の近代思想史を例にとれば、大杉栄・辻潤・小林秀雄らの思想は主体本位の折衷主義であり、福沢諭吉・新渡戸稲造の思想は状況本位の折衷主義の系列にぞくすると言える。

折衷主義という思想の流派は、多神論的な宗教を中心とする日本の伝統にとってきわめてしぜんなものであるはずだが、明治以後の天皇制神話がだんだんにつまって一義的に解釈されるようになった昭和時代においては、折衷主義は一種の日蝕の時代をへて来た。一九四五年八月十五日、天皇制神話を一義的にまた文字どおり解釈することに思想の単一の土台石をおくという思想形成の方法に終りが来た後、天皇制思想そのものが、本来それがはたすべき折衷主義の支柱としてふたたびはたらきはじめ、これが、状況本位の折衷主義にとってのオーソドクシーとなって来ている。新渡戸稲造の思想が、今日的意味をもつというのは、彼が今日の日本の折衷主義の占めるべき場所を、思想史的に先取りしているからである。日米のあいだをむすぶ太平洋の橋になりたいという彼の志は、今日の日本の国是と言ってよい。

新渡戸の思想がどれほどのつよさ、よわさをもっているかは、近代の日本史の中でその演じた役割をとおしてあきらかである。それは、日本の国家のうごきにたいする批判の機能をいちじるしく欠いており、日本の国家が世界の諸国の間にあって採用するコースが、どのような方向をとるかによってより良い結果、より悪い結果を生みだす。

天皇制の理論は、八・一五とともに時代おくれの思想、不合理の思想としてわらいとばされてしまったかのように見えた。天皇制思想の批判をそれまで専門的にして来たある学徒は、自分が研究して来たことを一ページも発表できないままに、天皇制思想そのものが時代おくれのものとなってしまったことに、情なさを感じると敗戦直後に言っていた。だが、「万世一系」とか、「金甌無欠」という言葉をつかうから古くさくきこえるので、天皇制思想そのものはかならずしも古くさくなっていない。むしろ、「万世一系」というのは、つねに世界の状況において優勢なる傾向を見定めてその支配的傾向に適応し便乗しようという一貫した思想であると考えるならば、完全なる便乗主義・完全なる適応主義のみが万世をつらぬきうるという意味で万世一系である。

このような状況適応中心の技術主義を、全体として排除する思想的立場をとることは、思想の効果を度外視する立場となる。そのような完全な精神主義（これが現代の日本ではしばしば唯物論と呼ばれる）をとることも、一つの立場として認めることはできる。しかし、もし効果ということをも思想の目標として計算にいれるならば、国家権力を批判する立場はつねに進んで完全適応主義と合作する場所をはなれることはできない。そうすれば、新渡戸的な立場（ということは戦後天皇制的立場ということに近い）の危険なところ、信頼できるところをはっきりと計算して、協力関係にたつ体制批判の立場をつくることが、今日の問題である。

新渡戸的思想の中心は、そのやさしさにある。その思想は、人はだであたためられたものとしての、あたたかみをもっている。そのあたたかみこそ、日本の成人社会において、思想の特性として高く評価されるものである。戦後日本の支配者の急進主義思想対策は、昭和四年前後に新渡戸が田中義一首相の文部対策ならびに危険思想対策を批判して受けいれられなかったまさにその線にそうて再建され、その結果、戦後の転向は主として親切の通路をもって誘導される。上役から下役へ、先輩から後輩へ、親類から親類へ、親から子へ、妻から夫へのさまざまの親切のワダチにそうて、ゆるやかになしくずしに急進主義からの転向が用意されてゆく。親切をとおしてのこのゆるやかな圧力のはたらきは、一九五二年以後の戦後転向の研究をとおして、個別的・具体的に描きだされる必要があろう。こうして、圧力は圧力として意識されず、転向が転向として意識されずに進むのは、それがそのはっきりした親切、パースナルな親切を媒介として実現するからである。

思想をイムパースナルな原理としてでなく、その思想をもつ人と自分とのパースナルな関係として理解するというパースナリズム（丸山眞男の言う肉体主義の一属性）が、日本思想の中心にあり、これを新渡戸思想は見事につかんでその体系をつくったものと言える。このパースナリズム（私的関係主義）は、旧家族制度の崩壊、旧家族擬制国家制度の崩壊をへた戦後の今日、家族主義・国家主義と相対的に独立した中核的な原理として天皇制を支えている。官僚制度の内部にこのパースナリズムがもちこまれるとき、官僚派閥の哲学の基礎となる。新渡戸思想は、大正・昭和年代のトップ・レベルにあるもっとも重要な官僚派閥の基本的哲学として作用した。このパースナリズムにたいして、ただたんにイムパースナリズムをもって対し、日本には「真の思想」が成立しないとなげいていることは日本の状況の内部においてうごくための積極的な原理とは言えない。「真の思想」が、論理の次元において、また対象指示・裁断の次元において成立するとしても、誰かの特定個人の人はだにあたためられその特定個人の特有のくせをとおして使いこなされて人間的行動の次元におかれるまでは、「真の思想」は生きることができない。思想をパースナルな面においてとらえることに習練をつんで来た日本思想の伝統は、これに対立する別の原理をたえまなくあたらしくぶつけることをとおして、いわば触媒されて新しく構成される。

もっと実際的な問題にかえって、パースナルな親切にたいしてパースナルな親切をもってむくいるという日本人の伝統的心性が、権力にたいする批判の感覚をまめつさせ、しらずしらずの中に、国家のとる方向にたいする大局的批判の放棄への道をつくってゆくという、新渡戸思想のもつ危険について、どうしたらよいか。

昭和時代の軍国主義の支配にたいして、かつて新渡戸門下であった官僚・政治家・実業家・教育者・学者たちのとった道は、偽装転向意識に支えられながら、なしくずしに軍国主義にたいしてゆずってゆくという道をとった。偽装転向意識に支えられているということがかえってかれらの中に転向の自覚を生まず、この故に敗戦後におなじく転向意識なしになしくずしに民主主義に再転向することが可能となった。これら個人の転向・再転向は、日本の支配階級内部での強力な相互扶助、パースナルな親切のだしあいによって支えられて来た。

偽装転向意識が、優勢なる状況をのりきる原理として生産的にはたらくためには、現象と混同されないつよい原理把握、地上的な権力を見下すことのできる視点の形成を必要とする。この両者がないことが、日本思想の特徴である以上、偽装転向の道すじを、今日以後の状況にたいして求めることもむずかしい。今日の日本にとって必要なのは、偽装せず部分的協力・部分的非協力のプログラムをくんで支配体制と合作するタイプの人間（部分的合作者）をつくることだ。

ここですこし横道にそれるかもしれないが、新渡戸稲造と柳田国男（一八七五—一九六二）のつながりについて書いておきたい。こうすることによって、近代日本の思想史上におけるエドマンド・バーク→金子堅太郎→新渡戸稲造→柳田国男という系譜を明らかにすることができる。

思想のパースナルな次元における研究について、独自の体系をきずいたのは、柳田国男の業績である。柳田国男の研究活動にたいして、一つの重大な刺激をあたえた人として新渡戸稲造がいたことを見逃すことはできない。新渡戸ははやくから「地方《じかた》」の研究の必要をといた。一九〇七年（明治四十年）公刊の『随想録』には、「地方の研究」という講演が付録としてついている。

地方はヂカタと訓みたい。元は地形とも書いた。然しヂカタは地形のみに限らず、凡て都会に対して、田舎に関係ある、農業なり其の他百般の事に就きて云へるものにて、それを学術的に研究して見たい考へで、謂はば田舎学とも称すべきものである。

死んだものと、活きた物と、例へば椅子を見るのと、虫を見るのとは、大いに感じが違ふ。椅子を見たからとて、別に感じも起るまいが、虫を見るとすれば、あゝ虫が動き出した、是れから又どう動くだらうなどと、其の行先を考へる力がゆつくりと働く。即ち田舎では五官に触るゝ物が少いけれども、落ちついて性格を固める事が出来る。故に都会には小才子が沢山出来るかなれども、優れた人物は田舎にしか出ない。僕は日本の子供と西洋の子供とを試して見るに、日本の子供に向つて、其のコップを何故持つて居るかと尋ねると、大抵何故でも持つて居ると、斯う答へる。之を西洋の子供に問へば、暫く脳を痛めて其の説明を考へるのが常である。都会と田舎との小児の差異も、斯んなものかと思はれる。

されば田舎の衰微は、決して農業が衰微するばかりでは無い。第一、人間の品格を高くする事が出来ず、又自治制の発達も出来ぬ。この他種々の関係がある故に、決して田舎を度外視せず、田舎に対する趣味と同情とを養ふて、諸君と共に之を科学的に研究せんと欲するのである。即ち彼の生物学者が顕微鏡を以てバクテリヤなどを研究するやうに、其の方法を藉《か》りて之を社会学に応用して見たい。米国のアダムスは米国の憲法行政を調ぶる時に、先づ小さな自治団体より調べよ、即ち村なり、郡なりを調べよと言つた。恰《あたか》も一疋の虱《しらみ》でも、動物たる諸器官を悉く備へて居る如く、小を以て大に伸ばせば、それで宜いのである。詩人テニソンは小さき一輪の花を取つて、此の花の研究が出来たなら、宇宙万物の事は一切分ると言つた。即ち一葉飛んで天下の秋を知る如く、一村一郷の事を細密に学術的に研究して行かば、国家社会の事は自然と分る道理である。（「地方の研究」）

この地方学の構想は、翌一九〇八年に増補発行された『農業本論』（原版は一八九八年発行）でくりかえされる。

翻て我国を察するに、春眠暁を覚えざるにや、斯学の呼声、寂寞聞くべからず、されば僅か三十年以前に廃止せられたる封建制度の社会形成の状況に就きても、知識徐《おもむ》ろに漸滅せむとするの時運に際せるものの如し。今にして我が地方学の研究に尽瘁《じんすい》するなくむば、絶を紹《つ》ぎ廃を発するの効、復《ま》た収むべからざるものあらむとす。議論茲に至りて、余は大に斯学の必要を呼号せざるべからず。（『農業本論』）

この時新渡戸の提唱した地方学は、故老のききがきをとること、水利の記録、村役場の台帳、家の形の研究、農法、土地分割法、自治制度の研究、方言の研究、民謡童謡の採集の必要など、今日の民俗学全体の骨格をすでにそなえている。

一九〇八年に公けにされた新渡戸のジカタ学の構想は、当時三十四歳の青年官吏だった柳田国男に刺激をあたえ、柳田をして新渡戸の構想の実行者たらしめる。柳田国男は（新渡戸の赴任前に東大で）松崎蔵之助（一八六五—一九一九）の下で農政学をまなび一九〇〇年東大法学科卒業、農商務省農務局に入った。学生として直接に新渡戸にならったのではなかったが、同学の後輩である。その後、法制局参事官、捕獲審検所検察官、貴族院書記官長をへて、一九一九年官吏を辞任し、民俗学研究に専念することとなる。この間、一九一一年に、新渡戸を中心として郷土会を創立し、柳田がその世話人となって、一九一九年まで続けた。この会の記録は、柳田国男編『郷土会記録』（一九二五年）として出版されており、この本の中に、新渡戸が自分の祖父および父の十和田湖畔開発の事業について語った「三本木村興立の話」が一九〇二年六月四日第十八回例会の記録としてのこっている。おなじく新渡戸の報告として「桜島罹災民の新部落」というのもある。他の報告者には、石黒忠篤・有馬頼寧・尾佐竹猛などの中堅官僚、那須皓・辻村太郎など帝大教授の名が見える。後に創価学会の経典となった『価値論』の著者牧口常三郎はもっとも熱心な会員の一人であったと言う。近衛文麿もこの会合に来ていた。

柳田の自叙伝『故郷七十年』（一九五九年）によると、柳田は一九〇七年—〇八年ころ自宅で「郷土研究会」を起こしたが、新渡戸稲造が西洋旅行から日本にかえって来たのを機会に、新渡戸を中心として「郷土会」を創立することとし、もとの郷土研究会のグループにその世話人になってもらった。この会は、柳田邸から新渡戸邸にうつり、新渡戸が日本を去ってジュネーブに移るまで十年近くそこで続けられた。この間には、会員がつれだって地方研究の旅行をしたこともあったという。

新渡戸博士が大戦争の終頃に、外国へ出て行かれたことが、会の中絶した主たる原因であった。と謂ふのは博士が其の静かにして清らかな住居を、いつも会の為に提供せられたのみでは無く、又至つて注意深く参集者の世話を焼かれたので、誰も彼も少しでも早く、次の会日の来ることを願つて居たのが、もうさう云ふ事が無くなつたからである。他の会員の家などで開かれた場合には、とてもあの様な行届いた亭主役は勤められなかつた。例へば会の食事なども、いろ〳〵皆の悦ぶやうな用意をして置いて、先生は我々が意を安んじて食べるやうに、わざと名ばかりの会費を徴せられた。又成るたけ話がはづむやうに、色々の珍客を臨時に招いて置いて、至つて自然に新らしい刺戟を与へられた。此会の幸福だけから言ふと、博士が色々他の方面に於ても、大切な人で無い方がよかつたのである。

（『郷土会記録』）

新渡戸の国際的視野、綜合科学者としての見識、植民地行政官としての体験が柳田の民俗学形成に深い影響をあたえたものと言えよう。

『新渡戸博士追憶集』という本をよむと、昭和時代の日本の実力者となった新渡戸門下の人々が多く書いている。この人々は、内村鑑三の影響をうけた人々とは対照的な仕方で、日本の軍国主義時代を生きた。内村は、札幌農学校における新渡戸の同級生として少年時代以来新渡戸の同時代人として明治・大正・昭和を生きたが、おなじくキリスト教——自由主義の線にたちながら、新渡戸のように状況に同化する道をとらなかった。内村は新渡戸を、博識であり、細目については多くの妥当な判断をくだすが、全体としてのまとまりはなく、結論に個性がないと評した。この批評は、新渡戸個人の思想の批評としても適切であるが、最高位の官僚の思想はこういう構造を本来もっているものであり、新渡戸の思想は、官僚ならびに大会社の高級社員の思想としてきわめて適切な構造を備えている。内村に接触した多くの人々は、たとえば、志賀直哉・長与善郎・有島武郎・正宗白鳥のようにキリスト教の信条からはなれた者にとっても、感情の純一さ、思想的潔癖を影響としてうけたというものが多い。藤井武のような同行の弟子でさえも、内村との私的感情の対立に悩んだことを語っている。これと対照的に新渡戸の追憶集においては、ここに寄稿した七十五名の人々の共通して語ることは、新渡戸が追憶者個人にたいして示したパースナルな親切である。「八方無碍の大人格者」(岡実)というのが、その代表的な評価である。一高校長時代に徳冨蘆花(一八六八—一九二七)の幸徳処刑批判演説(「謀反論」)を許したことで文部大臣にけんせきされたことが、新渡戸の生涯をのべる上で重大な事件であるが、この時にも、自分と個人的接触ある学生たちがその尊敬する講師を呼んで話をきくことを保護するという行為であって、徳冨蘆花の幸徳処刑批判を支持するという行為ではない。これも、他の多くの行為とおなじく、学生に対するパースナルな親切をもととしていた。しかし、思想の自由を守るという原理についての固い把握があって、その原理把握がいかなるパースナルな行為にもあらわれないという形態と対比するならば、あるパースナルな行為の中にふくまれるものとしての思想の自由の原理の擁護は、重要な意味をもつことになる。学問や報道の世界をこえて、成人の職業活動の世界、家庭内あるいは家庭をこえてのつきあいの世界において、われわれが自分で開拓すべきものは、このようなパースナルな行為である。日本の思想は、パースナルな性格を中心にもつ。ここで成立する観念論はパースナルな観念論、唯物論はパースナルな唯物論、実存主義はパースナルな実存主義である。マルクス主義もまた、パースナルなマルクス主義である場合が多い。それは根本では、その特定流派の思想を信じるある特定の人物(あるいは集団)にたいするパースナルな結びつきを基軸とした思想の保持の形態なのである。国家主義、伝統主義、家族主義でさえも、原理としてつきつめられた国家主義、伝統主義、家族主義というよりも、パースナルな国家主義、伝統主義、家族主義として近代日本では成立した。自分をむすびつける特定の思想流派がなくてただたんにもう一人の特定人物の判断に自分の思想をゆだねる場合、パースナルなパースナリズムというものが成立することさえあり得る。これは、戦後の大衆社会状況における日本思想の一つの典型的な形態であろう。このような方向にむかってあらゆる思想が風化してゆく状況に対して、原理を原理としてイムパースナルなものとして守るというのでなく、むしろ、パースナルな行為の中からそれにふくまれているイムパースナルな原理（かくされた指導原理）をくりかえしひきだしてゆくという、逆の行動が準備されることが必要である。この行動のコースが成立するとすれば、それは、日本社会の中ではたらきつづける巨大かつ豊富なパースナリズムの伝統から何ものかをたえずひきだしてくることに成功するであろう。部分的合作者をささえる折衷主義の哲学――新渡戸稲造的な状況本位の折衷主義を部分としてとりこむもっと堅固な折衷主義の成立する基盤がここにありそうである。

参考文献

新渡戸稲造『農業本論』裳華房、一八九八年、増訂版、六盟館、一九〇八年。
同『随想録』丁未出版社、一九〇七年。
同『帰雁の蘆』弘道館、一九〇七年。
同『修養』実業之日本社、一九一一年。
同『世渡りの道』実業之日本社、一九一二年。
同『一日一言』実業之日本社、一九一五年。

同　『自警録』実業之日本社、一九一六年。
同　『東西相触れて』実業之日本社、一九二八年。
同　『偉人群像』実業之日本社、一九三一年。
同　『内観外望』実業之日本社、一九三三年。
同　『西洋の事情と思想』実業之日本社、一九三四年。
同　『人生読本』実業之日本社、一九三四年。
Nitobe, "Bushido, The Soul of Japan, An Exposition of Japanese Thought" Shokwabo, 1900（矢内原忠雄訳『武士道』岩波文庫）
Nitobe, "The Japanese Nation, its Land, its People, and its Life, with Special Consideration to its Relation With the United States" G. P. Putnamzs Sons, New York, 1912.
Nitobe, "Japan, Some Phases of her Problems and Development" Ernest Benn, London, 1931.
石井満『新渡戸稲造伝』関谷書店、一九三四年。
砂川万里「新渡戸稲造伝」二瓶要蔵編『宗教』一九五八―一九六〇年。
矢内原忠雄編『新渡戸博士文集』故新渡戸博士記念事業実行委員会、一九三六年。
前田多門・高木八尺編『新渡戸博士追憶集』故新渡戸博士記念事業実行委員会、一九四一年。
（文献については石井満氏の御助力を得たことを感謝する）

（一九六〇年五月）

日本思想の言語　小泉八雲論

一

世界に意味がうまれるのは、何らかの生命の立場からこれにふれる時だ。だから、世界の意味をつくる仕事は、生命の共同の事業だと言える。

人類以外の生命が世界にどういう意味を見出すかは、よくわからないからふれないことにする。人類が世界にどういう意味を見出すかは、人類が人類としてもっている条件によってせばめられる。世界の意味を見出す上で、人類共通の原型というべきものがあると、ユンクは、「集合的無意識の原型」という一九五四年の論文の中で措定している。しかし、原型が原型のままぬっとわれわれの歴史に顔を出すことはない。われわれが、夢や芸術作品や思想の中で出会うのは、原型が何らかのしかたで具体化されたものである。それぞれの民族の文化の歴史の中に、姿をかえて、原型がくりかえしあらわれる。それら具体的な姿をとった原型が、それぞれの民族の想像力の慣用語（サンタヤナ）としてある程度自由にその民族のメンバーによって使いこなされる。

明治維新のすぐあとに起こった文明開化の動きは、日本の文化の歴史の中で用意されてきた想像力の慣用語をうちすててかえりみなかった。その影響は今なお続いている。われわれは、古い言いまわしの新しい読みかえを、あまり能率のあがらないつまらない仕事と見なして、熱意をもってとりあげようとしない。

古い言いまわしの読みかえとは、言葉のもつあいまいさ（多くの意味を同時に持つこと）への積極的態度を前提とする。あらゆる種類のあいまいさが、明らかさよりもよいというのではない。あいまいから明らかさへと進むことが、学問の一つの目標だろう。はじめに人工的な単純な概念をつくってから、それらの概念によって、あいまいな状況を記述しようと試みる場合もあろう。この点で、文明開化のもたらした言語観・思想観は、正しい。しかし、あいまいさの持つある種の活力があり、それが、われわれの日常の思想をいきいきとしたものとしていることを忘れないようにしたい。言葉の持つあいまいな性格を生かして使って、古い言いまわしが新しく生きる可能性には二つの道がある。

第一は、日本の外から来た言いまわしに、日本人の心情を吹き入れて、新しい意味につくりかえる方法である。十字架の伝説は、徳川時代の三百年と明治以後の百年をあわせて四百年のあいだ、日本人のあいだにかくれて語りつがれることで、ユダヤとはちがう意味をもつようになった。

ていおう（帝王）よろうてつは、御身様《おんみさま》（イエス）のせんぎ（詮議）、つち（土）をうがち、そらをかけ、尋《たず》ぬるといえども、あり所《どころ》しれずゆえ、いずれ、どみん（土民）の子どもにまぎれこみいるほども、おぼつかなくと、うまれ子より七つまでの子供、国中のこらず、ころすべしと（そのかず四万四千四百四十四ったり）、みなころしにぞ、なりけり。もったいなくとも、あわれとも、何にたとえんようもなし、その数四万四千四百四十四人、このこと御身（イエス）つたえきき、さては数万の子供がいのちをうしのう（失う）こと、みなわれゆえなれば、こののち世のたすけのため（「この子供らの後世の救霊のため」の意）ぜぜ丸やのもりの内にてあらゆる苦ぎょう（苦業）は、なされける。かかる所に、でうす（父なる神）より、数万のおさな子のいのちうしのう事、みなその方《ほう》ゆえなり。しかる時は、ばらいそ（天国）のけらく（快楽）をうしなわん事、心もとなし、よって死せし子どもの後世のために、せめせいたげられ（責めしいたげられ）、いのちをくるしめ身をすてきたるべしとの御つうげ（御告）なり。おんみはつとへい伏して、御血《おんち》の汗を、ながさせ給い、ひる五カじょうのおらっ所（「昼五ヵ条のおらっしょ」、ロザリオの苦しみの玄義）このときなり。それより御身はろうまの国三《さん》たえきれんじゃ（サンタ・エケレシア）のてらへ、かえらせ給う。何とぞ悪人に苦しめられ、いのちをすてんとおぼしめしけり。

これは、田北耕也が『昭和時代の潜伏キリシタン』という本に収めた、九州の黒崎地方と五島の「天地《てんち》始事《はじめのこと》」の経典写本の一部である。この文章が、ヨーロッパに伝わった聖書とくらべて、どこでちがっているかをしらべて、そのちがいを、間違いとしてだけとらえることは、実りのない考えかただ。ほんとうの聖書はこうだったのに、そのほんものの聖書を手にいれることができなかったために、日本のかくれきりしたんは、ここところことを間違えたと判断する時、西洋渡来の本文の正確な語りつたえが宗教の目的になってしまう。

もとの聖書のマタイ伝には、こう書いてある。

「さて、ヘロデは博士たち（かれらは幼児イエスの誕生を推測したが、その居場所をヘロデにおしえることなく自分の国へかえってしまった）にだまされたと知って、非常に立腹した。そして人々をつかわし、博士たちからたしかめた時にもとづいて、ベツレヘムとその附近の地方にいる二歳以下の男の子を、ことごとく殺した。」

これが、かくれきりしたんの口づたえにかかると、その数四万四千四百四十四人ということになる。京都の三十三間堂の仏の数が一千一百一で、それぞれ三十三体にかわって三万三千三百三十三体となるという言いつたえから思いついたものだろうと言われる。これは枝葉をつけただけのちがいだが、このマタイ伝福音書には書いてないヘロデの赤ん坊探しのやりかたを、かくれきりしたんの経典ではことこまかに書きこんで、「つちをうがち、そらをかけ、尋ぬるといえども、あり所しれずゆえ、いずれ、どみんの子どもにまぎれこみいるほども、おぼつかなくと……」と述べる時、かれらは、島原の乱以後ちりぢりに散って、山の中や離れ島で百姓となって暮している自分たちにむかって、なおも詮議の手をゆるめない徳川幕府のことを思いうかべていたのだろう。それでもなお、自分たちの心の中で神の子をまもりとおしたいという切実な望みが、不安とともに言いあらわされている。この信仰の切実さは、敗戦後の日本の安定期につくられた口語訳聖書の文体には、失われている。

もっとも早くできたイエスの記録であるマルコ伝は、イエスの最後の祈りをつぎのようにえがいた。

「アバ父よ、あなたには、できないことはありません。どうか、このさかずきをわたしからとりのけてください。しかし、わたしの思いではなく、みこころのままになさってください。」

この部分は、かくれきりしたんによって、もとの聖書にない動機づけをあたえられる。イエスが、自分ゆえに他の子どもが殺されたことから発心して立派な予言者になろうと修業しているところに、神があらわれて、「数万のおさな子が死んだのはおまえのためなのだから、それで自分ひとり救われようなどと思っているようでは天国の快楽を与えるわけにはゆかない。なくなった子どもたちのために、苦しみに身をさらし、命をすてて来なさい」と、教えた。

自分ゆえに死ぬようになった罪なき子どもたちのことで悩みぬいた結果、イエスは、修業を途中でうちきり、世間に姿をあらわして、せめしいたげられ、命をすてることに踏みきる。自分のゆえに死んだ人々にたいする連帯の感情が、イエスの最後の行為である十字架上の死へとみちびく、この物語の構成は、ユダヤ、ヨーロッパとちがって明らかに日本人らしい心情にうらうちされている。それは、野間宏の『顔の中の赤い月』に見られるように、自分が助けることのできなかった戦友の死が、戦後の生きかたをきめるという宗教感情につらなる、一つの精神の系譜である。吉田満の『戦艦大和の最期』、菅野静子の『サイパン島の最期』など、日本の戦争体験の記録の多くが、このように、亡くなった人とともに生きるという形で宗教感情を表現した。これは、日本に早くからある祖先崇拝に根ざしており、死者を含めての共同体への連帯感の中に、宗教的平安を求めるという伝統とむすびつく感情だ。戦争に生き残った者は、自分が生き残ったことの偶然性に不安を感じ、うしろめたさを感じる。そして死者とともに生きるという感情を自分の中に保つことができた時、はじめて、ほんとうに生きているという実感を回復する。『戦没農民兵士の手紙』を編んだ岩手県農村文化懇談会、『きけわだつみのこえ』を編んだ、戦没学徒兵記念会（わだつみ会）の戦後二十年目に及ぶまでの活動は、生き残った者の側にあるこのような死者との連帯感回復への努力に、支えられている。ここに、日本的な平和運動の根がある。

かくれきりしたんの作りだした慣用語の転生は、日本の知識人の世界にこれまで何の影響もおよぼしたことはない。ローゲンドルフの「現代日本とカトリシズム」によると、日本の開国を待って、その後の布教の準備をしていたヨーロッパのカトリック教会は、島原の乱以後もキリスト教の信仰をかくれてまもりつづけている日本人を全国各地から探し出して、三百年来の信仰の連続性の上に開国後の日本のキリスト教を置こうとした。一八六五年三月十七日、ベルナール・プチジャン神父は、浦上村のキリスト教信徒が名のり出るのに会った。プチジャン神父は、その後、浦上の信徒たちの使いなれている「おらしお」(祈り)、「がらさ」(めぐみ)、「こんちりさん」(ざんげ)などの言葉を自分で用いて、日本での布教をすすめることに努力した。しかし、日本のカトリック教会の全体としては、漢語ふうの翻訳がやがて優勢になり、「祈禱《きとう》」「聖寵《せいちょう》」「痛悔《つうげ》」などが、「おらしお」「がらさ」「こんちりさん」にとってかわった。九州の方言が、東京の漢語文化をくみかえることなど、明治時代の日本文化の状況としては、考えられもしないことだった。長崎市に近い浦上村の信徒の遺産でさえ、中央の知識人に影響をあたえなかったのだから、その後さらに数十年にわたって信仰をかくしつづける五島や生月島のかくれきりしたんの文化が、東京の知識人の思想に影響をもつわけがなかった。こうして、日本の近代文化は、「王政復古」の旗の下に文明開化をもたらした政治の領域とそれに対応する日常生活の領域を別として、その間にはさまれた文化の諸領域においては、慣用語の転生という門をくぐることなく、明治以後の百年の道を歩んだ。

第二の道は、日本にもとからある古い言いまわしに、新しい状況から得た認識と体験の息吹きをこめることによって、新しい意味をつくりだす方法だ。たとえば、「カテゴリー」という言葉を「範疇」と訳し、「ディダクション」という言葉を「演繹」と訳すというのは、この第二の方法ではない。「範疇」とよびかえ、「演繹」とよびかえたところで、これらはもともと日本人にとっての慣用語ではないので、とくに何を連想させるでもなく、ここには慣用語の転生などはない。日本の学術語の歴史は、慣用語の転生の実例にとぼしい。日本の学術用語は、日本語の中の外国語であり、外国語を知らないと本格的に理解することのできない種類の日本語である。

慣用語の転生の第二の方法の実例として、「天狗」「幽霊」「たましい」などについて書かれた小泉八雲の作品をとりあげることができる。

日本には古くから、多くの怪談が伝わっているが、それらを外国人が語り直したものがもう一度日本語に翻訳しなおされて、もともとあった日本語の怪談よりも、もっと広く日本人のあいだで読まれたということは珍しい。日本以外の国でも、外国人による語り直しのほうがよりひろく国民の間で読まれた例は珍しいのではないか。なぜ、日本のもとからの怪談が読まれず、八雲の語り直した怪談が読まれるのか。その理由のひとつは、八雲が、明治以前の日本人が怪談を語っていた場合とちがう認識と感情を、この同じ怪談に盛りこんだからである。そして、八雲がここに盛りこんだ認識と感情は、明治以後の文明開化を経た日本人にとって、明治以前の怪談に盛りこまれた日本人の認識や心情以上に、親しみやすいものとなっていたからだ。もちろん、例外はあるので、明治以後にも、小泉八雲とはべつに、三遊亭円朝が『真景累ケ淵《しんけいかさねふち》』のような作品をつくって、幽霊を犯罪者の心のやましさから生ずる神経作用としてとらえる新しい怪談を示した。しかし、その後明治後期から大正、昭和にいたる日本の怪奇文学は、円朝の影響をうけるよりもむしろ外国人の小泉八雲の影響をうけて生まれたように思われる。

「ちんちん　こばかま」の話には、小泉八雲みずからが付けたわりあいに長い導入部があるので、作者の意図したアクセントがはっきり出ている。この話は、お姫さまが武士のところへお嫁入りしたが、ぶしょうに育っているので、なにかものを食べては、その時使った爪楊枝《つまようじ》を畳のあいだにつきさしておく。それがつもりつもって、爪楊枝のお化けとなり、夜がふけるとつぎのような歌をうたって、お姫さまを悩ませたというのだ。

「ちん・ちん・こばかま、
　よも　ふけ　そうろう、――
おしずまれ、ひめ・ぎみ、――
　や　とん　とん」

歌うのは背丈一寸ばかりの小男で、みんなそれぞれ裃《かみしも》を着て、二本の刀を差し、何百人と群がって、この歌を歌い、おもしろそうに踊る。お姫さまの訴えをきいて、押入れにかくれて見ていた夫も、そのおかしさに思わず笑いそうになったが、パッと押入れから飛び出して刀をひとふりすると、小人たちの姿はかき消すように見えなくなり、あとにはひとつかみの古楊枝が残っているばかりだった。夫はこのお化けの出る原因がわかって、妻をさとしたので、妻はそれから家の整頓をよくするようになったという。

この話のお化けたちは、姿もかたちも、歌も踊りもこっけいで、愛すべきもののように描かれており、それに切りつける侍も、おかしさをかみころしている。ここには、子供たちに部屋をよく整頓するように言いきかせる明治の親たちが、もうすでにこの話を完全に信じていないし、子供たちにも信じさせようともしていないので、ややおかしく、やや恐ろしく話してみせる微妙な二重のかげが見え、それがこの話の独自のスタイルをつくっている。

この怪談のもとの形が、どういうものだったのかは、よくわからない。八雲の著作は、八雲の妻が、自分の聞いた話あるいは読んだ本を、八雲にくりかえし話してきかせたのを、八雲が英語に直したものだ。最終の結実である英語の作品を、八雲夫人は読むわけでもなく、それともとの素材とのちがいを八雲に言って直させるということもなかった。もとの素材が、たとえば『百物語』とか、『臥遊奇談』のように今日残っている本であったとしても、それを八雲夫人がどう語ったかは、わからない。夫人の思い出によれば、

私が昔話をヘルンに致します時には、いつも始めにその話の筋を大体申します。面白いとなると、その筋を書いておきます。それから委《くわ》しく話せと申します。それから幾度となく話させます。私が本を見ながら話しますと、「本を見る、いけません。ただあなたの話、あなたの言葉、あなたの考えでなければ、いけません」と申します故、自分の物にしてしまっていなければなりませんから、夢にまで見るようになって参りました。

話が面白いとなると、いつも非常に真面目にあらたまるのでございます。顔の色が変りまして眼が鋭く恐ろしくなります。その様子の変りかたが中々ひどいのです。たとえばあの「骨董《こっとう》」の初めにある幽霊滝のお勝さんの話の時なども、私はいつものように話して参りますうちに顔の色が青くなって眼をすえて居るのでございます。いつもこんなですけれども、私はこの時ふと恐ろしくなりました。私の話がすみますと、始めてほっと息をつきまして、大変面白いと申します。「アラッ、血が」あれを何度も何度もくりかえさせました。どんな風をして言ったでしょう。その声はどんなでしょう。履物《はきもの》の音は何とあなたに響きますか。その夜はどんなでしたろう。私はこう思います、あなたはどうです、などと本にはまったくない事まで、色々と相談いたします。二人の様子を外から見ましたら、全く発狂者のようでしたろうと思われます。

また、

「あの話、あなた書きましたか」と以前話しました話の事を尋ねました時に「あの話、兄弟ありません。もう少し時待ってです。よき兄弟参りましょう。私の引出しに七年でさえも、よき物参りました」などと申していましたが、一つの事を書きますにも、長い間かかった物も、あるようでございました。

（小泉節子「思い出の記」田部隆次『小泉八雲』一九一四年）

八雲夫人が自分のきいていた昔話を八雲に話してきかせた場合、もとの素材は今日ではさらにとらえにくい。「ちんちん　こばかま」について、岡山から島根にかけて行なわれていた話が、原田譲二によって採集されている。これは、八雲夫人のきいてきた話とおそらく同じと思われるので、次にひいてみる。

昔或る家の女房が夫の留守に、夜分ただ一人で縫物をしていると、たけ一寸ばかりの小人が何十人という程、行列をつくって部屋の中をねり歩いた。お大名行列のように槍をたて、中にはかごに乗っている者もあった。

ちんちんちよぼし　夜も更け候えば、

御殿坊のおん帰り　ほいほい

といってあるいた。怖しくて一晩中ねむることができなかった。翌日主人が帰ってこの話をきき、

今夜もくるか試してみようと、外へ出たふりをしてかくれて見ていると、やはりおなじように、

ちんちんちよぼし　夜も更け候えば、

御殿坊のおん帰り　ほいほい

といいながら、部屋の中をねって歩くので、いきなり物かげから飛出して刀をぬいてその行列を切りはらうと、たちまち姿を消してしまった。ふしぎに思って畳をあげてみると、短かく折った箸がいくらともなくちらばっていた。

これは若い女房が箸をそまつにして折って捨てたので、その精がこうして現れたのだということであった。

この話は私の郷里備中できいたものだが、出雲にも同じ話が行なわれている。

（『民族』第一巻第六号、一九二六年九月）

一九四八年に発行された日本放送協会編『日本昔話名彙』によると、佐渡と大分県北海部郡にもおなじような話がある。ここでは、小さい化けものは山でひとりぐらしのおばあさんに現われる。縁の下にほうりだしてあった鉄漿《かね》つけ刷子《ばけ》を焼きすてると、もう現われなくなったという。これらのもとの形とくらべて見て、片目だけをつぶって半分信じたような半分信じないようなしかたで、おかしげに子供に話しかける物語の調子は、八雲から出たものだということがわかる。

なぜ小泉八雲が、日本の怪談の語り直しに彼の中年以後の力をかたむけたか。その語り直しの方向はいかなる目標にむかっていたか、八雲の経歴をふりかえって、日本人の慣用語の転生を彼の伝記の側からとらえてみたい。

二

小泉八雲（一八五〇―一九〇四）は、もとの名をラフカディオ・ハーンと言い、ギリシアの西北、イオニア列島の中のサンタ・マウラ（古名をリューケディアと呼ぶ）に生まれた。父はアイルランド人で英国陸軍の軍医。母はギリシア人とも言い、マルタ島生まれのアラビア系の人とも言われる。二歳の時に母と共にアイルランドに移る。彼が六歳の時に父母は離婚して、母はギリシアにもどり、行方知れずとなる。父はほかの婦人と結婚し、その後ハーンを残して死ぬ。ハーンは、十三歳の時に事故で左眼を傷つけて失明し、残ったほうの眼も強度の近眼となる。彼はイギリスとフランスのローマ・カトリック系の学校で教育を受けたが、彼を育ててくれた大叔母が財産を失ったため、学校を退学。ロンドンで貧しい暮しを送った後、一八六九年、十九歳の時アメリカに渡る。ここでもみじめな暮しが続き、行商人、電信配達人、ホテルのボーイなどをして、自分で勉強した。一八七四年から新聞記者となり、フランス文学の翻訳をしたり、評論、随筆、紀行などを書き、やがて小説を書く。

一八九〇年（明治二十三年）、四十歳の時に日本に来た。はじめは出版社のハーパーと契約して、小説を書くつもりだったが、契約についていやな感じを持つようになり、途中で打ちきり、松江中学の英語教師となった。到着の年の暮には、土地の士族の娘小泉節子と結婚。妻の話をくりかえし聞いて、それをもとにして彼自身の語り直しを書くようになった。一八九五年に帰化して日本人となり、夫人の生家の苗字をとって、小泉八雲と名のった。四人の子供が生まれた。熊本の第五高等学校、東大、早大で英文学を教え、一九〇四年、五十四歳でなくなった。

小泉八雲は子供の頃幽霊を見たと信じていた。自伝的な随筆の中に妖精を見た話を書いているし、七歳の時にいとこの生霊を見た話が書いてある。これは当時彼の育ったアイルランドに、キリスト教が伝わる以前からあったさまざまの妖怪伝説が残っていたせいでもあるし、彼を残して早く世を去ったギリシア人の母に対する愛着が、ギリシア神話への親しみを彼の中に植えつけたためでもあろう。八雲は、彼の母親がキリスト教徒によっていじめられた末に追い出されたと、固く信じており、それが、彼が一文なしになってからキリスト教学校から放り出されて、キリスト教社会の中でみじめな暮しをしなければならなかった体験と結びついて、キリスト教に対する反感を持つようになった。後に東大をやめるようにしむけられた時も、キリスト教徒のスパイがやったのだと言って、むしろ東大当局をかばったほど、彼のキリスト教への憎しみは強いものだった。キリスト教によって追い出された古いアイルランドのお化けやギリシアの神々のほうが、欧米のキリスト教文明よりも彼にとってはなつかしかった。

父、母、弟妹とわかれてひとりで育ったことが、彼をして、自分の親類よりも人類全体を祖先として考える見かたを自然にした。日本に来た時には、日本人はギリシア人だった母によく似ている、と言って喜んだ。身体のかたちが似ているばかりでなく、文化のかたち、思想のかたちもまたギリシアと日本とではよく似ているように、感じられた。日本の文化の側から見て、民族の慣用語の転生のきっかけをつくったと考えられる小泉八雲の仕事は、八雲の生涯の歴史の側から見ると、彼みずからの個人としての慣用語の転生のきっかけを、日本との出会いにおいてつかんだ結果だということになる。

A　ギリシア

B　イギリス、アメリカ

という関係になる。彼にとってふたしかなギリシア（彼は母の肖像ひとつ持っていなかった）を、彼は日本においてはじめてたしかなものとして眼に見、手にふれることができた、と感じたのである。

新聞記者としての生活は、雑学を彼に強いた。たくさんの書物についての書評を書くために、また数知れぬ社説を書くために、小泉八雲は空想的博物学者になった。一八七二年から一八八六年までに八雲の書いた論文は生理学から天文学にまで及び、進化論というひとすじの糸によって結びあわされている。一八八二年二月二十五日の『タイムズ・デモクラット』紙に、「花について」と題して、人間がその木の枝を折ると、木が泣くかもしれないと思って、めったにさわらないようにする、そういう、動物と見わけのつかないような植物をも、いつかは交配の結果つくり出すことができるかもしれぬ、と説いている。このような関心は、やがて一八八四年にハーバート・スペンサーの進化哲学にふれることによって、彼を進化論という哲学の信者にしてしまう。それ以後八雲にとって、宇宙は人間がそれと共に進化してゆく一つの共通の場であって、その中の進化におくれた一部分といえども、われわれの過去の鏡であり、また未来社会の一部分を予言しているものとしてとらえられた。たとえば蟻の社会は、低い段階ではあるが、そこに驚くべき共同体への献身の習慣があり、これは、ある種の人間の社会の特徴を示すものと考えられた。八雲が一八八二年八月二十七日の『タイムズ・デモクラット』紙に書いた「蟻についてのニューズ」という論文は、後に彼が日本に来てから書いた「おばあさんの話」とか「（畠山）勇子」における理想の日本人の肖像への伏線となっている。

町の博物学者だった頃に書いた論文の中で、八雲が熱狂的に讃美した蟻の文明を、いま八雲は、自分の身近かな人びと、自分の妻の親戚の中に見た。以下は、八雲の妻の養母稲垣とみ子の肖像といわれる。

恐らく現存せる他の如何なる人種と雖《いえど》も、今私が話したいと思っているような人を生ずる事はできなかったろう。この婦人は私共西洋の人々が想像もできない程やかましい又厳しい社会的訓練――一種特別の理想を実現せんがために、婦人の天性のみ耐えられた訓練によって大成されたのであった。

その想像された型の婦人は、他人のためにのみ働き、他人のためにのみ考え、他人のためにのみ生きる婦人である、――この上もなく情け深く、この上もなく無私無我で、自分を思い切って人の犠牲にしていながら、その報いを受ける物とも思っていない婦人である。私の言ったこんな特別の訓練や教訓で幾代かの少女が養成されたあとで、実際その型の婦人が現われたのであった、その性格は蟻や蜂と同じように、利己主義と言う物がない、我儘を言う事はできない、不親切な事を考える事もできない、――その性格のできた社会を除いて、如何なる種類の人間社会にも余りかけ離れて善良過ぎる性格である。勿論の事だが、この型の人は例外となっていた、決して多数にはならなかった。しかし旧日本では少くともただ模範として考えられる程普通にあった、――婦人の性質が修業によってなれるよい証拠であった、そしてそれは静かに愛せられ、習われていた。

一生のうちにただ一度薬を飲む事を勧められて承知し、長い間看護されるままになっていた事があった。放れ馬に踏まれようとする子供を助ける時、自分がうつむきに倒れたので、右の頰骨に燧石《ひうちいし》の尖ったかけが一つ深く入ったのであった。それで必要上手術をして生命をとりとめたが、名誉の負傷のあとが永久に彼女に残った。

天気の変りなどは彼女には何の意味もないようだ。極寒の時の外は彼女は火の側に行って手を暖める事は決してしない、そして冬の日に縁側に坐って、外気が好きだから日光の当るところで針仕事をする。すき間風などのために困る事はないようだ。

彼女の一生はいつでもそうであったが、今でも他人のためのたえざる働きの連続である。夏でも冬でも同じく、彼女は太陽と共に起きる。女中を起す者、子供等に着物を着かえさせる者、それから朝夕食事の準備を指図する者、祖先の位牌の前の供物を案ずる者は皆彼女である。子供は五人ある。そして長男の外は皆凡ての事について彼女の助けを必要とするようである。そして彼女は何か変った仕方で、彼等を満足させるように工夫する。

（「おばあさんの話」遺稿。訳は第一書房版『小泉八雲全集』による）

この肖像画の中に、小泉八雲の理想とする人間像と社会像が描かれている。八雲の社会観は、明治以後の日本人が解釈したように国家主義を讃美したものではない。

八雲は、少年の頃、豊かな暮しから突然引きおろされた。自分の親戚は依然として豊かであるにもかかわらず、自分だけがその階級からはずされて、下男として暮す。この時の屈辱は、小泉八雲に、資本主義社会で無一文となることはいかにみじめであるかを教えた。しかし、ブルックファームその他のユートピア社会主義運動の失敗を見た結果、社会主義に対しては批判的であった。彼の心服していたスペンサーが社会主義ぎらいであったことも、影響を持っただろう。理屈にあわせた設計によって一挙に理想社会に達するなどと、彼は考えることができなかった。人間の進化の果てに現われうるものとしての理想社会のみを、彼は実現可能なものとして考えた。穂積文雄の『小泉八雲の社会思想』は、小泉八雲が社会問題について書いた断片的な意見を集大成した本で、この本によると、八雲の思想は、ウィリアム・ゴドウィンに共通するところが多く、無政府主義に近いという。小泉八雲が欧米にましても日本によせた共感は、八雲の到着した頃、日清戦争以前の日本の田舎（松江と熊本）に農村共同体の自治の習慣が強く残っており、このことが、八雲に思想的な居心地のよさを感じさせたことに由来する。その後二つの戦争を経て現われた中央集権と官僚制度の整備とは、かならずしも八雲の理想と一致したものではなく、日本の現実が八雲の理想から離れてゆきつつあることを、晩年は気づくようになった。

今日でもホワイトヘッドのように思想の根本的なカテゴリーの遺伝を措定する学者があり、ユンクのように世界観・人生観の原型が遺伝すると措定する学者があり、それらの措定はいずれも実証されているとは言いがたい。八雲は、カテゴリーとか原型とかだけでなく、もっと具体的な思い出そのものが遺伝するという学説を、アメリカでの新聞記者時代に受けいれ、そのころの新聞につぎのような短篇を書いた。

「私が述べていたことは」と、医者は言葉をつづけた。「始めて何か或る新しいものを見たり聞いたりした場合、私共は驚愕を感ずるのですが、それは見たり聞いたりしたものの斬新なるがためでなく、心中に於ける奇異なる反響のためだということなのです。私は反響と申しましたが、記憶の反響という言葉を使った方が、大層よいのでしょう。私共はその新しいものを、これまで見たことも、聞いたこともないということを確実に知っていながらも、いつか限りなく隔絶せる時期に於て見たり、聞いたりしたように思われるのです。拉甸《ラテン》の古い作家は、この現象を前生存在説の証拠と考えました。仏教徒の説によれば、霊魂はその数百万年彷徨遍歴の際、輪廻の度毎に見聞した一切の事物の微かなる記憶を保っていて、また現在肉体となって生存せる人々は、幾劫年《いくごうねん》の生前に見聞した朦朧として幽霊のような事物の思い出を有っているのです。この現象の存在には、何等の疑いもありません。私は仏教の信者でもなく、また霊魂の信者でもないのです。しかし私はこれらの漠然たる記憶の存在を、遺伝的な頭脳の印象に帰するのです」

「それはどういう意味です。お医者様」と、一人の寄宿人が訊ねた。

「何、こうなのです。記憶は黒子《ほくろ》や母斑《あざ》や身体的或は精神的特徴と全く同じように遺伝すると申すのです。私共人間の頭脳には、或る明敏な著者が書いている通り、シナイ山の谷にある岩石の如く、長く連続せる「思想」の隊商によって、満面に文字が彫ってあります。五官の媒介によって頭脳が印象を受けると、そとへ形象文字のような刻銘が残る。その刻銘は顕微鏡に照らしては見えないけれども、矢張り実際には存在している。だから父母の頭脳にあるこれ等の形象が、子供の頭脳の中へ再現しない筈はないのです——記憶の眼に対しては、段々薄くなって、段々読み難くなるにしても、全然消えて見えなくなるということはありませんよ」

（「遺伝的記憶」）

このように十九世紀なかばにもてはやされたある種の進化論学説が、小泉八雲をして、すでにアメリカ時代に、中国やインドやアラビアの奇怪な伝説に興味を持たせた。それらの翻訳を出した後に、八雲は日本に旅立ったのである。日本に来てから彼の出会ったつぎのような言い伝えは、彼がすでに学説として信じていた遺伝的記憶の実例であるように感じられた。

子供の生涯のうちに前生の事を覚えていてその話をする日が一日、たった一日だけあると言われる。

丁度満二つになるその日に、子供は家の最も静かなところへ母につれられて箕《み》の中に置かれる。子供は箕の中に坐る。それから母は子供の名を呼んで「お前の前生は何であったかね、言うてごらん」と言う。そこで子供はいつも一言で答える。不思議な理由で、それよりも長い答の与えられる事はない。時に返事は謎のようで、それを解釈するのに僧侶か易者を頼まねばならない事がよくある。たとえば昨日銅鍛冶《かねかじ》の小さい悴《せがれ》はその不思議な問に対してただ「梅」と答えた。ところで梅は梅の花か梅の実か、女の名の梅かの意味に取れる。その男の子は女であったと言う意味だろうか、或は梅の木であったろうか。ある隣人は「人間の魂は梅の木には入らない」と言った。今朝易者はその謎について問われて、その男の児は多分学者か詩人か政治家であったろう、それは梅の木は学者、政治家、及び詩人の守護神である天神の象徴であるからと断言した。

（「生と死の断片」『東の国から』一八九五年）

八雲は、人間の美意識は、長い生命の歴史の中に蓄積された遺伝的記憶の発動であると考えるにいたる。

さて美の情緒は、人間の一切の情緒と等しく数え難き過去に於ける、想像もつかぬ程に数知れぬ経験を遺伝した産物に相違ない。個々の美的感覚にも頭脳の不思議な沃土に埋もれた億兆不可測の幽玄なる記憶の蠢《うご》めきがある。而して各人は己の中に美の理想を有っている。それは嘗《かつ》て眼に美しく映じた形や色や趣のありし知覚の無限の複合に外ならぬ。この理想は本質に於ては静態的であるが、潜伏していて、想像を対象として、任意に喚起することは出来ぬが、生ける感官が何物か略々《ほぼ》相連《あいつ》らなるものを知覚するときに、突如として点火する。その時彼の異様な、悲しくも嬉しい身震いを感ずる。其は生命の流と時の流との急激な逆行に伴なって起こるものであって、そこに百万年千万代の感動が一瞬時の感激に総括されるのである。

（「旅行日より」『心』一八九五年）

宇宙進化の歴史を一瞬にやどす美的感動を、最も適切に表現する象徴は、怪談のかたちをとる。八雲は、怪談が八雲の文学の中で最高の位置を与えられるのは、八雲の哲学から見て当然のこととなる。八雲は、日本に来るまでは、南部アメリカの風俗に取材した彼の最初の小説『チタ』や、西インド諸島の風俗に取材した小説『ユーマ』とおなじような骨格の長篇小説を日本について書こうと考えていた。しかし、日本に着いてから十五年におよぶ、彼の文学活動の最も盛んな年月を、彼は、日本人の習慣の記録と民話、特に怪談の再話に捧げたのだった。本格小説から第二芸術へのこの移動は、創作力の衰えに帰することはできない。もともとからの八雲の美意識の構造そのものに由来するのだ。

化けものとは、八雲にとって、それを手がかりにして宇宙史に帰ってゆくための道しるべであった。また宇宙に同時に存在するさまざまなものと自分との一体感を回復するためのきっかけでもあった。お化けの力を借りてもどっていった故郷が必ずしも自分にとって住みよい場所とは限らない。めくらの少年芳一は、琵琶の上手なために、お化けに引き立てられて墓地につれてゆかれ、壇ノ浦に沈んだ朝廷と平家の人びとを前にして平家物語を弾じる。彼を助けようとして和尚が経文を身体中に書いておいたために、かろうじて最後に八つ裂きにされる運命をまぬがれるが、しかし、経文を書き忘れた彼の二つの耳は、武者の亡霊にむしり取られて、あの世に持っていかれてしまった。この「耳なし芳一」の話にあるように、死者との共同体に入ってゆくことは、必ずしも生きている者を助けることにはならない。死者は、ある場合には生者を助け、ある場合には生者を迫害する、二重の性格を持つものとして現われる。だが、われわれにとってよいにつけわるいにつけ、われわれは、化けものの力を借りて、遠い過去を現在に引きもどし、それをふたたびよみがえらせることができるのだ。

昔のことではなく、時をおなじくして生きるさまざまの動物や植物や物とのかかわりあいも、化けものという象徴を通してするどくとらえられる。「忠五郎のはなし」の主人公は、橋の下の美しい女のもとに通いつめ、しまいに血がまるでなくなって、死んでしまう。その女の正体はただ一匹のぶざまながまだった。ここにはがまと人との生存競争が描かれている。八雲は、進化論の影響をうけて、善悪を超えた必要悪としての競争をいつも考えていた。

橋の下のがまのような、人間を喰いつくすものの霊だけがいるのではない。「雪おんな」の雪の精のように、人を殺そうとしてかえって愛してしまい、殺さずに去ってゆくものもある。「ちんちんこばかま」の爪楊枝の霊のように、自分たちをほうってしまってかえりみないことに対して、おどけた仕方で警告を発するだけのものの霊もいる。それぞれのものにはたましいがあり、それをよく使うことをしないと、そのたましいを傷つけることになるという信仰が、明治の日本にはあり、それは大正、昭和の頃まで残っていた。戦後の安定期になって、ものを使いつぶすことによって好景気をもたらすアメリカ流の方式が入ってきたが、こうして無計画に浪費をつづけていっては、人間は地球の資源を涸れさせてしまい、地球との共存に耐えられなくなるだろう。人間は今日、「ちんちん　こばかま」の小さなお化けたちの警告を、八雲の生きた十九世紀以上に必要としている。

小泉八雲はゴーティエなどに代表されるフランスの怪奇文学に対する趣味から、怪談に興味を持ちはじめた。ヨーロッパの怪談、アラビアの怪談、インドの怪談、中国の怪談をひろく知っていた八雲が、なぜ日本の怪談に特に打ちこんだのか。八雲をひきつけた日本の怪談の種差はなにか。

この問題について、西田幾多郎がひとつの手がかりを与えている。

ヘルン氏の考は哲学で言えば所謂《いわゆる》物活論に近い考とも言えるであろうが、勿論普通の物活論と同一視することはできない。氏が万象の奥底に見た精神の働きは一々人格的歴史を有った心霊の活動である。氏は此考をスペンサーから得たと言って居るが、スペンサーの進化というのは単に物質力の進化をいうので、有機体の諸能力が一様より多様に進み不統一から統一に進むという類《たぐい》に過ぎない。文学者的気分に富める氏は之を霊的進化の意義に変じ仏教の輪廻《りんね》説と結合することによって、その考が著しく詩的色彩と宗教の香味とを帯ぶるに至った。

（田部隆次『小泉八雲』への序。一九一四年）

八雲が日本の怪談に寄せた興味は、日本の怪談において、ひとつひとつのものがばらばらに、ひとつの人格として活躍することにあった。物活論は物活論でも、個別的物活論である。この点でおなじように精神的進化論の系譜にぞくするニイチェやベルグソンと明らかにちがう。日本人の持つ個物崇拝、具体的なものへのいきいきとした関心が、抽象化しすぎた西欧文明への救いとなると考えたのだ。ヨーロッパの怪談には、ユダヤ教とキリスト教の影響をうけて、一般的な悪あるいは一般的な善の象徴として、化けものが現われる。その傾向を極端まで押しすすめた作品は、ヘンリー・ジェイムズの『ねじの回転』で、ここで化けものの象徴する悪は抽象的かつ一般的な悪の観念である。インドの怪奇文学も普遍宗教としてのヒンズー教の影響をうけており、アラビアの怪奇文学も普遍宗教としてのマホメット教の影響をうけており、中国の怪奇文学も普遍宗教としての道教および儒教の影響をうけているゆえに、化けものに仮託されているのは一般的な観念と力である場合が多い。日本の怪談は、それらよりも未開な段階の宗教を背景としているゆえに、個々のものに対する関心が強く、その個別かつ特殊なものへの関心が小泉八雲の手でさらに鋭く微妙なものに変えられた。

八雲は、アストンが「もののあわれ」を“Ahness of things”と訳したのに感心した。日本の怪談が八雲をひきつけたのも、ものそれぞれがつく「ああ」というため息が日本の怪談にこめられているからだった。

小泉八雲の創作活動は、それをささえる理念として、ひとつの比較文学の理論を持っていた。八雲は早くからテオフィル・ゴーティエの怪談「クレオパトラの一夜その他」、フローベルの「聖アントワーヌの誘惑」、アナトール・フランスの「シルヴェストル・ボナールの罪」など、仏文学の翻訳をしたり、エジプト、エスキモー、南太平洋、インド、フィンランド、アラビア、ユダヤの伝説を集めた『異文学遺聞』を書いたり、中国の物語を紹介した『支那怪談』を書いたり、米国のニュー・オルリアンズの黒人のあいだで語られている独自の方言のことわざ三百五十種を英仏の二カ国語に訳した

『ゴンボー・ゼベス』という本を書いたりした。日本に来てからは、英文学を日本の学生にむかって日本語で語り直すという仕事と、彼の妻から聞いた日本語の物語を海外の読者にむかって英語で語り直すという仕事が中心となった。こうして、ちがった国々の文学のお互いへのうつしかえ（文学の交流）が、八雲の創作の養いとなった。各国の文学がほかの国の文学にうつしかえられるような血漿《けっしょう》を持っているということ、それを利用できるような国際的血液銀行を、文学の領域につくることが、文学教師としての八雲の理想だった。

一九〇〇年九月、東大における新学年最初の講義で、八雲はつぎのようにのべた。

或る韻文《いんぶん》が真の詩、情感の詩を含んでいるか、否かを検定する最上の方法はこうである——それを他の国語の散文に訳して、しかもそれがなお情感に訴えることができるか？　もしそれができるならば、そこに真の詩が存しているのである。もしそれができないならば、それは真の詩ではなく、単に韻文に過ぎない。さて、有名な西洋の詩は、実際大部分この検定法に及第している。

諸君の中、独逸語を学んだ人は、ハイネの驚くべき詩の事を知っている。それは形式が非常に簡単で、また音楽的である。ハイネの詩を外国語に訳したもので、最も上乗なるものは、仏語の散文訳である。勿論この場合、韻はなくなり、音楽も失せている。が、真の本質的の詩——心を感動させる力——が残っている。諸君はこの詩人が、都会の入口に立っている哨兵のことを書いた一小詩を記憶しているだろうか？　その兵士は夕日の光を浴びながら立っている。退屈凌《しの》ぎのために、独りで兵式操練をやっている。さながら目に見えぬ上官から号令を受けたかのように、担《にな》え銃《つつ》、捧《ささ》げ銃《つつ》、覗《ねら》え銃《つつ》を演じている。すると、詩人は突然絶叫する――「彼が私を射殺してくれたらよいが！」

その小さな作品の力は、悉々《ことごと》くその叫びの中に存している。その叫びは彼の考えていること、感じていることの全部を私共に告げる。非常に深い不幸に陥っている人にとっては、人生の最も有りふれた光景や音響でも、死に連関せる思想と願望を与える。さて、このような小詩は、文字通りの翻訳のために、原文の意を損することは殆どない位である。これが私の所謂赤裸々の詩である。これはその効果を生ぜしめるためには、表現の飾り、或は押韻《おういん》の装飾に頼っているのではない。恐らくは諸君は、この詩の精粋は、往々散文にも見出さると言うだろう。それは真実である――実際、詩的散文と称するものが存在している。しかしまた、音節と押韻が、非常に情感的表現の魅力を強めることも真実である。

この講義は、「赤裸々の詩」と題されている。今の言葉で言えば「イメージ」ということになろう。言葉そのものはすてても、その言葉に託されているイメージは別の詩に移し得る。その「裸の詩」という理念こそ、小泉八雲の創作活動の全体を支えるものであり、同時に、文学の交流を通して慣用語の転生がもたらされるからくりを示している。

三

慣用語の転生が、問題としてひろくとりあげられるのは、一九三三年（昭和八年）の共産党の集団転向以後のことである。それ以前にも、たとえば、無政府主義者宮島資夫がとつぜん自分の思想に根がないことに不安をもって、仏門に入ったというような例はあった。それは、宮島の自伝の『遍歴』に見事にえがかれている。しかし、日本人の使いなれた言いまわしの中から新しく考えてゆこうという努力が一つの集団的な傾向となったのは、一九二八年と一九二九年の共産党員の大検挙と、その後一九三一年の満洲事変とを経て、一九三三年にいたっておこなわれた共産主義からの集団転向以来のことである。

藤田省三の「昭和八年を中心とする転向の状況」(『共同研究・転向』上、平凡社、一九五九年)は、小林杜人の手記を分析して、独房で故郷を追憶しているうちにおこる郷土日本の美化が転向の一ついとぐちとなる事情を次のようにのべた。

「感情の世界からの過去の批判は、このような家族愛の絶対化とともに、美的幻想主義を生んだ。郷愁によって記憶が美化され、そこに、可能性の実験を意味する前進的な想像力とは逆の、むしろパラムネジ(記憶錯誤)の方に近い現象が引き起された。記憶から論理的枠が取りはずされ、それを材料にし、無意識的な感情一本の働きが軸となって美的心像《イメージ》が作られ、その心像が次第に絶対の価値を帯びてくるのである。」

小林は、菅平のような奥地に入って開墾事業をしようと夢みる。土にかえる生活を計画する。これについて、藤田は言う。

「ここで述べられているような生活形態が、ファシズムから身を守るための術策として考案されているのなら、それは戦闘(防衛)的志向によって貫かれた想像実験である。けれどもこれは、それ自体経験的自然と一体となることによって生れた静的な美的感情に他ならない。」

やがて、満洲事変以後の政府がつくりだす軍国主義化の渦の中に、この思想は、ひきこまれてゆく。渦はしだいに大きくなり、もと共産主義者だけでなく、自由主義者、近代主義者をも巻き込んでゆく。もっとも日本人ばなれをしたスタイルを持ち、日本文化に徹底的にそむこうとした詩人萩原朔太郎が一九三八年に『日本への回帰』という評論集を書いた。ここでも、小泉八雲の著作が、萩原の日本へのむきなおりへの一つのきっかけとなっている。

「聡明にも日本人は、敵の武器を以て敵と戦う術を学んだ。（支那人や印度人は、その東洋的自尊心に禍され、夷狄《いてき》を学ばなかったことで侵略された。）それ故に日本人は、未来もし西洋文明を自家に所得し、軍備や産業のすべてに亘って、白人の諸強国と対抗し得るようになった時には、忽然《こつぜん》としてその西洋崇拝の迷夢から醒め、自家の民族的自覚にかえるであろうと、ハーンの小泉八雲が今から三十年も前に予言している。そしてこの詩人の予言が、昭和の日本に於て、漸く実現されて来たのである。」

この文章は次のように結ばれる。

「現実は虚無である。今の日本には何物もない。一切の文化は喪失されてる。だが僕等の知性人は、かかる虚妄《きょもう》の中に抗争しながら、未来の建設に向って這いあがってくる。僕等は絶対者の意志である。悩みつつ、嘆きつつ、悲しみつつ、そして尚《なお》、最も絶望的に失望しながら、しかも尚前進への意志を捨てないのだ。過去に僕等は、知性人である故に孤独であり、西洋的である故にエトランゼだった。そして今日、祖国への批判と関心とを持つことから、一層また切実なジレンマに逢着《ほうちゃく》して、二重に救いがたく悩んでいるのだ。孤独と寂寥とは、この国に生れた知性人の、永遠に避けがたい運命なのだ。

日本的なものへの回帰！　それは僕等の詩人にとって、よるべなき魂の悲しい漂泊者の歌を意味するのだ。誰か軍隊の凱歌《がいか》と共に、勇ましい進軍喇叭《らっぱ》で歌われようか。かの声を大きくして、僕等に国粋主義の号令をかけるものよ。暫く我が静かなる周囲を去れ。」（『日本への回帰』）

かつて小泉八雲のほめたたえた古い日本がすでに現実にないということの認識がここにある。現実に基礎を持たない美しい日本の像を虚無の中からつくらなければならないという、現実認識にうらづけられた理想の宣言である。この宣言の一部である現実認識に徹することができれば、おのずから、日本国家への批判もまたこの宣言による運動の内側につよく育ったであろうが、しかし、すでにこの文章のうちにあらわれているように、ここには満洲事変以後の日本の中国侵略をも美化してしまうような別の認識と感情があった。

日本語と悪戦苦闘を試みた横光利一が、一九三七年から一九四六年にかけて、日本文化と日本国家の立場に身を移して、ヨーロッパ文化とヨーロッパ諸国に対する批判を長篇小説『旅愁』に書きつづけた。これは、西洋文化は日本文化にくらべて駄目だが、西洋文化の中の科学（自然科学）だけはほしいという、十五年戦争下のすべての日本軍人の考えた思想を軸とする小説である。

「『ただ（日本に）もっと欲しいのは自然科学だ、これさえあれば、――これは欲しい。』と彼（矢代――主人公）は思った。」（『旅愁』）

西洋文化からは自然科学だけをきりはなしてとってきたいと思って悩んできた主人公の結論は、日本には日本なりの科学がある、そこから出発すればよいのだという思想だった。「日本に昔、幾何学はあったのですか」という学生の質問に答えて、歴史学者の主人公は、自信をもってこたえる。「ありましたとも。日本の古い祠《ほこら》の本体は、幣帛《へいはく》ですからね。あの幣帛という一枚の白紙は、幾ら切っていっても無限に切れて下へ下へと降りてゆく幾何学ですよ。同時にまたあれは日本人の祈りですね。」

日本への回帰というこの傾向にかくれて、別の役割をになう日本への回帰もまた同じ時代におこなわれていた。木下順二は、自由主義と近代西欧文化に対する国家的規模での抑圧の明らかになった一九三九年の河合栄治郎教授東大免職事件のころから、演劇の創作に志した。戦争下の一九四三年、中野好夫のすすめで柳田国男の『全国昔話記録』三冊を買い求めて、そこから種を見つけて民話劇を書きはじめた。その動機は、目前の政策にそのままひきずられることなく、日本人のたましいの故郷にかえってゆくことにあった。ここでは、前に藤田が小林杜人の手記にふれて、この道をとおしてファシズムに対する自己防衛をなしうるはずだが、小林の手記にはその可能性は実現されていないと評した、まさにそのもう一つの可能性がためされている。戦時下に木下の書いた「鶴女房」は、戦後に書きなおされて、『夕鶴』となる。戦争下に、昔話にもどって自分の思想の表現形式をさぐったその姿勢を、敗戦後にもなお木下は、持ちこしたわけだが、この時、木下は、敗戦直後のアメリカの力をかりた民主主義に対しても、はっきりと向きあうこととなる。

一九四五年の敗戦の後にも、一八六八年の明治維新後の文明開化のやりかたが、かなりひろく、かわりばえのない仕方でくりかえされた。しかし、木下順二のような姿勢で戦時から戦後に入る時、日本の昔からの言いつたえの中をもう一度手さぐりして、新しい知恵を見つけようという努力がなされる。問題は、現代の状況の要求にこたえるような、新しい知恵を、日本の昔話は、われわれにもたらしてくれるかどうかである。このことについて、木下はややくすんだ態度を持ちつづける。日本の昔話は、ギリシア神話のように、現代の状況の進展にこたえていくらでも深く微妙なしかたで解釈することをも許すような主題にとぼしい。日本の昔話の「矮小性」を、彼は、昔話を手さぐりしながら疑う。ここから、戦後の状況と本格的にとりくむ思想をつくりだせるだろうか。

昔話を、現在の要求にこたえるしかたで新しくなにものかを加えて語り直したものを、木下は「民話」と呼ぶ。「民話」は、昔の話を語り直したものだけでなく、現代の出来事を昔話ふうのスタイルで語り直したものをも含む。こうして、われわれの同時代の出来事である一九四四年の尾崎秀実の刑死を『オットーと呼ばれる日本人』に、一九五〇年の菅季治証人の自殺を『蛙昇天』に、一九六四年現在もまだ進行中である米国の沖縄占領を『沖縄』に語り直して、民話劇の末においた。現代史を、新劇ふうに西洋劇の慣用語を用いてでなく、昔話の慣用語を用いて語り直すという新しい方法が、ここで試みられた。もう一つの道すじは、昔話を、それらが語られた歴史状況の再現とともに語り直すという方法であって、この方法をとおして、昔話の中にそれまで聞こえないほどかすかな声としてあった農民のうめきと希望とが、もっと明らかな形であらわれる。この方法は、日本の昔話に対してまだ十分にためされていない。アラルコンの「三角帽子」を日本ふうに語りかえた『赤い陣羽織』で、その実験がなされ、さらに『おんにょろ盛衰記』でその努力が進められる。この線上で、木下は、戦後、マルクス主義史学と深く結びつくことになる。その結びつきかたはいまこの文章で規定した意味での文明開化方式によるマルクス主義への接近とはちがって、慣用語の転生の一つのきっかけをここに求めようとする仕方だった。

戦争の下で木下順二が柳田国男の昔話を読んで民話劇を考えていたのとおなじ頃に、竹山道雄は一高で小泉八雲の『怪談』のドイツ語訳を教えていた。彼は、その頃に日本にいた数すくない反軍国主義者として、一部の学生の信頼をうけていた。その頃の学生だったたいいだ・もも（宮本治）が、戦争中においてさえ反軍国主義者だった竹山は当然にマルクス主義に共感を持つと考えて、先生と共に社会主義の運動に向おうという手紙を、『展望』に書いたのを私は覚えている（宮本治「一つの青春——竹山道雄先生への手紙」『展望』一九四八年十二月号）。

しかし、竹山道雄においてはむしろ、一人の保守的な思想家が、日本の軍国主義に対して自分を守るために、小泉八雲の怪談にたよって古い優しい日本に住みつづけていた例を見るべきではないか。こうして戦争下に竹山道雄のつちかった心情は敗戦後に『ビルマの竪琴』という少年むきの物語を生む。そこには仏教の慣用語の転生が見られる。

日本の政治史が大きな集団転向を生み出すごとに、慣用語にもどってそこから新しい知恵をひきだそうという努力がなされた。一九六〇年の安保闘争の敗北以後、私たちはふたたびこのような状況に入る。こういう時に、無駄なくりかえしが大幅におこることはさけられないが、転向史から学んだ知恵がつみかさなってゆく場所もどこかに用意されている。小林杜人や萩原朔太郎や横光利一のような仕方での日本への回帰が、同じ仕方でもう一度ひろくよみがえって来ていると同時に、それらの日本への回帰のつたなさの自覚の上に築かれた木下順二の方法もまたすでに戦争末期から着実に準備されて来ている。私のつとめている同志社大学には自主サークルが二百あまりあり、その中のいくつかの機関誌をしらべているうちに、民話劇研究会という集団がすでに十年間の研究と演劇のつみかさねをしてきたのに行きあたった。他の多くの自主サークルに、大勢が動かぬものとなったことに対する絶望感が目立つのにくらべて、ここには、もっと根もとまで帰ってそこからエネルギーを汲もうという姿勢があって、学生の活動の中では珍しく悠然としている。昔話のおかれた場所からやりなおそうと試みるならば、現在の状況に対してすぐに希望を失って投げてしまうということはありにくい。木下順二の民話を戦後十七年上演しつづけて来た東京の劇団の「ぶどうの会」の解散（声明）は惜しいが、同志社だけでなく全国の他の大学にもきっとあるにちがいない数多くの民話劇研究会、あるいは民話劇団の努力が持ちこたえられれば、すでに木下たちによってきりひらかれた有望な方向が見失われることはない。ここには、日本の転向の歴史のうちに用意された二重底、三重底が活用され、そのために状況の毎日毎日の変化によってたやすく踏み破られない精神構造が生まれている。このように慣用語の持つ意味のあいまいさの構造の中に、深く転向史の遺産を吹き込めることが、今後の目標の一つだ。

わたしたちは、それによって、自分たちの思想を言いあらわす共通の言語（これは私の考える意味での「哲学の言語」）を持っていない。それをあみあげるのに、あと数百年かかるのかもしれない。こまかい部分をあみあげるのにはよほどの年月がかかるだろうし、たくさんの人の手が必要だろう。しかし、編んでゆく方向と全体の骨格の見とおしは、早くたてるほうがいい。

勅語を中心の柱とする一つの共通言語は、もともとこれで日本人の発想をおおいつくせるものではないし、敗戦後は表の言語としてさえ保ちにくいものとなった。谷川雁は『原点が存在する』の中で、農民の日常の言語が、日本国中で各層に分かれた人びとすべてを結びつける共通の基底言語だという説をのべている。都会の近代的市民は、うらがえしされた農民であり、労働者は二、三代前に故郷を追いだされた農民であって、一度ある仕方で自分の心の底にある農民の言語にうったえられると、電流のように、ショックは一時に労働者層と市民層をめぐる、と言う。

町の労働組合が、賞与の中から任意の金額をさいて、長期療養で賞与をもらえない組合員におくった時、その組合員のくれた返事が、新日本窒素労働組合機関誌一九五五年九月十日号から引用されている。そのお金で、かねがねたべさせてやりたいと思った西瓜を買って来てやる。すると家庭内で、こどもやおとなをふくめておこる大論争。冷やして食べるほうがうまいという説と、食べたいと思う今すぐに食べるほうがうまいという説と。「種子はしまっておけ、来年くらいはうまくつくって食べさせてやるから」と、老いた父が言う。この言葉には、自然のふくらみがある。労働者の組織が人間的な感情を吸いあげた時、農民の想像意欲を触発してゆく過程が見えるという。このニュースは、谷川に、もう一つのことを思い出させた。

「僕に強く刻みつけられた記憶がある。僕の町の最初の長期ストライキ――職員と工員の身分差を撤廃せよという半世紀の間くすぶっていた不満が燃えあがったとき、周辺の農民はなんの要請もなしに連日隊列を組んで労組本部へ甘薯の山を贈った。三千の労働者の大部分は地元農民の息子であり、兄弟であり、いとこだから、彼等はただ血族としての親しさをそのまま集団的に表わしたにすぎない。それはいわば一種の火事見舞だった。だがこれまで日本の争議でこのように淡々として絶対の農民の支持を受けたものがあっただろうか。農民特有のあのはにかんだ笑いを浮べながら（それは君が遠くから合図を送るときの笑いだ）、赤旗を荷車に立て、なんらの抵抗感もないなごやかさで続々と通り過ぎる列を眺めたとき、僕はほとんど呆然とした。」

「農民と労働者は一つの家系に属しているのだという認識が工場から部落へ電撃のように走っていったとき、古い部落の仕組みが動いたところに鍵があった。

誰でも知っている。戦後の民主運動の潮をはね返し、とび散らせてきたものはただひとつ『部落』であったということを。――僕が新聞社の争議で（占領軍の干渉があったとはいえ）最後の瞬間に敗れたのは、輪転機や発送の労働者が郊外の特定の部落から集中していたことを知らず、部落における切崩しに会ったためだった――それはふつう考えられているように単に古い伝統を守っているだけではない。農事からかまどの改善に至るまで自己の中心部を侵されないかぎり多くのもの珍らしさをとり入れながら、或る一点すなわち部落の質的変化を来すような一点では狂暴なまでに自己を守ってきた。その核心にとりつくことに失敗するならば、すべてはドン・キホーテの夢想と化すという点に田舎の生活のむつかしさがある。」（谷川雁「農村と詩」一九五七年、『原点が存在する』所収）

ここで思い出すのは、中野重治が『むらぎも』に書いたひとつの場面である。農村出身の東大生である主人公がおなじ左翼学生仲間で都会のブルジョア層出身の友人たちにまじって、福本和夫らしき人物の講演をきくところだ。そこで同志としておなじ意味の言葉をかわしているうちに、主人公は急に腹だたしくなり、おれはほんとうはこんなハイカラな術語に塗りこめられた弁証法的唯物論なんか信じてはいない、おれは草むらの中にするするとかくれてゆく青大将や、空を横切ってやってきて樹をひきさく雷神を信じているのだぞ、おれは汎神論を信じているのだ、と、叫びだしたくなる。これは、東大新人会ふうの社会科学用語をつかっての話にお互いの心情が通っていないことを確認する場面である。谷川雁ふうに言えば、都会の近代主義者もひっくりかえして見ればおなじ農本主義者だということになる。そしてそのことは昭和に入ってからの十五年間の戦争にまきこまれてみると、はっきりそうだとわかるのだが、大正の末のこの大学生は、都会人の近代的スタイルにひどく腹をたてている。

谷川雁の言うように、農民の言語が日本の思想にとっての基底言語となるべきものだろう。それは、農村が今後の十年に十分の一となり、日本の人口中のわずかの部分をしめるにすぎないものになるという予測にもかかわらず、そう言えそうだ。日本の生活そのものはあと二十年のうちにアメリカ化するであろうが、それに並行して、アメリカの学問の部分請負をするようになる日本の学術語が、二十年後においても日本の思想の言語になりうるとは思われない。われわれが持ち得る思想の言語は、長い年月にわたって使いこなされてきた慣用語を通してでなければ生まれないであろう。組合機関紙にあった「種子はしまっておけ」というような言いまわしが、これまでよりも広く、いろいろのちがった脈絡の中で、新しい意味を持って使われる時に、いまここでわれわれの考えるような思想の言語が用意される。農民の生産様式、日常生活、心情、伝説を言いあらわすさまざまの言葉が、新しい意味を持つものに変えられるであろう。その新しい思想の言語は、抽象的ないくつかの軸概念の系列に沿うて構成されるというふうにはならないだろう。それぞれの土地、それぞれの樹や作物、それぞれの人物にからめて、その意味をやや広くとらえなおして見るという仕方で、新しい言いかえが起きるだろう。日本では抽象語の発達がいちじるしく遅れているにもかかわらず、まったく具体的かつ個別的ななにか一個のものに託して、その一個の例を越えるある種類のことを表現するという仕方で、抽象的意味を具体的なものに託して表現するかたちで、抽象類似作用がおこなわれてきた。「猪八戒」から「猪八戒のような人物」に至るまでにはひとつの飛躍があるし、武田泰淳のようにフルシチョフを猪八戒的人物として表現しようとする場合、ここにはさらに大きな飛躍がある。日本人が花に託し、景色に託していろいろのことを言いあらわして来た習慣のつみかさねの中には、これからの慣用語の転生を、今後数百年の社会状況の変化にあわせて設計し、再設計するだけの弾力がある。自分の土地を離れられない農民が、自分の見渡しうる土地の中にあるさまざまなひとつひとつのものを、なにものかに見立てながら世界の問題を解釈し、批判しうるような、そういう思想の言語をつくることをめざしたい。

日本の思想の言語には、日本の外の世界からいろいろの言葉がおしよせてくるだろう。これらのすべてを不消化のままでくみ入れることはできない。小泉八雲が説いたような「赤裸々の詩」に一度翻訳した上で、その翻訳を通ったものだけをわれわれの言語の中にくみ入れてゆくこと、さらに進んで、十字架伝説についてかくれきりしたんがしたように、われわれの今日の要求の中でそれを新しい意味に変えてゆくことが必要だ。また一方では、日本の思想の言語の側から日本の外に働きかける仕事が、これからはなされるであろう。そういう仕事にとぼしかったこれまでの時代においてさえも、フェノロサは日本の文字の使いかたからヒントを得てイマジズムの詩論のいとぐちをつくり、モラエスはポルトガル渡来のかるたが日本で新しい意味にかえられてひとつの独自の思想体系をつくったことをポルトガルに紹介し、小泉八雲はヨーロッパ文明の抽象的理念に対する傾倒からくるさまざまの不幸をやわらげ得るものとして、日本の怪談に託された個別的物活論を欧米人に教えた。これらの人びとが日本の伝統からエネルギーをひき出した仕方から学ぶことを、昭和時代の日本主義の破産のあとをたどりなおす仕事と結びつけてすすめてゆきたい。

（一九六五年一月）

〔後記〕　この文章を書くさいに、成城大学柳田文庫の資料を見せていただき、大藤時彦・鎌田久子両氏に多くを教えられた。感謝する。

小泉八雲論は、はじめに京都大学人文科学研究所文学研究班で発表した。その時の討論に多くを負うている。

石川三四郎

一

臼井吉見の『安曇野』（筑摩書房、一九六五―七四年）は、明治三十一年のクリスマスにはじまり昭和戦後の現在に終る、七十年余の期間に、長野県松本市を中心としておりなす人びとの交際をえがいた五部作の歴史小説である。登場人物は何百人にも及び、明治・大正・昭和三代の文学者、芸術家、思想家、教師、新聞記者、政治家、実業家、軍人が実名でえがかれている。大作を書き終えてからの感想を、作者は次のように述べた。

最後に、尊敬する石川三四郎について一口申します。石川三四郎は、人間とは何か、ということをはっきりした形でつかんでいた人だと思います。人間とは、命を終える瞬間まで、二つの闘いをやりぬく存在である。そういう考えであります。二つの闘いとは何かというと、一つは、外なる社会の不合理と闘うということ。もう一つは、内なる自分と闘うということ、自分の内なる〝無《む》明《みょう》〟と闘うということです。――無明とは、私利、私欲、エゴイズムをはじめ、人生は何のためにあるか、何のために人生を生きるかっていうことにさえ無関心で、考えようともしないような愚かな状態を無明って名づけたようであります。――人間はこの二つの闘いを同時にやり抜かなけりゃならない。わけても彼が大事に思ったのは、社会の不合理と闘うことも大事だが、一層大事なのは、自分と闘うこと、自分の内なる無明と闘うこと、これをやり抜くことこそ人間という存在なんだ。臨終の間際まで、この闘いは続けられなければならない。その意味で、石川三四郎は、この世の中で一番大事なのは教育だと、はっきり言っております。それは、人から教えられるばかりでなしに、自分が自分と闘うこと、これが彼のいう教育の大部分を占めるわけであります。何百人という人たちに、『安曇野』には登場してもらいましたが、一番敬愛する人は誰かと訊かれれば、石川三四郎をえらびます。石川三四郎こそ、なつかしく、慕わしい人であります。

（臼井吉見「歴史と教育」、『教育の心』毎日新聞社、一九七五年）

自分の外と内とにある無明を消そうと努力しつづける、そこに石川三四郎（一八七六―一九五六）は、自分の場所を見出した。

無明というと仏教めいて感じられるけれども、石川は、仏教からも、キリスト教からも、道教からも、多くを得ているけれども、職業上の宗教家には、近づきたがらなかった。自分の葬式について、職業的宗教家をよんで儀式をおこなわないようにと、遺言した。

明治・大正・昭和を通じて、日本の職業的宗教家が、国家とむすびついて、日本国の内外の弾圧に手をかしてきたことを見すごすことは彼にはできなかった。それでも、石川の著作には、宗教の経典からの影響があり、その生涯と思想には宗教性がある。

その宗教性とは、石川の批判が、自分の外にあるものにだけむけられず、自分の内にも向けられていたというところに根ざしている。

外にあるものを批判する時、人間は、自分の内にあるものを批判の外におきがちである。社会批判の運動は、しばしば、というよりも、ほとんどいつも、自分たちの運動そのものの絶対化を前提としている。そこから、社会批判の運動には、それが科学を看板にかかげている場合にも、狂信性がつきまとい、しかも、みずからの狂信性に眼をむけようとする意志をもたない。自分たちの考え方は狂信ではないとはじめに措定することによって、狂信性の探索と認識とを、あらかじめ原理的に排除している。石川の幻影の哲学は、人間がそれによって生きる幻影のさけがたさをみとめることによって、自分の思想にあたえる幻影の影響から眼をそらすことがない。

青年から老年にいたるまで、石川三四郎は、少数者の一人として日本に生きた。少数者として生きることに不安を感じ、その道を行くことをあきらめる人が多い中で、明治・大正・昭和の三代にわたって、少数者として生きたところに彼の思想の特色がある。彼は自分の考え方がひろまることを望みはしたけれども、少数派として活動することに失望して自分の立場をすてるということはなかった。

明治の民権主義が国権主義とむすびついてやがて（わずかの例外をのこして）国権主義の一部となったように、大正の社会主義が十五年戦争下に（この時もわずかの例外をのこして）大政翼賛運動の指導部にくみいれられて軍国主義の一部となったように、権力批判の少数派の立場をもちこたえる思想的伝統は近代の日本ではきわめて薄い。権力批判の運動の内部に、外国の政府の権力をにぎっている思想流派に同調する気風があって、その国で少数派になった思想流派は、日本の反権力運動の中でもおとろえ、やがてなくなる。スターリンのソ連邦支配の時代に、日本でもトロツキーへの言及がまったく消え、「トロツキスト」とはただののしり言葉としてだけの意味をもつものとして、日本の権力批判の諸運動の中にとどまった。『劉少奇全集』が日本で刊行されたことがあるけれども、中国で劉少奇が失脚するとほとんど同時に消えてしまった。トロツキーがスターリンに比してより偉大であるとか、劉少奇が毛沢東より偉大であると言いたいのではない。両者がそれぞれの国で失脚する前にトロツキー、劉少奇を高く評価した根拠は果たしてあったのかということを問いたい。日本の権力批判の運動が大正以来のほとんど七十年にわたってもつこの権力追随の性格について、平素あまり意識にのぼることがない。石川三四郎の生活とその著作とは、日本の反権力運動のもつこの性格を照し出すはたらきをもつものとして、大切である。

日本または海外の国家権力と自分の思想を結びつけることなしに、権力批判をつづけてゆく思想の立場がどのように石川三四郎においてきずかれ、保たれたかは、思想上の流派をこえて、私たちに教えるところがある。

石川三四郎の思想を、無政府主義の思想の系譜の上に位置づけ、ゴドウィン、バクーニン、クロポトキン、大杉栄などとの近しさ、遠さ、ちがいなどを考えてゆくことは、それはそれでなりたつとしても、何か石川の思想が私たちに対してもつ意味にそぐわないところがある。むしろ、無政府主義というわくをとりはらって、明治・大正・昭和の三代にわたる日本の国家権力に対する抵抗を内側から照すものとして石川三四郎の思想を考えてゆきたい。

二

石川三四郎の生涯には、政治という概念の変革の歴史がある。

政治と非政治とのきれめが、はっきりしなくなり、非政治とみられていたものが、政治の根本としてとらえられるようになった。

自分たちがこのように生きているということが、政治の根本だという考え方が、後になるほどはっきりとあらわれて来た。

こういう考え方は、石川の生涯のはじめからあったものではない。生涯の出発点においては、石川もまた、自由民権運動の指導者たちと親しくまじわり、彼らとおなじく、県会、国会の議会政治をとおして、日本の国民のくらしがよくなってゆくことをねがっていた。議会政治によってはかれらの善意が実をむすばないことにいらだって、三四郎の兄弟がテロをおこしたということがあり、政治の方法としての暴力の行使について石川は早くから考えるところがあった。

石川三四郎は、自分の生涯について、『放浪八年記』(三徳社書店、一九二二年)、『浪』(ソオル社、一九五六年)、『自叙伝』上・下二巻(理論社、一九五六年)に書いた。歴史小説として、前にあげた臼井吉見『安曇野』にその肖像があり、伝記としては北沢文武『石川三四郎の生涯と思想』全三巻(鳩の森書房、一九七四―七六年)が、石川の著作と近親者の回想をもととして、生涯の記録をつくった。

北沢文武の伝記によると、石川三四郎は、一八七六年(明治九年)五月二十三日、埼玉県児玉郡山《さん》王堂《のうどう》村にうまれた。今は本庄市の一部であるこの誕生の地は、一八八八年の町村合併で埼玉県児玉郡旭《あさひ》村大字山王堂と改められ、その地名に含まれる「旭」と「山」の二字をとって、三四郎は青年時代に「旭山」と号したものと推定される。このはなばなしい雅号を後年になってからは使わない。中年以後は「石川や浜の真砂は尽きるとも世に盗人の種は尽きまじ」という石川五右衛門の辞世をつづめて「不尽」という号を用いた。自己意識の変化が見られる。

石川三四郎の父親は五十嵐九十郎、三四郎誕生の時、四十一歳。母親はシゲ、三十九歳。長兄宰三《さいざぶ》郎《ろう》は、先妻ヨネの子で、三四郎より十八歳年長。次兄犬三は二歳年長、弟徳治は二歳下である。

三四郎が五十嵐でなく石川を名のったのは、二男、三男は兵隊にとられるので、それをのがれるために石川という家の養子の籍にいれてもらい、石川家の戸籍上の長男となったのである。苗字をかえてからも、三四郎は、もとのように、五十嵐の家に兄弟とともにくらした。

五十嵐九十郎は、親代々、幕府特許の船問屋をいとなみ、一八八四年に東京—高崎間の鉄道が開設されてから家業は急速に没落し、運送にきりかえたが及ばなかった。

一八八二年、石川三四郎は本庄小学校に入学し、九〇年に卒業した。おなじ年に、東京に出て、山本芳翠の画塾生巧館、落合直文などの講義する国語伝習所、漢学者根本通明や倫理学者元良勇次郎の講義する帝国教育会、東洋大学の前身である哲学館に入ったりしたが、受けた教育はすべてこまぎれだった。一八九八年に、中央大学の前身である東京法学院に入学し、一九〇一年に同校を卒業。この期間にややまとまった教育をうけることができた。わずか三、四カ月にしても画塾にかよって日本画をまなんだことは、後年、個人雑誌『ディナミック』を発行したさいに、時局諷刺漫画をみずからえがいてのせる下地をつくった。

小学校を卒業したばかりの十四歳の少年の身で東京に出ていったのは、同郷の先輩で米国がえりの新知識、そして自由党員でもあった茂木《もてぎ》虎次郎・粕谷義三にさそわれたからであり、両人の共同して借りた家の玄関番として住みこんだのである。当時の粕谷・茂木は青年らしい正義感をもって、日本人全体が財産平等の社会にすることをまじめに考えていたらしく、そういう議論を、少年として石川三四郎はきいてそだった。

後に石川が社会主義者となって、日本人の書いた最初の社会主義運動史である「日本社会主義史」(『平民新聞』連載、一九〇七年)を石川旭山という名で発表した時、そのころの思い出をこんなふうに記した。

——明治二十三年、最初の国会開院式が行なはれた年、時に十五歳の予は、初めて笈を負うて東京に出た。上京するや直ちに寄食することになつたのが、この年に米国より帰朝したる同国人の茂木虎次郎と粕谷義三の二氏、および信州飯田事件の首謀者桜井平吉氏との共同の家であつた。そのころ茂木、粕谷の二氏は、板垣伯を首脳としたる『自由新聞』の経営者兼記者であつたが、当時しばしば来訪せられる人には、中島信行とか江口三省とか直原守次郎とかいふ人たちがあつた。そして寄るとさはると「財産平均論」が沸騰したものである。中でも茂木氏は、最も極端なる財産平均論者であつた。

今は、わが恩人の茂木氏も粕谷氏も、共に代議士となり、共に少なからぬ財産を有する資本家、地主となつてゐる。あゝ、世の変遷は恐ろしいものではないか。

後年の石川三四郎の文体・思想の特色を示す、親切に対して信義と感謝をもってこたえるとともに権勢に対しておもねらず、言うべきことを言う流儀が、青年時代のこの文章にすでにあらわれている。石川三四郎の非暴力の思想を支えるものは、このようなスタイルであった。それは石川をして十五年戦争下の日本に生きつづけることを可能にし、同時にその長い年月にわたって軍国主義に対して妥協しない姿勢を保つことを可能にした。どんな状勢においても、すくなくとも沈黙する権利を守ろうということが、彼の志だった。それは消極的にすぎるかもしれないけれども、最悪の時にも少なくとも沈黙していようという意志を消極的であるとして完全に否定するところに、どのような権力批判の運動が育つだろうか。

一八九一年十二月二十四日、当時十五歳の石川三四郎は、「硫酸ふりかけ事件」というテロのうずの中にまきこまれる。この日、上野発高崎行の列車内で、埼玉県会議員大久保巳之助、橋本近《ちかし》、伊古田豊三郎ら三人の顔に、硫酸をかけるものがいた。かけた人は、すぐに列車から飛びおりた。しかしその人物と話をしていた三人がつかまり、その中に埼玉県旭村山王堂うまれで東京法学院学生、五十嵐犬三がいた。

犬三とその学友二人はその場でとらえられ、先に硫酸をふりかけて列車からとびおりた男も線路に近い神社の縁の下にかくれているところをつかまり、おなじく旭村山王堂うまれの根岸丹次郎であることがわかった。この人も、三四郎の親類にあたる。数日たって、三四郎の長兄五十嵐宰三郎とその友人岡村武平次《ぶへいじ》がとらえられて、合計六人が鍛治橋監獄につながれた。

「硫酸ふりかけ事件」の原因は、熊谷・寄居《よりい》・秩父を結ぶ県道建設案が県議会に出たことにあった。その県道ができるとすたれてしまうであろうと考えられる本庄町あたりの村々が反対した。道路改修費二万九千円のうち一万五千円が馬車鉄道会社からの寄付金であることがわかると、馬車鉄道をしくために道路を改修するのではないかと議員に収賄のうたがいをかける世論が本庄町・児玉町あたりにおこった。このようないらだちが、やがて鉄道馬車派議員に対する硫酸ふりかけに爆発した。

この事件の計画は、三四郎の次兄五十嵐犬三がたてたもので、この兄の命をうけて三四郎は下谷池畔の薬屋に硫酸を買いに出かけた。しかし、薬屋は、十五歳の少年には売ってくれなかった。かわって長兄宰三郎が行って一びん手にいれた。

事件から三日たって、家宅捜査があった時、家のひきだしの中には、三四郎がはじめに硫酸を買いに行った時の購入依頼書がのこっていた。母親のシゲは、にえたぎっている鉄びんの中に紙を投げこんで、三四郎をかばいおおせた。

このテロの結果、それまで県道反対派に属していた議員たちもはなれてゆき、県道開設案は圧倒的多数の賛成で、県議会をとおった。

裁判は一年がかりでおこなわれ、根岸丹次郎と五十嵐宰三郎の外は無罪となった。

実行者根岸丹次郎は、硫酸のしぶきを自分の眼にもあびて失明し、十年後に出獄してから、同志の助けでできた大衆浴場の番台にすわって、余生をおくった。墓石には「審祥院義心硫酸居士」ときざまれている。

五十嵐宰三郎は、一年の刑期をおえて郷里にかえり、その後はなすところなく、一九二三年五月になくなった。六十五歳だった。

三四郎は偶然によってテロの実行に一役果すことをまぬかれた。この「硫酸ふりかけ事件」の政治的帰結が逆効果に終ったこと、関係者個人の実生活に打撃をあたえたことは、その後、テロの実行とすれすれの境涯に生きつづけた三四郎にとって、彼がテロの目的に同意する時にも、同陣営内部でテロを抑制する力としてはたらいた。

一九〇二年、二十六歳の時に、石川は、『万朝報』に入り、社長黒岩涙香の秘書となった。あくる年、黒岩が日露戦争について開戦論にまわった時、社中から幸徳秋水、堺利彦、内村鑑三が非戦論の立場をゆずらず、退社した。彼らのあとにつづいて石川も退社し、幸徳、堺とともに平民社同人となった。

一九〇四年から五年にかけての日露戦争に、石川は、最年少の平民社同人として、幸徳、堺、木下尚江に伍して、『平民新聞』、『直言』などに書き、反戦演説会に出てしばしば弁士中止のうきめにあった。

戦後の一九〇五年十一月十日、石川三四郎を発行人兼編集人とする月刊雑誌『新紀元』第一号が出た。この雑誌の主な執筆者は石川の他には安部磯雄と木下尚江であり、三人は、平民社系の中で宗教的一翼に属しており、この雑誌はキリスト教社会主義の機関誌と見られている。石川は、これより先に、海老名弾正の教会に出席し洗礼をうけていたけれども、その自由恋愛論と非戦論とは海老名の喜ぶところではなかった。しかし、石川は自分なりに、キリスト教の影響の下にいたし、安部磯雄や木下尚江の理解したキリスト教の教理とはともに歩むことができると考えていたのだろう。

一九〇五年十二月二十四日、東京・神田の日本キリスト教会で、石川三四郎は、「聖母マリアの革命思想」という演題をかかげて、「新紀元説教会」に出た。これは型破りの説教だった。三四郎によれば、人類の歴史上での最大の革命はイエスの誕生であり、そのイエスを生みそして育てたマリアは、当時のローマの専制政治へのいきどおりをもって、革命の心をその子に託した。マリアは革命の母の理想像である。ここには、十六世紀のメキシコで褐色の皮膚の聖母を見たという伝説からはじまり、やがて十八世紀に入って一人の神父がその聖母の旗をおしたててスペイン人からの独立と革命への運動をおこすという、やがて民族全体をとらえたキリスト教の再解釈に似た主題があらわれている。

その夜はちょうどクリスマス・イヴにあたり、石川三四郎の説教には、開会二十分にして来聴者は会場に充満し、やむなく門扉をとざせり、というほどの盛会だった。

あくる年、一九〇六年四月一日、石川は、「階級戦争論」という説教をおこない、その趣旨は、『新紀元』第七号（五月十日発行）にのった。

この論文において、石川は、「一切の社会の歴史は、階級戦争の歴史なり」というマルクスの説を歴史上の真理としてうけいれ、「その炯眼《けいがん》、よく古来の歴史を道破して余りありと言ふべし」と評した。しかし、階級戦争説を、歴史上の事実についての概括としては認めるものの、これを社会主義運動の規範としてたてることにうたがいをさしはさみ、「社会主義は徹頭徹尾、同胞相愛の人性にもとづくものなり。決して階級戦争のために存するにあらず」とした。

このころすでに、石川は、田中正造から深い感銘をうけている。田中は足尾銅山の鉱害になやむ谷中村のためにつくして、はじめは議会で村民のためあっせんしたものの、後にはその無力をさとって谷中村に入り、農民の間にくらして村民の自治にもとづく反対運動をともに支え、運動の途上で死んだ。「階級戦争論」の中で、石川は、谷中村に田中翁をたずねた時にきいた言葉を引用して、下づみになっているものの自治が、権力をはねかえす力になってゆくと説く。それは国家権力に対する反対行動であるとともに、自分たちの間では協同和合の自治であり、その協和の精神が、相手方に対しても、暴力とはおのずからことなる影響を及ぼし得ると、石川は考えた。

後に獄中で書きあげた『虚無の霊光』で、石川は、戦争には統一制度が必要であり、平和には自治制度が必要とされると言い、このために、階級戦争論を主張するマルクスは統一主義にかたむき、相互扶助論を主張するクロポトキンは自治主義にかたむいたとした。さらにつづけて、しかしながら、クロポトキンが絶対的な自由協同の理想を唱導しつつ、なお暴力革命に賛同するのは、どうも合点がいかない。そもそも自由協同は平和の産物であって、暴力革命には応合し難いと思うと述べた。

ただしかし、暴力をとるとらないは方法上のちがいであって、それよりも根本的なものは、圧制に対する反対である。このけじめをたてるかぎり、石川三四郎がつねに、暴力によって圧制を倒そうと努力するものを仲間と考えたことがわかる。同時に、このような暴力観をもつかぎり、テロにうったえようとする仲間からはうとんぜられ、軽蔑され、そののしりを甘受しなくてはならなかった。

田中正造の生涯から石川三四郎のうけた影響は、政治を上から見なくなったということにもあらわれる。田中が、議会をとおして中央政府にはたらきかける方法に望みをたって、谷中村に入ってその生涯をおえたことを、一つの思想的発展として見る力を、石川はもった。

一九〇六年二月二十日、堺枯川、片山潜らは日本社会党つくって、石川三四郎をもさそった。この時、石川は「堺兄に与へて政党を論ず」(『新紀元』第九号、一九〇六年八月十日発行)に、「想ふに、政党なるものは、新たに改革の元気を人民の中に奮興する所以の道に非ずして、寧ろ既に奮起せる人心を寛和統率するの一手段に過ぎず。蓋し革新の元気は、党の評議員等の決議によりて生ずるものに非ず。又た、党員の多きが故に起るも真の元気に非ず。然り、革新の元気を鼓吹するは唯だ人民の衷心に投ずる新一点火にあり」と書いて、政党に入らない理由を述べた。石川の心中には、田中正造の行動が一つの理想としてあった。石川自身の生涯においては、彼はその後、大逆事件以後の弾圧をのがれてヨーロッパを放浪し、後に日本に帰ってから、東京郊外で農耕と共学の後半生をおくり、軍国主義の時代にもかろうじて自分の思想をつらぬいたものであり、革命への煽動に成果をあげたとは言いがたい。けれども、十五年戦争下に非戦の思想をつらぬいたことは、それなりに、人民の衷心に投ずる一点の火であったことはうたがい得ない。

もっとも、政党を自分の力をかたむける場と考えないという態度はかえないとはいえ、石川は、一九〇七年二月十八日、結党一年後の日本社会党第二回大会がひらかれた時、大会当日になって入党にふみきった。これは、社会主義者の間の無用なあつれきをさけて、共同行動の場をつくりたいという動機からで、政党指導者としての活動は、わずかに四日後の二月二十二日、石川が、堺とともに、日本社会党幹事として警察によびだされて、社会党禁止の達しをうけることで、終止符をうたれた。その後、堺枯川らへの友情にわずらわされず政党否定の考え方にもどった。

一九〇七年には、石川三四郎が発行人および編集人となって、『平民新聞』が復刊された。この年の一月十五日に日刊ではじまり、四月十四日に廃刊においこまれているので、わずか三ヵ月の活動だった。しかし、この発表の場所を得て、石川は、はじめは幸徳秋水に見てもらいながら「日本社会主義史」を三十二回にわたって執筆することができた。日本で最初の日本社会主義運動史である。

一九〇七年一月一日に、雑誌『世界婦人』が誕生し、一九〇九年七月までつづいた。主幹は福田英子、編集人兼発行人は石川三四郎である。主幹の福田英子が女の身で下獄するのをかばうために石川が責任者という形をとった。日刊『平民新聞』が廃刊に追いこまれてから、この『世界婦人』は、石川三四郎にとって、社会思想を発表する主な場所となった。

一九〇七年三月二十六日、石川は、日刊『平民新聞』の編集人兼発行人として、足尾銅山労働者のストライキを支援して社会改革をとなえたかどにより、四ヵ月の軽禁錮に処せられ、四月十三日さらに山口孤剣筆「父母を蹴《け》れ」掲載の理由で軽禁錮六ヵ月を加算され、さらにクロポトキン著大杉栄訳「青年に訴ふ」で三ヵ月を加算され、合計十三ヵ月の言いわたしをうけて四月二十五日に下獄した。獄中で彼は『虚無の霊光』、『西洋社会運動史』の二冊を書きあげ、あくる年の五月十九日に出獄した。翌年、一九〇九年七月五日号で、『世界婦人』もまた廃刊を命じられた。この号に石川の書いた「墓場」が告発されたためで、あくる年の三月二十八日にはふたたび下獄しなくてはならなくなり、七月二十八日に刑期を終えて出獄した。その間に大逆事件の検挙がおこなわれ、幸徳秋水、管野須賀子、内山愚童ら、親しい仲間が天皇暗殺をくわだてたとしてとらえられていた。幸徳ら十二名の死刑は翌年一月におこなわれた。石川はあやうくこの日本政府のしかけたおとしあなにおとされるのをまぬかれたけれども、その後の弾圧はきびしく、意見発表の自由はさらにせまくなった。石川は一九一二年に『哲人カアペンター』、一三年に『西洋社会運動史』の二著をかろうじて出版することを得た。しかし、『西洋社会運動史』のほうはただちに発禁となった。

このころ、ベルギー領事ゴベール、中国の婦人革命家鄭毓秀が、石川に日本脱出をすすめ、その便宜をはかった。石川は一九一三年三月一日ベルギー領事夫人のつきそい人ということでフランス船で横浜をはなれ、四月八日ベルギーの首都ブリュッセルについた。アナキストで地理学者ポール・ルクリュの家においてもらい、ペンキ職人としてはたらいた。はじめて肉体労働で自分のくらしを支える道にすすみ出たのである。以後、はたらきながらアナキストとしてさまざまの会合に出席、アナキズムについての思索をふかめた。

一九一六年二月、第一次世界大戦のさなかに、石川三四郎は非戦論の立場をとらず、クロポトキンなどとともに、ドイツに反対する声明を出した。アナキストの中でも、マラテスタたちは、資本主義国のあらそいに、社会主義者がどちらが正しいと主張するわけにはいかないと言って、ただちに平和を求める主張をした。石川の考え方が、いついかなる場合にも戦争に反対という絶対的非戦論の立場ではなかったことがわかる。ただし、日本の中国侵略にはじまる十五年戦争においては、戦争反対の立場をつらぬき、個人的に彼に助言を求めるものに対しては、中国戦線に出てからの脱走をすすめた。

一九二〇年十月三十日、石川三四郎は、足かけ八年の海外放浪を終えて日本に帰って来た。一九二七年からは東京郊外の北多摩郡千歳村に土地を借りて、農耕と著述の生活に入った。果樹園をつくって盛大に農業をおこなうことには失敗したけれども、野菜をつくり、山羊の乳をしぼり、長期戦争下にも文筆収入にたよらずに自給自足のくらしをつづけた。著述は、なかば自費出版のパンフレットの形で『無政府主義研究』（共学社、一九三一年）、『社会美学としての無政府主義』（共学社、一九三二年）、『近世土民哲学』（共学社、一九三三年）、など、注目すべき書物となった。同時に一九二九年十一月から『ディナミック』という月刊誌を出して、時事評論をつづり、これに自筆の漫画をそえた。しかし刊行はむずかしくなり、一九三四年十月に『ディナミック』は第五九号で廃刊した。

一九三三年には、ヨーロッパ旅行をくわだてたことがあった。しかし途中、中国を歩くうちに突然に東洋への関心が西洋への関心をこえて大きくなり、日本にもどって東洋文化の研究に入った。『東洋古代文化史談』を一九三七年に書物展望社から出し、『東洋文化史百講』の第一巻を一九三九年に、第二巻を一九四二年に、第三巻を一九四四年に、育生社弘道閣から出した。

農耕と共学の生活をともにしたのは、奥谷松治、森熊ふじ子、望月百合子であり、後に新津志寿がくわわった。新津志寿は養女となり、石川永子と改名した。

戦後のアナキズム運動に石川はせいいっぱいの努力をつづけたけれども、健康状態は悪くなり、一九五二年八月から右半身不随となり、一九五六年十一月二十八日、脳卒中のためになくなった。

石川三四郎は、十五歳の少年のころ「硫酸ふりかけ事件」にひそかに一役ふられたころを別として、その後の長い生涯を通じて、おだやかな社会思想をたもった。しかし、それは、自分がおだやかにくらしてゆけばそれで足りるという考え方ではなかった。大逆事件のころ、大震災の直後、昭和はじめの恐慌の時期に、石川の身近に暴力によってたつ人びと、そして政府のテロによって倒れる人びとがあらわれた。これらの人びとと社会目標において志をおなじくすることを石川は否定しない。しかし石川の欲したのは、谷中村の人びとの自治による抵抗にあらわれているような非暴力直接行動であった。十五年戦争下に石川が日本の軍国主義に対して身をもって示したのは、まさにそのような抵抗の持続だった。しかし、彼は、持続にあきたらず、もっと集中し純化した非暴力抵抗の形を、自分に課したかったのであろう。

一九五二年五月一日の血のメーデーのあくる日、五月二日に大阪でひらかれた日本アナーキスト連盟第二回大会に、七十五歳の石川三四郎は「同志諸君へ」と題したメッセージを託し、近藤憲二に読んでもらった。

われわれの運動は、もともと永久的な性質をもったものであり、時々の波浪に従って起伏することは、他の社会運動に比べてより少ないものであるが、しかし、ある機会に乾坤一擲の活動を試みる必要もあることを忘れてはならない。波が高くて、船の推進機が空転するときなど、その乾坤一擲を思わせて、むしろ興味が深いとも言えよう。われわれの船も、今しきりに空転している。世界の波が高いのだ。こんなとき、もし汽罐に火が燃えなくなったら、その空転すら止まってしまうであろう。

われわれは今、その危機に遭遇している。いわゆる大衆に指令する運動の有害無益であることを知るわれわれアナキストは、自らが燃料となり運転士とならなければならない。われわれは、自らその燃料となることを光栄とする。生命そのものを、これに注ぎ込むことを名誉と感じる。

石川三四郎は、おだやかな明るいまなざしの人ではあったが、自分の実現することのできたくらしぶりについて、満足していた人ではなかった。

三

『あるアナキズムの系譜』（冬樹社、一九七三年）、『アナキズム文学史』（筑摩書房、一九七五年）などで、日本のアナキズムの先人ののこした足跡をひろく見わたす仕事をした秋山清は、彼自身が大正なかばから五十年あまり参加して来た日本のアナキズムの運動の体験を集約して、次のように書いた。

幸徳秋水、大杉栄、石川三四郎によって日本のアナキズムを代表させる考え方は、まず異論のないところである。時期的にその活動は前後しながら運動の指導者として、一つに結ばれるものがあった。とはいっても幸徳秋水が先導したものを大杉栄が踏襲し発展させたようには、石川三四郎の歩みは一直線につながるものではなかった。一つの運動史のなかで石川には、やや異質なものが、誰の眼にも見えるからである。

（石川三四郎著『虚無の霊光』への秋山清の解説、三一書房、一九七〇年）

秋山清によれば、幸徳と大杉が主として労働階級による革命に眼をむけたのと対照的に、石川は農村と農民の存在に関心をもち、そこに運動の展開を考えようとした。そこから、日本のアナキズム運動史からはみだす部分を、石川がになうことになったという。

このような石川の関心は、大正から昭和初期にかけてひろく日本人をとらえた農本主義と石川の思想とを紙一重のところにおく。石川は、権藤成卿の農本主義に興味をもち、その著作集第一巻（平凡社、一九二七年）に、「解説にかえて」という文章を書いたこともあった。しかし、石川は、やがて日本流の軍国思想の支えとなってゆく農本主義からみずからの土民生活《デモクラシー》の思想を区別して、「農本主義は農民に対する絶対主義、土民思想は征服者に対して自分の土地を守る反逆思想である」と明白に書いた。書いたばかりでなく、十五年戦争の長きにわたって、決して政府の文化的鎖国主義に同調せずに「潮の干満」のような文章を一九三九年の『日本学芸新聞』に発表し、すでに老年に入りながら、六百坪の大地をたがやして自給自足の土民生活を実行して、国家の戦争政策に対した。石川三四郎の生涯をふりかえると、そのやさしさの中にある勇気を考えざるを得ない。

秋山清とおなじく大正・昭和をとおしてアナキズム運動家だった近藤憲二は、その著書『一無政府主義者の回想』（平凡社、一九六五年）に、戦争中の石川三四郎にふれて書いた。

一九三八年二月二十日は、大杉栄を死に追いやった関東大震災当時の戒厳司令官福田雅太郎陸軍大将を狙撃して果さずにとらえられた和田久太郎が、獄中で縊死した十周年記念日にあたっていた。その記念のあつまりを、近藤憲二の家でひらいた。ところが、石川三四郎にだけは近藤が日をまちがえて書いてしらせたため、石川はそのあくる日に近藤の家にあらわれたという。その時近藤の家で夕食をたべた後、近藤は色紙を書いてくれるようにたのんだ。

わが道は落葉しく野の山陰に小川せせらぎ行くてはるけし

これが、その時、石川の書きのこした歌だそうである。

和田久太郎の縊死十周年記念の当日、そのころ政府が金属不足で回収をはじめたことにふれて、「やがて日本も墓地をあばき、はじめて金歯を入れた屍をみつけ、日本にも金の文明時代があったのかと、新しい発見をするときがあるかも知れないよ」

というような会話がかわされるくらいだから、ちょうど半分までできた戦争下としてはすさまじいユーモアである。こういう黒いユーモアと、石川三四郎の色紙とは、そぐわないようにも感じられる。しかし、石川には、テロをくわだてて、その行為に一身をなげうった青年に対する深い共感があった。だからこそ、彼は遠い千歳村から四谷本村町の会場まで、獄死十周年記念にやってきたのである。

石川三四郎の著作の中には、幸徳秋水、大杉栄とちがって、テロについての抑制がある。石川はテロに与しなかった。同時に、権力者に対して、一身の危険をおかしてテロをくわだて抗議する人に対して、その方法に反対するとともに、共感を禁じ得なかった。テロの行為の底に圧制に対するつよい怒りがあり、それが石川自身の非暴力不服従の行動とおなじ根から発していることを認めたからである。

しかし、このような石川の考え方は、彼の身近の人びとにさえ、それほど影響をもったとは考えられない。明治・大正・昭和、そして戦後にいたるまで、石川は、彼の身近にいて、テロに与する人びとから、いつも馬鹿にされた。

石川三四郎が大正時代の合言葉となったデモクラシーを、土民生活《デモクラシー》としてとらえたことは、大正デモクラシーの潮流の中で、量としてはまったくの小さな流れとなったに過ぎないけれども、質としては、当時のデモクラシー思想の正統のにない手であった東大新人会に対して、それがやがてあらわすもろさを克服する視点を示し得ていた。ここには、日本人を土人としてとらえる見方があり、日本の知識人に土人としての再生をうながす提言があり、現代人を地球の土の上の人としてとらえる展望がある。この考え方によって石川の中には、大正デモクラシーが根づよくのこり、それが日本の中央の論壇において忘れられたあとも、かわることがなかった。

デモクラシーを土民生活としてとらえる見方は、大正時代に突然に石川の中にうまれたものではなく、すでに明治末に、エドワード・カーペンターの書物をのめりこむように読んだころにうまれた。ホイットマンを水わりしたと評せられるこの作家は、本国のイギリスにおいても、日本においても、年とともに低く見られるようになった。そういう世間の評判を石川はまったく気にするところがなかったので、この人だけは、うむところなく、すでに世界の論壇の見すてたカーペンターについて語りつづけた。

石川三四郎の旧家が、江戸時代このかたのゆたかな船問屋であったことは前にのべた。父の代に没落し、少年時代以後の三四郎は貧乏したとはいうものの、みずからの肉体労働によって自分のくらしをたてたということはなかった。その不足を彼に考えさせたのはカーペンターの著作だった。木下尚江は、雄弁家であり名文家である故に、名句名文をもって他人を動かす自分のうわずった態度にいやけがさし、それがたまりたまって、母の死の衝撃とともに、社会運動からの離脱を彼に決心させた。石川には、そのような自分の虚栄心に対する自己嫌悪はなく、（というよりも、少年のころからこの人には虚栄心とか名誉欲はあまりなかったようで、だからこそ最年少の同志であるにもかかわらず雑誌編集人兼発行人というようなかくれた実務の責任者として信頼されたのだろう、）獄中にあっての反省は、自分が労働者の解放をとなえていながら、自分の肉体労働によってくらしていないという一事だった。

このことを思いつめて、石川は、ペンキ屋の職につこうとして、仕事をさがして歩く。やがて、日本脱出の機会がおとずれ、初志を実行したのは、ヨーロッパについてからだった。こうした必要の自覚は、カーペンターの著作を読むことによって得たものだった。

一八九一年、十五歳の時に、石川三四郎は福田友作の家においてもらい、やがて福田夫人となった福田（旧姓景山）英子には次の年にはじめて会った。その後何度も福田家をおとずれ、福田家に同居することもしばしばであった。福田友作の死後もおなじく、一家ぐるみ親しい間柄であり、やがて警察の調書は、十一歳年上の福田英子を石川三四郎の内縁の妻と書くようになる。石川の同志たちの間でも、三四郎は福田英子の若き燕でとおっていた。前にのべたように、福田英子が主幹となった『世界婦人』に、石川三四郎は編集人兼発行人となり、もっとも力のある執筆者として誌面に登場した。この年長の婦人との同居生活は、三四郎にとって負担でもあり、その海外放浪は、そこからのがれることが有力な動機だったという説もある。足かけ八年の海外生活の後に、石川が日本に帰ってからも交際はつづき、一九二七年五月二日、福田英子が六十二歳でなくなった時にも、告別式参列者の中に石川の名が見える。福田英子が、福田友作との結婚より前に、大井憲太郎との間にもうけた憲邦は、石川三四郎の母がひきとって養子とした。彼は戦後になくなって、三四郎の郷里、山王堂の五十嵐家の墓地に葬られたという。

日本に帰ってから、石川三四郎は、はるか年下の望月百合子と千歳村に住む。百合子の他に数人の青年男女がいた。一九三三年に望月が古川時雄と同居して石川からはなれてからは、新津志寿（石川永子）を養女としてともにくらした。

このようなくらしかたは、石川三四郎のもってうまれた性格から来るものであっただろうけれども、それを自覚的に、自分の社会思想の根拠にすえるという転回においては、カーペンターの影響があった。

カーペンターに会った人が、その人からうける影響はあざやかなものであったらしい。イギリスの作家E・M・フォスターは、それまで無自覚だった同性愛の傾向が自分自身にとってはっきりしたのはカーペンターの家で老翁がともにくらしている青年に対しているのを見た時からだったと書いた。フォスターはその後自分の同性愛の傾向を生活の中心において生き、長い生涯の全期間にわたってそれをイギリス公衆に対してはかくし、この主題についての長篇小説『モオリス』は作家の死後にようやく発表された。このような例をとおして考えるならば、カーペンターの影響は今世紀に入って消えてしまったとは言えない。社会制度とはちがって、社会生活における人びとおたがいの親しさを、重要な主題としてカーペンターはおいた。それは必ずしも同性愛とはかぎらない。言葉のもっともひろい意味におけるエロティックなものを、文化の全領域にとりもどすことを、彼は考えた。この考え方が、石川三四郎に影響をあたえたことはうたがい得ない。石川が戦時下に共学社からパンフレットとして発行した『社会美学としての無政府主義』(一九三二年)は、この主題を発展させた論文として、社会主義思想史上に独特の位置をしめている。

十五年戦争の終った直後に書かれたと思われる「五十年後の日本」(掲載されたのは『思想の科学』一九六六年十二月号であるけれども、執筆は、北沢文武によれば一九四六年三月末、戦争下の疎開先だった石川永子の実家、山梨県西八代郡上野村、新津友造宅においてである。)では、一九九〇年代に百二十歳に達した石川三四郎が、フランスから日本にたずねてきた旧友ポール・ルクリュの曽孫ミシェル・ルールと会談する。そこに石川の孫がヤルカンドの人類学者をつれて来たので、四人で話すうちに、箱根でひらかれる人類学会のことに話がおよぶ。この人類学会は、浴場を会議室としておこなわれるという。

諸民族の男女が、青年、中年、老年、みなはだかになって、風呂場で、国籍や民族的偏見などわすれさって、人間の習俗について論じる。政治についても人類学的視角から論じるということになっており、それがこの学会としては何年も前からおこなわれている普通の方法である。

風呂、人類学、政治の三題噺としてくりひろげられるこの架空座談会記録にあきらかなように、暴力によらないアナキスト革命の思想は、抽象的理念としてでも科学的法則としてでもなく、おたがいのからだの反射にうえこまれた人間共通の美的感覚にもとづいて実現さるべきものである。大国の総理大臣が、行政府と軍隊なしに、はだかで、世界各国の人びとと風呂場で会う時に、はじめて彼の政治思想は、民主的な政治思想としての資格審査をとおる。この考え方は、一九四五年の敗戦で、占領軍によって武力をうばわれた、まるごしの日本からうまれた一つのユートピア思想である。

天皇について、石川三四郎は、親愛の感想をもっていた。もちろん、石川の同志であった幸徳秋水たちを死刑においやった天皇制に対しては、批判の姿勢をくずすことはなかった。死刑にされたひとりである僧侶内山愚童は、石川が生涯にわたって何度もその勇気について語った、敬愛する友人だった。そのような批判にもかかわらず、石川は、天皇の役割について、それが、日本の民衆の自治を祝福する祭司となり得ると考えた。「五十年後の日本」にもどると、やがて場面は、箱根の学会に移り、そこで日本の現在の社会機構について説明を求められて、日本人がこんなことを言う。日本では、各協同組合の選出した委員によって、社会活動がおこなわれており、それらを調整するのは全国共同の委員会であり、その委員会は、天皇をもりたてて強権をふるうことはない。天皇は何も、権力的な行為はおこなわない。

この箱根の風呂場会議に、天皇は出てこないけれども、こういう公衆浴場に着衣をぬいであらわれる天皇を考えると、それはおそらく石川三四郎の理想にかなうであろう。ふだんの仕事として、祭りの行事に専心しており、その仕事からはなれた時には、ひとりで公衆浴場に入って来て、誰にも害されるところのない人。それは、昔のことをよく知っていて、昔どおりに生きているひとりの日本人ということで、日本人の自治にとって、昔のことを知る必要がある故に、親しまれている。天皇がそういう人になることを、私はあまり現実性のあることとして期待しないけれども、そういう空想が石川三四郎の社会思想の一部としてきわめて自然にあるということは、理解できる。

松田道雄は、日本のアナキズムがどこではじまったかという問題を出して、それについての石川三四郎の説をひく（松田道雄編『アナーキズム』現代日本思想大系、筑摩書房、一九六三年）。石川の「日本社会主義史」は、一八八二年に肥前島原におこった東洋社会党が道徳をもって言行の規準とし、平等を主義とし、自分を制するものは君主でないというところが無政府主義の理想に合致するとして、「ああこれ醇乎《じゅんこ》たる無政府主義の結社にあらずや」と説いた。しかし松田はこの石川説を不十分だとして、アナキズムは資本主義にたいして労働者階級が全面的否定者としてたちあがった時に、労働者の組織の権力主義的傾向への反対派としておこるものであると言い、この意味では、石川三四郎自身の「堺兄に与へて政党を論ず」（一九〇六年）が日本社会党に対して投げかけた疑問の中に、日本のアナキズムの萌芽をみたいと言う。

石川におけるこの初心は、その後の五十年をつらぬくものであり、敗戦後の一九四六年六月十五日に復刊された第三次『平民新聞』は、比較的小さな地域的ならびに職域的な会議を基礎とし、特定せられた代表制の採用によって民主制を実現しようとするという今日の市民運動・住民運動にひきつがれている理想をのべて、アナキズム運動の機関紙となった。この運動は分裂をかさね、運動としてはなかなかのびなかった。最後に石川がくわだてた「近代学校」は、東京文京区本郷の大韓民国居留民団・東京本部の二階を借りて一九五一年十月八日にひらかれた。出席者は十名に満たなかったと記憶している。しかし、このころにも、石川が病床にふしてからも、石川のそばに、川合仁、大沢正道、唐沢隆三、石川永子の諸氏がいて、論壇の流れなどとまったく無関係に、石川を支え、その著作を助けた。

組織者として石川三四郎を見る時、そのつくった組織が着実に発展していったということはない。ほとんどが失敗したと言える。しかし、何度失敗しても、ほぼおなじ方向にむかって彼は歩きはじめた。それは、むりな信念をかたくなに保つというのとちがって、もっと身軽な足どりだった。もともと石川には、人間の地上の努力には完成などあるはずはないし、完成のように見えるものはどこかまやかしがあるという考え方をもっていたので、彼の仕事がいつも未完成に終ることについて、それをいつも新しい出発点とするという外に考えなかった。未完成の地球の上で未完成の仕事をつづけるところに、彼は自分の生きることとの意味を感じた。自分が死んでしまったら、また他の人が自分の方向をとりあげて生きる。未完成は、石川にとって、積極的な意味をもっていた。石川の提案とその実行可能性との間のきしみは、この人の思想の特色への確実な手がかりをあたえる。

今度、北沢文武の本格的な石川三四郎伝を読んで、石川が青年時代に何度も落第しているのを知った。中学校教員の検定試験と弁護士の資格試験にである。若くして日本最初の社会主義史という不朽の著書をのこし、しらべた大著『西洋社会運動史』を書き、老年に入ってからもうまずたゆまず勉強して『東洋文化史百講』三巻を書いたこの人が、これまで何度も試験に落第したというのが不思議に思えるけれども、この人は試験むきではないのであろう。試験は、それをうけさせる人の知識に完成を期待し、そのモデルにあわせて自分の答案の中に準完成を実現する技法である。石川にはこの完成ということが、天性うけいれにくかった。それに、石川はくりかえし道徳ということを説くけれども、それは、自分（自分たち）の自発的な行動を律するところの実の法則であって普通に明治・大正・昭和の日本人が道徳というと思いうかべる「教育勅語」の道徳のように上からおしつけられたもの、支配者と被支配者の道徳ではない。こういうところが日本の知識人の生産ルートとなった試験・学校方式とははじめからちがう流儀で、自分の思想をつくってきた石川の特色をなしている。

はじめにもどると、日本の知識人の世界における右翼と左翼とは、日本の国家権力追随の文化人と海外の国家権力追随の文化人の対立というわくぐみの外に出ることはまれである。このわくの外に石川三四郎はおり、それが私にとっては、石川三四郎の魅力である。

（一九七六年十一月）

柳宗悦

一

なぜ柳宗悦《やなぎむねよし》（一八八九―一九六一）が私にとって大切な思想家かと言うと、彼が、熱狂から遠い人だからである。

明治以前のことについてはよくわからないけれども、明治以後の百年あまりについて言えば何度も集団的熱狂が時代の気分としてもりあがり、そのわくの中で、もっとも極端な方向につっぱしるものが、英雄のように見えた。柳宗悦は、彼の活動したそれぞれの時代において、集団的熱狂から自由な人だった。

このことが、私には、日本の著作家の中でまれなことに見えたし、この人に対して敬意をもちつづける根拠となってきた。

柳の思想の核心には、いつも、おだやかさとがんこさがあった。それは、柳の思想の特色であると同時に柳の人がらの特色でもあり、彼の思想と人がらの接点となるものである。

なぜ、そういう組みあわせがあらわれたかは、彼の伝記の側から照らしたほうが、はっきりするのだろうけれども、私にはまだわからないことが多い。この小文では、彼の思想の構造を支える信条を見てゆくことをとおして、そこにあらわれているおだやかさとがんこさを理解する試みとしたい。

二

柳の晩年に発表された「美の法門」（一九四八年）は、その宗教観と芸術観の双方にかかわるかなめの位置をしめる論文である。

美の領域においても、美と醜の区別をこえたところからあらゆる作品をひとしく見る「即」の視点があるという。このように考える時、柳が直観によって、これは美、これは美でないとして区別して来た考え方はどうなるのだろうか。

信の領域において、不動絶対の信を得たと思うならばその時には仏との縁がきれたと思うようにというある妙好人の言葉が引かれているように、美の直観においても、あい似たことが考えられたのではないか。この視点が、柳の美学、倫理、宗教論の全領域にわたるかなめの主張であるので、「美の法門」を講演した時、柳の心中には、彼が断乎としてしりぞけてきた数かぎりない作品の系列が、おだやかな光の下にもう一度うかんで来たように、私には思われる。

柳はつねに直観を信じた。その作品の由来についての知識などをぬぐい去って、心をむなしくして作品に対する時、おのずから作品の美が、みずからの心にうつると考え、このような直観を、民芸館の蒐集の規準とした。

そして、この直観は、あやまつところがないと信じた。心の表面をおおう知識や慣習をどのようにぬぐい去るかについて、錬磨をかさねることは、直観の力を増すことはあるが、心の深いところからあらわれる直観の判定は絶対のものであると考えた。このことについての柳の考え方は、柳の美学のあやうい部分に属する。

「美の法門」の後記によると、柳は、

「考へると之は今までの思想の結論とも云へるが、寧ろ之を新な発足として前に進みたいのが私の心願である」

と述べた。「美の法門」で述べた立場は、これまで柳の述べて来た主張を集約したものであるとともに、新たに一歩をふみだしたものだという。そのふみだしたところから、ふりかえって見るならば、柳のこれまでに述べて来たことのおおかたは、やはり不十分に見えたであろう。この点を、それほどはっきりと、柳は言わなかった。

美と醜とにわけられるのは、現世ではさけられないことだという。柳の批評も、民芸蒐集も、現世ですすめられている仕事であるからには、現世の約束にひきずられて、これは美、これは醜と二分するような言いかたをつねにさけ得たというわけではなかっただろう。しかし、現世の行動として、このような発言をしながらも、その発言の意味の倍音として、おのずから、美醜をこえたものへのあこがれをひびかせていたということも言えるであろう。

現世のこととしては、美と醜を語りながらも、その発言にはおのずから、美醜の区分をこえた別様の光がさすという状況が、柳の心中にはそれまでにもあり、そのことの自覚が、「美の法門」の講演にさいしてそれまでよりはっきりした形をとったと言える。

「煩悩即菩提」とか、「生死即涅槃」などの法句では、中にさしこまれた「即」の一字にすべての密意がかかると柳は言う。「即」に成仏があるのであり、南無阿弥陀仏ととなえる六字の名号は、ひとえに「即」を凡夫の手ににぎらせるためにある。この名号をとなえる時、凡夫はそのまま（即）仏と不二のものとなり、俗世がそのまま（即）寂光の中にある。「即」はけっして「同」ではない。人と仏とは同じではないし、俗世は浄土と同じではない。まったくちがうものが交叉するところに「即」がある。日常生活の今が突然に永遠の相の下に見わたされた時、日常の時間と永遠とが、今という一点で交叉するのである。

「善人なほもちて往生を遂ぐ、況んや悪人をや」という親鸞の言葉は、悪人が悪人であるままに背光を帯びてたつという視野の成立を教える。ここでは、悪人がよいとか、悪人が善人とおなじだとか言われているのではない。悪人が悪人のまま、名号によって結ばれて、救われていることを説くのである。

柳の美学の特色は、美の座に、美醜の対立をこえたもう一つの美（あるいは無）を見ることにある。ここから見ると、人間のつくるさまざまの作品は、これは美、これは醜というふうに二つに固定してわけられない。すべては無であり、寂光の下に見えるだろう。同時に、いくらかの作品は、そこに、美醜をこえた自由な世界を思わせる姿形をもっていることを感じさせる。（視点を深めれば、あらゆる作品をそのようなものとして見ることがあろう。）そういう作品を大切にし、あつめてゆくという蒐集の規準が成りたつ。もとよりそれは、そういう作品だけが固定的に美であり、それ以外の作品は醜であるという考え方に支えられるものではないはずだし、そういう考え方をともなう場合には柳の民芸運動は「美の法門」の理想に照らして言えば失敗している。柳は言う。

「美しさも亦迷ひに過ぎない、それが醜さに対する限りは。」

この意味では、民芸運動はしばしば、悟りよりは迷いのたねをまいた思想運動であった。

蒐集論の中で、柳は、いいかげんなものばかりあつめているコレクターを低く見ている。昔の電車の切符とか、マッチのレッテルとか、映画や拳闘のチラシとか、虎のはりこやまねき猫をあつめている人は、柳にとっては軽蔑にあたいするものと見えた。しかし、このような断定には、何かかけているところがあろう。時代風俗のすぎてゆくもののかけらの中に、不完全な、こわれやすい人間の生き方を見ていとおしむ。そういう機会となるようなコレクションもまたありうる。つまらないまがいものからなるコレクションにも、このような感情がこめられていることがあり、それは、仏陀の悲願とは別のものとは、私には思えない。柳の言葉をもってすれば、そこにも仏の悲願がふりそそがれているように思われる。

柳は、宗教心について、信と不信の区別を固定して考える立場をしりぞけた。一遍上人のように、信不信を言わず、不信のものもまた往生するという考え方をよしとした。宗教についてのこのような考え方は、美についても、美の判断、醜の判断にわずらわされず、醜とみなされるものもまたそのまま別の意味での美であるという考え方へと導く。

「もはや美と醜とに煩はされない王土が厳然と在るのである。之をこそ美の浄土と呼んでよい。ここ以上の又之以上の美の故郷はない。」

このような美の浄土を指さす力として、柳は民芸運動を構想した。

三

柳宗悦は、一九四八年の夏、「大無量寿経」をひもといて、悲願の正文を読み、その第四願にいたった時、思いあたることがあり、結氷のとけてゆく思いが心に流れたという。

その第四願とは、

設《たと》え我仏《われほとけ》を得んに
国の中の人天《にんでん》
形色不同《ぎょうしきふどう》にして
好醜《こうにゅ》有らば
正覚《しょうかく》を取らじ

この句は、柳によって次のように、現代文になおされている。

若し私が仏になる時、私の国の人達の形や色が同じでなく、好《よ》き者と醜《みにく》き者とがあるなら、私は仏にはなりませぬ。

「大無量寿経」のこの言葉は、柳に、その美学思想の全体を再検討することをせまった。その結果を書きおろしたものが「美の法門」の稿本で、これにもとづいて、柳は、一九四八年十一月四日、京都の相国寺でひらかれた第二回日本民芸協会全国大会で講演をした。

柳の思想の到達点を示すこの論文が、仏教の経典から示唆を得たとは言え、その後記で彼は、同じことはキリスト教からとられた言葉でも言いあらわせるのだと書いている。

たとえば、「仏が正覚を取る」という言葉は、「神が神自らになる」という表現におきかえて理解してかまわないし、盤珪禅師は「不生」という一語で万機に接したというような言い方にある「不生」については、「アブラハムが生れし前に吾れあり」と言ったイエスの言葉を思いだしてくれればよいという。

私が敢て東洋的な仏語を多く用ゐたのは単純な三つの理由に依る。私自身が東洋人であることがその一つ。その二つは東洋の思想が仏教に於て最も深く熟してゐるからによる。その三つは他力的な見方は仏教の念仏門で最もよく代表されてゐるからによる。それ故仏教の表現を用ゐることが私にとつては一番必然であつた。同時に同じ他力道である限り基督教が、私の述べる思想に無縁なものだとは考へられぬ。この一文を読む方は、徒《いたず》らに宗派に滞《こだわ》つてその文意を受取ることがないやうに切望する。

このように宗派にこだわらずに信と美をさがしもとめるという態度は、青年時代以来柳にあったものである。ただし、仏教によって示唆された境涯をキリスト教の言葉によっておきかえて意味をたしかめるという晩年の流儀は、キリスト教によって示唆された境涯を仏教の言葉におきかえてたしかめるという青年時代の流儀と、一つの対照をなす。この点では、柳の思索の方法と表現の方法との双方にわたって、変化があったと言えよう。

青年時代の柳の重要な著作『キリアム・ブレーク——彼の生涯と制作及びその思想』（一九一四年）にはじまり、『ブレークの言葉』（一九二一年）をへて、寿岳文章の協力を得て刊行された研究雑誌

『ブレイクとホヰットマン』（一九三一―三二年）にいたるまで、柳は、キリスト教の流れをくむこのイギリス詩人の作品をときあかすのに、東洋人の心と東洋人のメタファーをもってしている。イギリス人になりすましてイギリス詩人の作品を読むという方法は、柳の採用するものではなかった。英語の一語の意味をたずねる中で、イギリスの文化と日本の文化がぶつかる、そのたえざる衝突、交流、融合が柳の求める英文学研究の方法だった。柳よりも早く夏目漱石など何人もの明治の英文学者の中にはじまるこのような研究方法は、日本の英文学研究者が英語になれしたしみこれに上達するにつれて、大正から昭和、さらに戦後の日本の英文学研究から失われていった。英文学者として、柳宗悦は、大正・昭和の同時代において孤立した存在だった。

高等学校の学生だったころから、柳は、エマソンにひきつけられた。エマソンのエッセイにある自然観は彼を魅了した。エマソンの後にソロー、ホイットマンに親しみ、やがて同年輩のイギリス人バーナード・リーチに教えられてウィリアム・ブレイクを熱中して読みはじめた。

ブレイクを読むことは当時の日本の英文学界においては、孤独な努力であり、その難解な詩句を自分の直観をたよりにして読みくだしてゆくことだった。

彼が二十五歳の時に書いた大著『ヰリアム・ブレーク』は、日本人にとって前人未踏の書であるだけでなく、故郷英国においてさえ評価のさだまっていなかったこの詩人についての世界に珍しい批評だったと言える。

この著はまた、柳の後年の民芸研究や仏教研究、とくに妙好人の研究への序説として読むことができる。ブレイクは、たまたまイギリスにうまれたひとりの妙好人であり、その信条は、仏教美学へのいとぐちであるとも言える。

柳と同時代の十九世紀末のイギリス文人は、自然にそむいて人工の美を探求した。オスカー・ワイルドは、芸術が自然を模倣するのではなく、自然が芸術を模倣するのだと言った。頽廃派の版画家として二十六歳で生涯をとじたオーブリー・ビアズリーは、およそ自然の喜びなどに背をむけ、人間の中の自然にそむく生き方の美を追い求めた。大学に入りたてのころの柳がビアズリーにしばらく熱中して、ビアズリーの版画を日本に紹介し、ビアズリー論などを『白樺』に発表していたのは、およそ青年期から晩年まで首尾一貫した思想をつむいでいった柳にとって一つの例外だったと言える。

そのころにブレイクからの啓示があった。それからは柳の著作にはビアズリーへの言及はほとんど見られない。

近代の美学は、人間が計画をもってつくるものに関心をあつめ、芸術作品の美を論じることを主な仕事としている。しかし、たとえばD・W・プロールなどに例外として見られるように、人間の享受する美の大部分は自然からうける美であり、日常生活の美的体験であると言って、それらの美の分析をもって美学の主要な関心事とし、そこできたえられた方法をもって芸術の分析をする美学者もいる。しかし、このような美学者は、近代の美学ではむしろ例外であると言える。近代以前においては、ヨーロッパでは、自然は神のつくったものだから、自然の中のあらゆる出来事は神の心の表現であるとされているので、自然の全体が美的考察の対象とされた。しかし、キリスト教神学は、人間と動物とをはっきり二つにわけ、人間のみがたましいをもつものと考えたので、ここで、人間のすることに精神的な意味をとくに見るという傾向が入りこむ余地があった。

ブレイクは、自然の全体が精神界から流れ出るものと考え、自然全体が霊性を帯びるものと感じた。だから、らんらんともえる虎の眼、やさしくやわらかい小羊が、人間の精神とともに区別さるべきものとしてではなく、彼の前にある。詩人の直観にとって、自然は一つの連続体であると、彼は言う。

ブレイクは、「自然」という言葉を特別の意味に使う。「自然」は、彼にとって霊性をはぎとられたものとして見られた物質界のことであり、この意味で彼は「自然宗教」を、信仰の堕落した形とみなした。このようなブレイク独特の言葉の使い方からはなれて、ブレイクの言葉の意味にかえって彼の思想を見るならば、ブレイクの美学は、柳が東洋の美学、あるいは仏教美学として後年説いたような、自然の美しいものを美のもとと考え、人間のつくる芸術作品の美はそれに近づくことを目的とするという考え方に近い。

柳は近代ヨーロッパの芸術制作を支えた理念の一部をなしていた、人間の自力の信仰をはなれて、人間が芸術によって達成する美もまた自然の美を軌範とし、自然による風化をへてさらに美を深めるものとして、芸術制作の理念としての他力信仰をたてた。この考え方のすぐそばにブレイクの芸術論をおき、ブレイクの詩をおくとしても、そこには何のへだたりもない。

ブレイクにはまた、人間の自由への信頼がある。これもまた自然に基礎をおくものであるが、思想史的には、クロムウェルらのイギリス市民革命当時のラトラーズの流れをひくものとも言われ、また同時代のフランス大革命への共感を最後まで保った結果とも言われる。同時代のイギリスのロマン主義者が、ハズリットなどの例外をのぞいてほとんどが反革命の側に身を移した中で、ブレイクは、きわめて自然に、自由・平等・博愛の旗をもってたちつづけた。これをイデオロギーへの固執と見るのはあたらない。自然の啓示によって、人間はそのようである他ないという直観を彼はもち、その直観を手ばなさなかったのだろう。

柳においても、一度、ブレイクに、そしてホイットマンに啓発された後では、日本の論壇の気流が軍国主義、全体主義にかわってからも、明治末に彼のあきらかにした信条をかえる必要を認めなかった。

日本の中国侵略のはじまった一九三一年に柳は、『ブレイクとホヰットマン』の編集後記をかりて、この戦争を批判し、インドのガンジーへの共感をのべている。

この時代の日本では、ガンジーは、イギリス帝国主義への批判の面においてだけ知られ、米英の帝国主義に反対してたたかう日本の友であるかのようにすりかえられていった。柳が日本の中国侵略を批判してガンジーに言い及ぶ時、そのガンジーはけっして中国侵略にのりだす日本の友の役割をつとめるものではない。それは植民地とされたアジア諸国の民衆の間からあらわれた非暴力的抵抗の指導者としてのガンジーであった。

十五年戦争のはじまりにあってこのように自分の立場をあきらかにする柳は、それ以前からすでに、日本によって植民地とされた朝鮮に共感をもち、日本の朝鮮併合を批判しつづける立場をとっていた。私は大正時代に柳が朝鮮について書いたいくつもの論文を読み、そこに、日韓併合以後であるにもかかわらず、朝鮮を一つの国として述べてあることに感動した。彼にとっては、日本国家の韓国併合は認めることのできない政策であり、それは事実としてやがて消滅するであろうと確信されていた。このような直観は、ブレイクへの共感から、自然に流れでてくるものであった。

四

柳宗悦の父は柳楢悦《ならよし》（一八三二―一八九一）で、水軍をもって知られる津の藤堂藩の藩士だった。

おさないころから和算をまなび、これに熟達して若くして一家をなした。藩命によって長崎におくられ、幕府の海軍伝習所でオランダ士官から測量術と航海術を三年にわたってまなんだ。すでに和算の素養があったことが、ここでヨーロッパの数学と測量術を確実に習得する基礎となった。

明治政府の海軍に入ってからまだまもない明治三年(一八七〇年)春、イギリスの東洋艦隊の測量船が志摩の海岸に来て、近海の海図をつくりたいと申し込んだ。なにしろ日本政府の側には沿岸水域の海図などなかった時代のことである。この時、柳は、伊藤雋吉海軍中佐とともに船一隻を仕立てて的矢港にゆき、イギリス船の動きを見ながら、的矢港から塩飽島にかけて同種の測量をおこなった。あとでイギリス士官のたのみで、自分たちのつくった海図を見せると、英国測量船のつくったものとかわらず、むしろさらに精密と言えるものだったので、イギリス人はおどろいたとつたえられている。

これに力を得て柳は、日本の沿岸についての海図をつくってまわった。日本海軍の初代水路部長となり、海軍の少将、貴族院議員としてなくなった。かたわら、江戸時代からの和算家と明治以後の洋算家との合同研究を計り、一八七七年に東京数学会社をつくり、その二代社長をつとめたこともある。

封建政治の時代から立憲政治の時代にむかう過渡期に生き、徳川幕府と明治政府との二つのものについて忠誠のまとをかえて生きた人として、自然に柳楢悦には、ちがう社会条件の下にくらすことのできる基本的なルールが身についた。このようにさめた精神は、技術を重んじる日本海軍の創設期の特長をなすものであり、精神の一つの系譜として、大正・昭和をへて、今日にいたっている。敗戦後の日本の支配層を律するものは、旧海軍をとおしてつくられ保たれてきた重臣層の自由主義であるとも言えよう。

柳宗悦の母は旧姓嘉納勝子といい、幕府の御用商人をつとめた家にうまれた。この家も海軍との縁は深く、しばしば勝海舟がおとずれたそうで、その縁で宗悦の母は、勝という名をもらった。弟に、講道館をおこした柔道家・教育者嘉納治五郎がいる。

柳宗悦は彼が満一歳の時に父をうしなったので、海軍の子弟として教育されたというふうではなかったが、後に長姉が海軍軍人谷口尚真（海軍大将・海軍軍令部長）にとついだということもあって、家庭で海軍士官の気風にふれることは多かった。もし柳宗悦が家庭の気風をそのままうけついで自分の思想のもととしていったならば、当然に彼は、重臣型自由主義をうけついで著述活動をすすめるようになったかもしれない。重臣型自由主義者は、ヨーロッパ（とくにイギリス）の文化にたいして日本の文化のもつたちおくれについてさめた認識を保ちつづけ、その故に軍国主義時代にも、熱狂的な国家至上主義にブレーキをかけようと努力した。柳宗悦の思想は、この重臣型自由主義と地つづきのところにあるように見えて、はっきりとちがうところがあり、そこに柳宗悦自身の決断がみられる。

重臣型自由主義では、イギリスのごとくでありたい、しかし日本は所詮イギリスに及ばぬという考え方があった。ここにはある種のインタナショナリズムが、国家主義の最高潮の時代にさえ、ひそやかに保たれていたが、そのインタナショナリズムはイギリスを中心とする世界地図にもとづき、イギリス、フランス、アメリカとの連帯を保ってゆきたいという願望につよく色どられていた。そこには、アフリカも、中南米も、アジア諸国も、完全におちていたとは言えないまでも、影のようにしかとらえられていなかった。ヨーロッパと日本とのむすびつきを保つことによって、日本の国を守るということが、幕末の開国のショックの後遺症として、この重臣型自由主義にうけつがれていた。

柳宗悦は、ブレイクとおなじく朝鮮の陶磁器についても、バーナード・リーチに教えられるという機縁をもった。朝鮮の陶磁器への哀惜はやがて、これらをつくった朝鮮人への哀惜を彼のうちにはぐくんだ。朝鮮人に対して、日本人は近年何をしてきたか。

柳が朝鮮の陶磁器に心をひかれたのは、明治末年のことである。それから彼は朝鮮の歴史についてよみ、大正四年には朝鮮に旅し、朝鮮の芸術作品をいくらかあつめた。このようにして彼の心中に根をおろした朝鮮への愛は、一九一九年に朝鮮におこった独立運動とこれにたいする日本政府の苛酷な弾圧とに、どうしても黙っていられないという感じを彼にもたせた。

柳の全著作の中で、政治に直接ふれた論説はすくない。柳は、青年のころから、政治の世界に正義が実現するということにうたがいをもっていた。その点で、白樺同人の間でも武者小路実篤たちとは社会思想のとらえかたがいくらかちがう。しかし、正義が実現しにくいとしても、不正について限りなく寛容でいつも黙って権力の決定にしたがうことは柳のとる道ではなかった。とくに朝鮮の独立運動への弾圧は、これについて黙っていれば自分の宗教哲学も芸術への愛も終りだと思えるほどに彼を動かした。柳の著作の中で、朝鮮にふれた論争の系列がとくにきわだって政治についての発言を多く含んでいるのは、柳の思想全体から見て自然である。

朝鮮の独立運動についてはそのころ日本ではひろく知られていなかった。三月一日におこったので三・一事件と言われ、「独立万歳」の声をあげて民衆がたった故に「万歳事件」という名で知られた。しかし、この時朝鮮半島で抗議にたったものの数が二百万人に及び、日本政府によって殺されたものが十万人に及ぶという事実は知られることがなかった。水原では朝鮮人の老若男女をキリスト教会内部にとじこめて建物に火をかけて殺したが、この事件も日本で知られることはなかった。

三月一日のこの事件にふれて、柳は「朝鮮人を想ふ」という論文を『読売新聞』(大正八年五月二十一二十四日)に書き、日本人の側に何かの反省がおこることを期待した。彼は自分でできることを、何かしようと考える。それは一つには朝鮮について書くこと。もう一つは声楽家である夫人とともに朝鮮に行って、自分たちの気持を朝鮮人にじかにうったえること。もう一つは、朝鮮人の芸術作品をあつめて美術館をつくることだった。これらのことを、彼は友人の助けを得てすべて実現した。これは日本政府にとってはいやなことで、しばらく柳は巡査に尾行された。彼の書くものは検閲にかかり、発表を延期され、発表された時にも多くの伏字を余儀なくされた。

抽象的な原則から、どのような社会が人間にとって正しいかを考えることに重きをおく流儀の人は、世の中にあるあらゆる不正にたいしてたたかうことを義務と考えるだろう。なぜ柳が、とくに朝鮮問題に限って、政治に深くかかわったかは、そのような視点からはわかりにくいだろう。柳は、政治に政治としてかかわることを、自分の生き方としては望まなかった。彼の内部にそだった価値感覚、彼にとって自然となった感情に根をおろす行動計画であるかぎりにおいてのみ、彼は、その行動が政治の領域に属している場合にもそこにあえてふみとどまり、そこから退くことがなかった。

柳の政治思想がおだやかでもあり、がんこでもあった一つの例をここに見ることができる。その政治的関心が、朝鮮にかかわる時にもっともあざやかに発揮されたということは、明治・大正・昭和の日本人にまれなことで、その当時の良識派・穏健派の自由主義者とちがうバランスの感覚を柳がもっていたことがわかる。

同時代の自由主義者の中で柳だけがもっていたというと言いすぎになる。同じような自覚をはっきりと述べた人として、吉野作造、田沢義鋪の名をとくに記しておきたい。

五

民芸についての柳の関心は、朝鮮の民族芸術への関心からはじまった。日本の民芸運動が朝鮮への関心に媒介されておこったということは深い意味をもっている。この運動は、その起源からして、せまい意味でのナショナリズムと縁がない。また欧米の東洋趣味にそうてあらわれる外人むきの日本風からも程遠い。

一九二一年一月、柳は、「朝鮮民族美術館設立計画」を発表した。おなじ年の五月、東京で「朝鮮民族美術展覧会」をひらいた。

一九二二年には、私版本として『朝鮮の美術』を出し、後に『朝鮮とその芸術』を叢文閣から出した。日本の役人の都市計画で京城の光化門がこわされるということをきいて「失はれんとする一朝鮮建築のために」を『改造』に発表した。さいわい光化門は破壊をまぬかれ、別の場所に移されるにとどまった。

一九二三年は関東大震災の年で、この大地震で柳宗悦は長兄を失うとともに、震災をきっかけとする日本人による朝鮮人のリンチと虐殺を同時代人として経験する。

あくる年の一九二四年、柳は朝鮮の京城にある景福宮内の緝敬堂に「朝鮮民族美術館」を設立し、かねてから自分たちのあつめてきた朝鮮人作の芸術を朝鮮人に贈った。

朝鮮の陶磁器を見ているうちに、柳はこれらをつくった人びとはどういう人だったのだろうか、と考えはじめた。これらの作品の作者について何も知られていない。これらは食物や飲物をもる日常の雑器として普通に数多くつくられていたのであろうし、その作り手はとくに名を知られて社会から重んじられていた人びとではない。その人びとが、この美しい堅固な器をつくった。それは朝鮮だけに限られるだろうか。日本でも、そのような例は求められるのではないか。

関東大震災の後に京都に移り住んだことは、東寺や北野天満宮の市にあつまる古い品物を見る機縁となった。柳が好んで買い求めるものを、売り手のおばあさんたちは、値段の高い美術品から区別して、「下手《げて》もの」と呼ぶということも、彼はここに来て知った。この言葉にしたがえば、柳の求めるものは「下手ものの美」であると考え、同名の論文を、大正の末年（一九二六年）の「越後タイムス」に書いた。この論文は、日本の民芸運動にとって、一つの里程標となった。

無名の工人のつくる日常の雑器の美しさは、用途とむすびついた美しさである。ということは、ここで、展覧会にかけられる日本画の美とはおのずからちがう美があるわけで、美の概念そのものがいくらかちがうものになる。柳の民芸運動は、それが進むにつれて、既成の美の概念をつくりかえてゆくはたらきをもつものになっていった。

「下手ものの美」が発表されたと同じ年、そのすこし前の一九二六年四月に、柳は、「日本民芸美術館設立趣旨」を発表した。ブレイク発見、朝鮮の陶磁器の美への開眼にさいして実作者のバーナード・リーチが柳を啓発したように、今度の民芸美術館設立の構想にあたっても、実作者の河井寛次郎、浜田庄司とともにこの年の一月に高野山にのぼって語りあったことが大きな影響となった。柳の論文はいつも、実作者との交流なくしてはうまれない。この故にこそ、彼の美学は実作の針路に大きな影響をあたえるものとなり得たのである。

一九二七年には、東京で「第一回民芸展」、一九二九年には京都で「京都民芸展」がひらかれ、一九三一年には運動の機関誌として月刊雑誌『工芸』が創刊され、一九三二年には東京に工芸の店「港屋」、その翌年には「たくみ工芸店」がはじまった。

こうして一九三五年にいたって、大原孫三郎の寄付を得て、東京に日本民芸館をつくることになり、一九三六年に完成した。

民芸運動の指針となった柳の美学は、柳の独創であるとともに、ブレイクやウィリアム・モリスやエリック・ギルにつらなる国際的な連関をもち、同時に紹鷗や利休や小堀遠州以来の日本の茶道の伝統の系譜にたいして独自の接点をもつものである。

茶道は柳の考えたような用の美学を含んでいる。朝鮮の無名の陶工のつくった日常の雑器を、すぐれた作品とみとめてこれらを茶の用に供したのも、茶道である。このような茶道の意図をくみとって、柳は、茶道の美学を明晰に説く論文を書いた。

同時に柳にとっては、茶道が家元制度をとおして形式的にうけつがれ、社会の上層部の人びとの格づけの用に供されていることは、つまらないことに思えた。現代の茶道がつまらないというだけでなく、そのつまらなさは、その源流にさかのぼって千利休のころからあると柳は言う。

民芸運動が大きくなるにつれて、その流祖としての柳宗悦は、茶道における千利休、小堀遠州にくらべられるようになった。他の人ならば、そのような賞め言葉をうけいれて得意になったかもしれない。しかし、柳は、これにはっきりと異をたてて、「利休と私」（一九五〇年）という文章を書いた。

「若しも権勢に媚びず、もつと民間に『貧の茶』、『平常の茶』を建てたら、茶道はずつと違つたものになつたと思はれてならぬ。『わび茶』は貧を離れては、よもや徹したものとはならまい。」

利休のすすめた器物にどれだけの独創があったかとうたがって次のように書いている。

「併し彼のみが見手であるとか、彼以上の見手はないとか、彼に見誤りがなかつたとは断定できぬ。彼が為したぐらゐの撰択を、私はさう恐ろしいとは思はぬ。」

柳は、茶道の美学的理想を自分の先達の仕事としてうけいれるという点でおだやかであり、この茶道の達成を無条件でうけいれないという点でがんこである。このがんこさをもって、千家を家元とする日本の茶道家大集団をむこうにまわしてゆずらないところに、柳の真骨頂がある。

このがんこさは、彼自身にむけられることはないのであろうか。利休の器物選定に見誤りがなかったと断定できぬというのとおなじことを、柳は自分自身の断定について感じたかどうか。民芸運動が大きくなるにつれて、この運動の周辺に流祖が身を移してたえずちがう位置から運動を見直すということは難しい仕事だったと思う。「美の法門」には、民芸運動の指導者としての柳の反省が見えると思うのだが、同時に、直観そのものへの疑いを自分につきつけるところは、柳の著作にはほとんど見受けられない。

六

柳は晩年に「神と仏」(一九五六年)というみじかい文章を書いて、キリスト教では神は人と対比されその故に両者をむすぶものとしてイエスの人格が考えられるとし、仏教では神と人という対立はたてられず、仏とはめざめた人そのものであり、どの人も仏性をもちそれにめざめれば仏にかえるとされる、と述べた。

キリスト教の宗教観では対立と断絶が一度ははっきりと正面におしだされ、仏教では連続性が強調されるという。

このようなキリスト教・仏教の対比を、絶対的な区分として柳はたてたわけではない。むしろ、著作のはじめのころから、柳には、欧米人のキリスト教的著作を東洋人の仏教的心情をもって解くという流儀があった。中年以後になって、主として日本人の仏教的著作を読むようになってからも、欧米人のキリスト教的信条との対比と交流をとおして再考するという態度がある。

だが、そうとしても、中年以後には、柳の自然の興味は日本人の仏教的伝統に移っていったと見てよいだろう。

多くの著作の中で、一遍上人についてのものが、柳の宗教的関心の特色を示すもののように思われる。その関心のもち方は、青年時代以来の柳の欧米の経験主義哲学と科学方法論の学習を背景としてもっている。

一遍は、人間に普通にあらわれる疑いの心を、信仰からの逸脱としてきりすてたり裁いたりする人ではなかった。疑いがくりかえし泡のように心中におこりまた消えてゆくのを自然と見て、それにゆるやかに対した。他人の疑いに対しても、それを信仰と区別できないほどにないあわさっているものとして、それにふさわしい敬意をもって対した。

柳が学生のころにあれほど熱意をもってまなんだメチニコフやウィリアム・ジェイムズはどこに行ったのかと思うと、この一遍上人論の中に、形をかえてしっかりと住みついているように私には感じられる。

他力信仰をつたえる宗教家の中で、柳は一遍をとくにすぐれた人と考えた。

一遍（一二三九―一二八九）は、空也（九〇三―九七二）の流れをひくおどり念仏をひろめて日本の各地をまわった。おどりとともに、「南無阿弥陀仏」という御札を人びとにくばってあるいた。ある時、出会った律宗の僧にこの御札をあげたところが、僧はこれをかえして、

「自分はそういうことを信じていないのだからもらえない」

と言う。一遍はこのことで悩んだところ、夢に権現が出て、

「信不信をえらばず、浄不浄をきらわず、その札をくばりなさい」

と言う。これで一遍は、自力で信を求めるという考え方をまったくすてることにきめた。

もしも人間の力で往生ができるのなら、信仰も必要であろうし、行いもきよらかであることが条件とされよう。しかし仏が正覚をとった時に人間の往生はきまったのだから、信不信、浄不浄を問うことは必要はない。ただ人間がすくわれているということを言いあらわす「南無阿弥陀仏」という名号をとなえたいということにつきる。

一遍のひらいた時宗には教典はなく、ただ「南無阿弥陀仏」という名号だけがある。

この名号の「なむ」とは、「無量寿の覚者に帰命したてまつる」という意味の梵音であり、「ただ」したがうという態度をあらわすものだという。「ただ」ということの言葉に、自力の影をとどめぬ念仏の特色がある。生きていることのあかしを、この一つの名号にあつめようとする一遍の考え方に、柳は感動した。

柳は一遍をすぐれたひとりの人としてだけ考えるのではない。一遍の考え方は自然に日本の大衆の思想と地つづきのところにあると考えた。

柳の宗教哲学と芸術論において、一九二三年にはじまる木喰上人の木彫仏の研究は一つの転機となったものであろう。一九四九年に調査をはじめ一九五〇年に『妙好人因幡の源左』として刊行された

研究のような、妙好人についての考察も大切な位置を占める。妙好人は、学問などなしにじかに信仰に入った人びとであり、木喰は無名の人として各地をまわって仏像をきざんでおいてまわった人である。それらの足跡をとおして、柳は、一遍におけるような信仰が、日本の大衆の中に生きていることをたしかめた。この意味では、柳の研究は、日本の大衆の思想について独自の視角を示したものと言える。

柳はキリスト教にかかわる初期の著作においては、個性をこえた神秘体験に共感をもち、仏教に眼をむけるようになってからは木喰上人や妙好人、さらにおどり念仏の一遍上人のように個人の個性をこえた人物に共感をもった。個人の独創性、個人の所有の権利、個人と個人の競争に重きをおく近代文明の前提については、早くから一貫して疑いをもって対して来た。そこには、白樺派の同人としてはやや珍らしく、明治末以来、近代批判の精神があった。

日本の精神史の舞台が、明治、大正から昭和に入り、戦争時代となると、「近代の超克」は、京都学派を主なにない手として、一つの旗印として論壇にかかげられるようになった。日本の政府の軍国主義政策を間接に正当化する近代否定の動きと、柳宗悦がすすめてきた近代否定の考え方は、時として言葉が同じになることはあっても、そこにこめられる意味はちがう方角をめざしていた。

十五年間の戦争時代に柳は日本の知識人の間の少数意見として終始した。もう大勢は決したと考えて少数意見を捨てて、大勢につく言論人や学者の多かったなかで、柳はそのような動きを見せなかった。そのよりどころとなった思想は、表だった活動ができない時にも、種子としてでも信仰を保ちつづけようという考え方だった。柳のおだやかでがんこな思想の根もとには、六字の名号一つに自分の存在をかけるという、心のむきがあった。

参考文献

Ⅰ 選集
『柳宗悦選集』全十巻（春秋社、一九五四年二月—五五年六月、新版、一九七二年二月—十一月）
『柳宗悦・宗教選集』全五巻（春秋社、一九六〇年五月—六一年九月）
『私版本 柳宗悦集』全五巻（春秋社、一九七三年十一月—七四年十二月）

Ⅱ 単行本
水尾比呂志『東洋の美学』（美術出版社、一九六三年八月）
柳宗理「柳宗悦」（朝日ジャーナル編集部編『おやじ』秋田書店、一九六四年九月）
水尾比呂志『美の終焉』（筑摩書房、一九六七年四月）

Ⅲ 論文・その他
幼方直吉「日本人の朝鮮観——柳宗悦を通して」（『思想』一九六一年十月号）
有賀喜左衛門・戴国煇・宮本馨太郎・谷川健一座談会「柳田国男と柳宗悦」（『季刊柳田国男研究』第三号、白鯨社、一九七三年九月）
J・W・ロバートソン＝スコット「柳宗悦の思想の真髄」（同前）〔この論文は一九二二年発行の『日本の基盤』と題する英文著書の一章である。J.W.Robertson-Scott, The Foundations of Japan, John Murray, 1922.〕
金元竜「日本人柳宗悦の朝鮮美観」（『月刊百科』一九七四年十一月号）
鶴見俊輔「柳宗悦おぼえがき」（『月刊百科』一九七四年一月号—十二月号）
前田正明・吉田孝次郎・井手暢子「柳宗悦研究資料」（『民芸』日本民芸館、一九七一年九月より連載中）

＊　柳には友人・知己による思い出などの文章が数多くあるが、ここで文献としてあげるにあたっては、研究的なもののみにとどめた。

（一九七五年六月）

ジャーナリズムの思想

一

「ジャーナリズム」とは、新聞・雑誌のことを言い、戦後にはそれだけでなく、ラジオやテレビなどもふくめるようになった。「ジャーナリスト」とは、これらの職場で報道関係の面で働く人びとを主にさし、やがてそれらの職場で丸がかえで働く人たちだけでなく、たのまれて外部から寄稿したり出演したりする人をもふくむようになった。

これは外国語から取られた言葉がふつうに出あう運命なのだが、もとの言葉のつくりだす連想の一部分を、この言葉もまた日本語にうつされてから、なくしてしまう。「ジャーナリズム」にははじめ「ジャーナル」という言葉がかくれていた。「ジャーナル」はもとラテン語で、「ディウルヌス」は「一日の」という形容詞、「ディウルナ」は日刊の官報を意味する。英語となってからははじめ毎日つけられる記録はすべてジャーナルと呼ばれるようになる。おおやけのことを毎日記録するローマの官報『アクタ・ディウルナ』にしても、毎日の私事を記録した十七世紀イギリスのピープスの日記にしても、ともにジャーナルなのだ。『オックスフォード英語辞典』によれば、毎日の記録という意味で「ジャーナル」という言葉がつかわれはじめたのは一五〇〇年ごろからであり、日刊新聞という意味でこの言葉がつかわれるようになったのは一七二八年以来である。それから、連想の比重の逆転はあったが、それでも日記あるいは日録として「ジャーナル」という言葉をつかう習慣もまた、今日まで持ちこされている。「ジャーナリスト」という英語の単語は、第一に新聞記者・雑誌記者を意味するが、第二には日記をつける人という意味を持っている。

明治以後の舶来の言葉としての「ジャーナル」(ジャーナリズム、ジャーナリスト)は、毎日の記録としてとらえられることがなくなり、市民が毎日つけることのできる日記との連想を断ち切られて、新聞社あるいは雑誌社などの特別の職場におかれた者の職業的活動としてだけとらえられるようになった。ジャーナリズムはこの時以来特権と結びついたひとつの活動としてとらえられるようになった。「ジャーナリズム」という言葉がヨーロッパの文脈において持っていた意味を、日本でもまた回復すべきだと主張するだけでなく、ジャーナリズムがヨーロッパの文脈において持っていた毎日の公私ともどもの記録としての性格は、明治以前の日本の伝統とふかく結びつきうるものだということを主張したい。日本ではやくから日記文学が発達したこと、おおやけのものだけでなく、わたくしの記録もまた重んじられてきたことの中に、日本のジャーナリズムの根があるだろうし、今後も新聞・雑誌などの職場をすでに与えられた者の活動を越えて、市民のなしうる記録活動全体の中にジャーナリズムの根を新しく見出すことに日本のジャーナリズムの復活の希望があると思う。

「マス・コミュニケーション」という言葉が米国でもちいられはじめたのは一九三〇年代の終りであり、それが日本にはいってきたのは、一九四五年の敗戦直後のことである。この言葉はやがて「マスコミ」(大久保忠利の造語)とひとくちで言えるようにみじかくされ、一九五二年の血のメーデー以後の左翼運動の退潮期にひろくもちいられるようになった。「マスコミの暴力」のゆえに、自分たちの運動がおしつぶされたという説明原理は当然受けいれやすいものだった。「マスコミ」というこの言葉は、今日の日本では、今日の米国以上に人びとにしたしまれ、民衆のふつうの言葉の一部分となっている。米国ではいまでもなお、この言葉は学術用語である。

しかし、「マスコミ」がひろく口にされるようになってから、「マスコミ」は、そのもとのかたちの中にかくされていた「コミュニケーション」という部分を落してしまった。「マスコミ」は、新聞、ラジオ、テレビ、映画、大雑誌などをさすものであり、それらの職場に属していない者は、すべてマスコミに対して受け身の立場に立たされる。マスコミが人間のコミュニケーション活動のひとつのかたちであって、日常のコミュニケーションを通してマス・コミュニケーションの改革がおこなわれるという視角は失われやすくなる。「ジャーナリズム」という言葉を見舞った運命が、「マスコミ」という言葉をも見舞った。このような言葉のつかいかたの中に、明治以来くりかえし中央の権力に対して押し負けてきた民主的運動のあきらめの姿勢がこめられている。

生き物がみずからの意志を他の生き物に伝えるコミュニケーションという働きは、はじめには行動を媒介として、やがては行動のごくはじまり、あるいは一部分としての身振りを媒介としておこなわれた。やがて言語によってしゃべることが媒介となった。さらに後に、書かれた言語としての文字、印刷された言語としての書物が登場する。そしてそのつぎに、大量に、同時に印刷されたおなじ文書としての新聞や雑誌、おなじ身振りやおしゃべりを大量に同時に大衆に伝えるラジオ、映画、テレビなどが登場した。これらは、コミュニケーションの媒体の発展史として、それぞれあきらかな区切りめを持っている。

吉本隆明はこの『現代日本思想大系』の「ナショナリズム」の解説の中で、しゃべることと書くことのあいだにある区切りめの意味を重要なものと見た。書くことがないものが民衆である、と彼は言う。たとえなにかのはずみでその人の書いたものが新聞や雑誌に出たとしても、そのことが民衆にとっては大きな意味を持たない。暮らし、しゃべるという往復運動の中に民衆のコミュニケーション活動のサイクルがある。民衆の生活記録運動などを重要なものと考える人びとは、民衆の精神的位相を理解しないのだ、と吉本は言う。

話される言葉は、それぞれの暮らしの一回かぎりの脈絡の中で、独自の意味を持つ。その独自の生活史の脈絡からひきはなされる時、その言葉は、いろいろな意味に解釈できる不完全な記号にすぎない。これに反して、印刷される文章、書かれる文章は、それ自身として完結した記号であることをめざしている。ひとつの文章がゆるぎのない明確な主張をあらわすたてまえとなっている。印刷された文章を手本として考える者にとっては、生活の中でそのつど投げかわされる断片的かつあいまいな話し言葉は、きびしく裁かれる対象となる。桑原武夫が敗戦直後に書いた「第二芸術論」は、はっきりしたひとつの意味を持つ、ゆるぎない文章の系列としての小説（その条件を完全にみたした作品があるかどうかはべつとして）の立場から、あいまいかつ不完全な日本人のしゃべり言葉の性格をよくあらわしている俳句を断罪した。この論法をおしすすめてゆくと、完結しないあいまいな記号はあまり大きな意味を持たないこととなり、それらをおもな手段とする民衆のコミュニケーション活動は評価しにくくなる。敗戦後の日本近代化の理想を最も典型的に示したその考えかたに対する反動として、吉本隆明の理論が、戦後の終った時点にあらわれた。

吉本の批判は直接には私にむけられたものなので、これに答えることをとおして、議論をすすめた

い。(1)

しゃべることと書くことのあいだにある切れめを重く見ることについては、吉本の批判をうけいれる。生活記録を書く人びとがあらわれることによって民衆の生活史そのものが記録されるかのような幻想を持ってはならないということにも同意する。だが同時に、しゃべるということの前に、環境に対する反応（くらし）があり、その反応のしかたの中にすでに思想の原型がふくまれている。その思想の原型としゃべることとのあいだにはすでにふかい区切りめがある。生活の中にふくまれている思想の原型は、直接に話や文章によって十分に意味をあきらかにすることができるものではなくて、しかも話や文章の意味の基礎になるものなのだ。生活の仕方という思想の原型を底辺として、それを解釈し変型しつつ表現する記号がわれわれの話であり、文章である。そのもとのかたちとしての生活そのものを、われわれは直接に十分に明確に表現することはできない。それは常に底に沈んでいる。そういう思想の原型からあきらかにはなれたところに人間の談話があり、談話からさらにはなれたところに人間の文章がある。それらはそれぞれの区切りめを持つ連続体としてとらえられるべきだ。

桑原武夫の「第二芸術論」は、近代ヨーロッパの知識人の生みだした明確な表現形態としての小説を手本として、日本人の生みだしたあいまいな表現形態としての俳句を批判したもので、私のこれまで書いてきたものはあいまいな表現をも重く見るという点で、桑原の主張よりもゆるめられているものの、知識人の書くものを手本として文化を見るという見かたにおいて吉本の批判に価いした。(2)書かれるものの前に語られるものがあり、その前に経験されるものの総体、さらにその前に存在するものの総体があるという単純な事実がもっと深くわれわれの考えかたの中にはいってこなければならない。しかしこの格率は、私に対する吉本の批判そのものをも批判する。

ジャーナリズムの思想は、すでに日本に定着した意味での報道関係の職業人の思想としてうけいれられた場合、一種のコミュニケーション万能主義におちいりやすい。新聞がより多くの人に読まれ、テレビがより多くの家庭にそなえられ、ジャーナリストのつくりだす記号があますところなく人びとの心の中に達することが社会にとって望ましい状態だと考えられやすい。ジャーナルという言葉のもとの意味にかえって、記録としてジャーナリズムの思想をとらえた時にも、そこにはかたちをかえた別種のコミュニケーション万能主義が生まれる可能性がある。報道関係の職業人以外の人びとの書く記録がマス・コミュニケーションにくりかえしのるようになることで、社会がよくなるという考えかただ。コミュニケーション活動の限界をよくわきまえることがコミュニケーションのより有効なかたちを準備するという意味で、ディスコミュニケーション(コミュニケーションの断絶)という観念がコミュニケーションの当事者にとって大切である。(3) ジャーナリストにとって、なにがいまのジャーナリズムにとっては表現できないかをくりかえしみずから測定しようとする努力が、すぐれた報道の与件となる。

(1) 吉本隆明「日本のナショナリズム」『現代日本思想大系』第四巻「ナショナリズム」筑摩書房、一九六四年。吉本隆明「自立の思想的拠点」『展望』一九六五年三月号。
(2) 山下南海士は、ナチスに対するフランス人民の抵抗をえがいたヴェルコールの『海の沈黙』と、十五年戦争下の日本人の抵抗文学としての栗林一石路の俳句を比較することによって、不完全な記号の持つ根源的な性格を指摘した。この性格は、日常生活におけるしゃべり言葉の性格、民間伝承としてのことわざの性格と結びつく。

(3) ディスコミュニケーションの概念については、「デューイのコミュニケーション論」(思想の科学研究会・鶴見和子編『デューイ研究』春秋社、一九五二年)に書いた。

二

同時代のできごとを伝える方法は、日本では早くから発達していた。大事件を速報する手段としてのかわら版という小新聞のかたちは一六一五年以来存在したといわれる。しかし、今日われわれの持っているジャーナリズムは、幕末以来のものということができよう。それは、幕臣によるヨーロッパの新聞の複写と翻訳によってはじまった。一八五九年から一八六〇年にかけて、オランダ領ジャワのバタビア新聞紙『ヤバッシュ・クーラント』が幕府の蕃書調所に届いた。蕃書調所は、『官板バタビア新聞』と題してその抄訳を一八六二年から発行しはじめた。柳河春三はこの翻訳新聞の編集主任である。

幕府の役人よりもはやく欧米の新聞を見た日本人がいた。それは、漂流者浜田彦蔵である。近盛晴嘉著『ジョセフ・ヒコ』によれば、ヒコは漂流して一八五一年二月三日にサンフランシスコについた時、船長が水先案内人から紙たばをうけとり、船長室で読みふけっているのを見た。当時十四歳だったヒコはその後アメリカで教育をうけ、米国市民権を得てから、二十二歳の時、一八五九年に日本に帰ってきた。その後一八六四年六月になってから、『海外新聞』を発行した。彦蔵が外国の新聞を読んで海外のニュースを口述し、それを本間潜蔵と岸田吟香が筆記したものだという。

日本の近代文化の創造に海外への日本人漂流者(そして帰国した者)と、日本にはやく住みついた外国人のはたした役割は、戦前に書かれた日本文化史の教えた以上に大きい。ジャーナリズムの歴史においても、この事情はかわらない。みずからもはやく日本に住みついた外国人のひとりだったバジル・ホール・チェンバレンは、その著書『日本のものごと』(一九〇五年)の中に、日本で雇われている外国人たち、という一項目を特にもうけて、そのことをなげいている。チェンバレンによれば、明治に入ってから日本をおとずれて、帰国してから本国で紀行文などを書く欧米人たちは、日本のおどろくべき進歩を印象づけるために、あらゆる改革が日本人自身の手でなされたかのように語りつたえる。そうでないと近代日本誕生の物語はアラディンの魔法のランプのようなあざやかな物語にならないからだ。そうするとそこでは自分の意志で日本にやってきて日本の文化のためにつくした外国人たちの努力が、かげにかくれてしまう。さらにくわえて、明治なかば以後国家主義的になった日本の学者や官吏が、改革の源泉を日本の先人に主に求めるようになったので、明治初期の外国人居住者の努力は欧米人と日本人の両方からはさみうちされて、かげがうすくなった。明治文化の形成は、幕末から明治初期に日本にきた欧米人の功績に帰せられる点が、いままでに考えられているよりも多いのではないか。このおなじ事情は一九四五年の敗戦以後の日本の改革についてもいえることで、戦後日本の誕生に際して外国人のはたした役割を過小評価せずに正確に記録することが必要だ。日本人以外の人たちの助力をはっきりと正直に記録することのできるような誇りたかい態度が、今後の日本のナショナリズムにふさわしいと思う。明治から今日までのこの百年の日本思想史は、かなり多くの外国人をふくめなくては記述することができないのではないか。

新聞の歴史においては、それがオランダの新聞を模型としてつくられたこと、漂流者浜田彦蔵がアメリカで見てきた新聞を手本にして、日本で最初につくったこと、彦蔵をたすけた岸田吟香が、米人宣教師・眼科医のジェームズ・カーティス・ヘップバーンの字引編纂をたすけるなどして、彼から大きな影響をうけていたこと、吟香がさらに後に米人ヴァン・リードと共同で『横浜新報・もしほ草』という新聞をおこしたこと、スコットランドうまれの英人ジョン・ブラックが『日新真事誌』という日刊邦字新聞をつくったことが重要である。チェンバレンによれば、この一八七二年に発行された『日新真事誌』が日本で最初の新聞らしい新聞だという。

この『日新真事誌』は、一八七五年以後日本の新聞があいついで発行停止を命じられる中で、ただひとつ政府批判の言論を続けた。これは英人ブラックの経営するものであり、社主が治外法権の安全地帯にいるために、政府が手を加えることができなかったのである。政府は新聞紙条令をあらためて、外国人が新聞の持主となることを禁じる方針にふみきろうとし、今度そういう方針をつくるについて相談にのってもらいたいから太政官の顧問になってくれとブラックにたのんだ。おなじ年の十月にブラックが高給をうけて太政官顧問となると、政府の役人になったからには新聞の名義人をかえてくれといわれ、日本人名義とした。『日新真事誌』はたちまち売れなくなり、十月末には廃刊するにいたった。十一月にはブラックは太政官顧問を免職されている。

誕生当時の日本のジャーナリズムのインターナショナルな性格を見事にあらわしているものが、岸田吟香の文章である。ここには吟香編の新聞記事でなく、彼がヘップバーンについて上海に行った時の日録を収めた。この中にはジャーナリストとして吟香がどのように異国のできごとを見たかがうかがわれる。その文章は、当時の官用語からかけはなれた、毎日つかうふつうののんびりしたしゃべりことばであり、百年後の今日読みかえしてみても、われわれのいまのことばにつながっている。日本の近代の散文の歴史上で、誰にでも通じる平明な文章の型を最初につくった例ではないだろうか(1)。その文章の型は、吟香が遊女屋のはこ屋をつとめたり、風呂屋の三助や佐官の手伝い、茶飯屋の主人をやったりして、農村と都会をとわず、日本のあらゆる階層の日常のことばに通じ、庶民の共通用語を身につけていたことからくるとともに、ヘップバーン一家と起居をともにすることから、そのものを見る眼が日本国内だけにかぎられなくなったということにもよるものと思われる。

このように日本のジャーナリズムの思想の原型はインターナショナルな性格を持っていた。そのほかにもうひとつ、それが幕臣的性格を持っていたことを逸することはできない。柳河春三、宇都宮三郎、成島柳北、栗本鋤雲、福地桜痴など[2]、幕末から明治初期の新聞経営者ならびに記者には幕臣だった者が多い。彼らが進行中の維新の変革を見る眼は、幕臣としての希望的観測がくわわっているために誤報が多いという制約も生じたが、同時に明治の変革のいたらない面をするどくとらえる長所もそなえていた。この性格は、明治なかばにはいって旧幕臣ジャーナリストが引退するとともに表面からはしりぞくように見えるが、日本のジャーナリズムのかくれた流れとして、大正・昭和をつらぬいて生きつづける。大正時代におこったまげもの大衆小説の旗手となる子母沢寛、吉川英治、大佛次郎、白井喬二らは、明治の変革に対する幕臣の眼をうけつぎ、明治初期のジャーナリストとはちがったしかたで、旧幕臣ジャーナリズムの遺産を活用した。明治の旧幕臣ジャーナリストが当時負け犬として書きのこした批判は少数の読者にしかつたわらなかった。大正時代に読者の開拓はあったものの、その視点が新聞小説やラジオ・ドラマやテレビ映画を通して数千万人の日本人大衆の中に生かされるのには、一九四五年の敗戦以後を待たねばならなかった。

（1）岸田吟香のころ以後、ジャーナリストの文体はまたひどく難しくなった。山田美妙の言文一致運動は、ゆっくりしたテンポで新聞の記事・論説の領域にやってくる。生方敏郎の直話によると、一九〇

○年代に彼が新式教育をうけて大学を出たころには、年長の公人たちの硬い漢文体の文章を、くだけた口語体の文章にかきなおす仕事だけで、謝礼をもらってくらしをたてることができたと言う。大正時代に入って、『中央公論』の大記者滝田樗陰が、新進の学者吉野作造に目をつけて毎号書いてもらうようにした時にも、はじめは滝田が吉野に質問しては、その答えをきいて書いていって論文にしたと言う。滝田は大学を出たばかりだったので、口語体で文章を書くこつが身についていたのだろう。

ジャーナリストの文体の変化の歴史については、杉村楚人冠『最近新聞紙学』(一九一五年初版、『楚人冠全集』第十三巻所収、日本評論社)にくわしい。学問的研究としては、波多野完治『現代文章心理学』(新潮社、一九五〇年)に、叙事文の文体の歴史が記されている。現在の新聞の文章については、波多野完治「新聞記事の心理学」(『新聞研究』一九六三年八—九月号)があり、『最近の文章心理学』(大日本図書、一九六五年)に収められている。

(2) 福沢諭吉を旧幕臣ジャーナリストの中に入れることは必ずしも適当でないだろうが、彼はその「痩《やせ》我慢《がまん》の説」などにおいては硬骨の旧幕臣派ジャーナリストの考えかたに通ずるものをもっていた。

福沢諭吉(一八三四—一九〇一)は、中津藩士として生まれ、一八六〇年、幕府の遣米使節に随行してアメリカに行き、一八六二年、幕府の使節随員としてヨーロッパに旅した。一八六四年に幕府に召しかかえられ、一八六七年、幕府の軍艦受けとり委員の随員としてふたたびアメリカにおもむいた。ジャーナリストとしては一八七四年『明六雑誌』の創刊に加わり、一八八二年『時事新報』という新聞を創刊し、長くこれを経営した。この新聞に福沢の書いた論説の一部は、『現代日本思想大系』の一冊として家永三郎編「福沢諭吉」(第二巻)におさめられている。

福沢が自分の思想をのべるにあたって、絶対的規準をたてず、具体的な状況に応じて、その状況の中で実現しうるかどうかを見きわめた上で、実行力の裏うちのある価値判断をたてていることは、大正時代の田中王堂の福沢論をうけ、これを発展させて、丸山眞男が「福沢諭吉の哲学——特にその時事批判との関連」（『国家学会雑誌』一九四七年九月）で指摘した。この論文は『現代日本思想大系』中の日高六郎編「近代主義」（第三十四巻）におさめられている。この論文の中で丸山があきらかにしているように、福沢の状況主義は状況に追随するという状況主義思想ではなく、いかなる状況に対してもみずからの主体性をたもちつつ、それに有効かつしなやかに働きかける姿勢をたもつものであった。これこそすぐれたジャーナリストの常にそなえる資質であると考えられる。

三

明治初期の新聞・雑誌による新政府批判は、まず旧幕臣ジャーナリストによって進められ、やがて自由民権運動に参加する青年たちによって受けつがれた。宮武外骨著の『筆禍史』（一九一一年）によると、明治の新聞の発禁は明治元年（一八六八年）五月十八日、福地桜痴の編集する『江湖新聞』が官軍に睨まれ、編集者は投獄、版木は没収、新聞は発禁という処分に遇ったことにはじまる（福地は後に御用新聞を経営）。明治八年（一八七五年）に新聞紙条例と讒謗律《ざんぼうりつ》がつくられてから、おびただしい数の新聞発行者が投獄と発禁の憂きめにあった。これらの新しくつくられてはつぶされる新聞の記者たちの中から、後になって日本のマス・コミュニケーションを自覚的につくりだした最初の人といえる黒岩涙香（一八六二―一九二〇）が現われた。涙香は十代の少年として土佐の民権運動に飛びこみ、大阪、東京での学生生活を経て、有料演説会や新聞論説に活躍した。北海道開拓使黒田清隆による官有物払いさげ事件を攻撃したことから投獄され、横浜の監獄で苦役に服したことが彼に反省の機会を与えた。政論中心の新聞の発行に何度か失敗した後に、彼はまったくくだけたスタイルの娯楽本位の新聞を出しはじめる。それが『万朝報《よろずちょうほう》』である。この新聞は、当時の政治家、実業家の妾のかこいぶりなどをあばいて物語にしたて、スキャンダル・ジャーナリズムとして大衆の心をとらえた。赤っぽい紙に印刷してあったので、その報道のいかがわしさと結びつけて、赤新聞と呼ばれるようになった。旧相馬藩主の家で起ったといわれる主人の謀殺、妾と家令の密通（事実無根）などは、相馬事件というスキャンダル物語にしたてあげられて、ほぼ十年にわたってこの新聞の紙上をにぎわした。この新聞は、やがて地歩をかためて日本最大の新聞となるとともに、スキャンダル報道の面をゆるめて、新聞小説からどどいつ、かるた、相撲記事にいたるまでの綜合娯楽デパートの性格をそなえるようになった。中心の売りものは、社主涙香みずからの筆による翻案探偵小説だった。ジャーナリストの文体の歴史の上で、涙香のつくりだした会話体の物語的報道文のスタイルは、新しい時代をつくった。このころから黒岩涙香は、権力者の私生活をあばいて、からめ手から彼らの心胆を寒からしめる方法を捨てて、真正面から社会評論をもって政治を批判する方向にもどった。内村鑑三、堺利彦、幸徳秋水、河上清、石川三四郎、斎藤緑雨ら大記者が『万朝報』紙上で活躍したのはこの時代である。しかし、一九〇四年に日露戦争がはじまるとともに、それまでの非戦論の立場をひるがえしたことによって、『万朝報』はこれらのすぐれた社会評論家たちを失い、やがて大正時代に入って涙香の死没の後におとろえてゆく。

明治中期に『万朝報』とならぶ大衆新聞として、首位をあらそったものに『二六新報』がある。この新聞の創設者秋山定輔（一八六八―一九五〇）は、岡山県倉敷の貧しい家に生まれ、俥引《くるまひ》きとなって働きながら東大を出た。彼のこのような経歴は、労働者に対する共感を植えつけた。『二六新報』発行後、一九〇一年にいたって、労働者三万人を向島に集めて「労働者懇親会」を主催したことは、日本の新聞の事業として画期的なできごとだった。翌年に計画された第二回労働者懇親会は桂内閣によって禁止され、『二六新報』と政府とはこのあとしばしば摩擦をくりかえす。日露戦争の前夜、『二六新報』の社長はロシアのスパイだといううわさがひろまった。そのはじまりは、警視庁にあてた鉛筆書きの匿名の葉書で「秋山定輔はロシアのクロパトキン将軍と須磨で会合し、海へ一緒に釣りに行き、そして秋山から国内の秘密をクロパトキンに洩らした」と書いてあった。

秋山は議会で露探として追及され、やがて一九〇四年に議員をやめることを余儀なくされた。このとき、秋山についての調査委員会は、彼がロシアがたのスパイであることの証拠を発見せずとのべ、しかし一身の利益のために露国に利する行動をなしたと判定した。秋山が非難されたのは、国庫債券募集に反対した論説を発表したためであるが、新聞の記事に政府に不利益なものが出たというだけで社主が処分されるのは不当であるという大岡育造議員の弁護があったため、秋山にみずからの意志で辞任を望むという動議に変えられた。美土路昌一は、『明治大正史・言論篇』で、この事件をつぎのように評している。

「この動議成立して秋山は遂に議員の職を退くことになった。秋山の一身上の行動に関してはとかくの批評はありとするも、なんら司法権の発動なく、また委員会で調査の結果その事実を認めざるにかかわらず、しかも議院外の言論に対して議会がこの処置に出たのは言論史上に一汚点を残したるものといわざるを得ない。」

秋山定輔にしても、黒岩涙香にしても、彼らはいずれも明治初期の民権運動に対する共感と、藩閥政府に対する強い反感とをたもちつづけ、それを憲法制定後の安定した明治社会に、新しいいれものに入れて表現したのだった。黒岩は娯楽とスキャンダル・ジャーナリズムによって、秋山は労働者懇親会などの催しものによって、明治初期の新聞の手の及ばなかった新しい読者層を開拓することに成功した。それは、一八七三年の学制布告がようやく実りを結んで、字の読める大衆が、二十年後、三十年後に登場してきたことにささえられていた。

日本の新聞の歴史の上では、この新しい大衆向き新聞は、明治はじめの政論中心の「大新聞《おおしんぶん》」と、娯楽中心の「小新聞《こしんぶん》」との綜合を意味する。『万朝報』や『二六新報』とおなじく大衆新聞としての型をつくり、大正時代以後はそれらを追いこして、『毎日』、『読売』と並んで日本最大の新聞として生きつづけた『朝日新聞』について、出資者の村山龍平はつぎのように思い出をのべた。

「当時世《よ》には大新聞と小新聞と称するものと二つがあって大新聞は論説を専《もっぱ》らにし政治記事など硬いものばかりを掲載し振仮名などはない。小新聞は興味中心の絵入小説などを載せて家庭本位となり勢い大新聞は小新聞より一段格が上にあるものと考えられていたが、私は『新聞に大小の区別などあるべきものでない』と信じてこの両方面をうまく取り入れることにつとめた。今日では日本の新聞がことごとくこれに習い、いわゆる大新聞などというものは今ではどこにも見られない。新聞の絵というものは最初は雑報だけに用いられていたが試みに続きもの、すなわち小説に応用したところがこれが計《はか》らず人気に投じ、細密な絵を描こうとして構図には随分と困ったが、そのかわり新聞の売れゆきがウント激増した。」

新聞から二十年おくれて、雑誌の世界に大衆向きジャーナリズムが生まれた。大衆雑誌の型をつくった人びとの中で、野間清治が最もいきいきとした記録を残した。彼の自叙伝『私の半生』は、はじめゲラ刷りで講談社内をまわった時には、いまのかたちよりももっともっとおもしろい失敗談にみちていたそうである。社内幹部の忠告によって、あまりと思われる失敗談はけずってしまったといわれる。しかし、いま残っているかたちでも、戦前の他の出版社社長が書きのこした公式の自叙伝よりもはるかに自然な物語であり、マス・コミュニケーション専門家としての野間清治の哲学をまるごと伝えている。

野間清治（一八七八―一九三八）は剣道の達人を父母として群馬県に生まれた。父母は御一新以後は剣道が役にたたなくなったので、しばらくは諸国をめぐって撃剣界のコーチをして歩いた末、小学校の先生となった。そこでも新しい教育をうけた人たちが教師になってくると、いづらくなり、学校をやめて、父は帯地のしんにする桐の棒をけずり、母は針仕事をするという内職でくらしをたてた。野間は貧しい中で師範学校にかよい、沖縄での中学校教員生活を経て、東京帝国大学の事務員になった。このとき一高生、東大生の中におこった弁論熱に新しい表現様式を与えることを思いたって、一九一〇年に雑誌『雄弁』を創刊した。やがて講談師の談話を筆記したものを雑誌にして出す『講談倶楽部』を一九一一年に創刊した。両方ともしゃべり言葉の流れを活字の世界に持ちこむことで、新しい領域をひらいたものである。話し言葉の流れが活字の世界に活かされたのは、可能性としては幕末の岸田吟香の文章にすでに原型があり、実現形態としては明治のはじめに落語家三遊亭円朝の人情噺を速記にした単行本があり、黒岩涙香の会話中心の連載探偵小説があったが、二大雑誌のかたちでしゃべるいきおいが活字の世界に入ってきたのは、野間が雑誌を手がけて以来のことである。野間自身の工夫は、その雑誌の創刊直後におこった講談師のストライキに際して、危機を打開する道としてあらわれた。

講談師が浪花節《なにわぶし》語りと名前をならべて雑誌に出されることがいやだと言いだしたのである。野間は講談師をたてて浪花節語りをのけものにする道をえらばず、当時すでに存在していた小説家の集団に対して、講談ふうの物語を創作することを求めた。この工夫は、今日までつづく大衆小説への道を、マス・コミュニケーションの経営者の側からひらいたものといえる。もちろんこれと反対に、作家の側から、大逆事件以後の急進派の内部腐蝕作用として虚無的な心情が生まれ、そこから旧社会主義者の中里介山が「大菩薩峠」を構想するというような事情があった。ジャーナリズムの経営者と寄稿者との両方があい寄って、日本の時代もの小説が生まれた。

野間はやがて九大雑誌を発行して、六歳から六十歳までの日本の読者大衆に読みものを提供し、雑誌王とよばれるようになる。この時に彼が大衆雑誌を成功させる定式として採用したのは、日本文化の二重構造の利用である。明治の新政府は、欧米の新制度を日本にうつして、欧米流の近代化をはかったが、その影響は、都市の上流階級および指導者層にしか及んでいなかった。しかし、その他の階層においても、明治以前の文化様式をそのまま保存することにあきたらなくなっていた。明治以前からのふるい文化様式の中に、明治以後の新しい社会状況のもとで生きられるような今日の智慧をもりこんだ表現形式に対する要求があった。大学出の新しい青年にとっては、フロベールやゾラばりの小説がよろこばれたが、そういうものは大衆の好みにあわない。しかし講談・浪花節ふうのよそおいの中に現代をもりこむような折衷的な様式ならばひろくよろこんで読まれるような状況が、すでにできあがっていた。野間清治は、大学を卒業して日本社会の指導者になる道に進む希望のない農村および都会の人びとにむかって訴えるような雑誌を考えた。小学校の義務教育だけで世に出る人が楽に読みくだすことのできるように、むずかしい漢字にすべてふりがなをふった形式。努力すればこの人たちの中から日本の指導者の位置にすすみでることができるという力づけをあたえるような内容。これが大正・昭和の講談社文化の特色となる。佐藤忠男が講談社の雑誌『少年倶楽部』の分析においてのべたように、『中学講義録』とか『雄弁術講座』とか、この雑誌では広告までが少年の理想主義をたかめる空気をもつように配慮されていた。その傾向は当時の日本の人口の最大多数をしめる農村の少年たちの理想を純化させたものとなり、農本主義的傾向をもっていた。小学校を出ただけで指導的位置にたつ人びと、中間的指導者層がそれを読み、それによって育てられる雑誌となった。野間がその出版社に自分の育った群馬県の小学校教師たちを集めて雑誌の編集にあたらせたのは、彼らが少年たちの気持を現場の体験を通して知っており、彼らを勇気づける工夫をもっていると考えたからだった。野間に数年おくれて、雑誌『家の光』は、農業技術の改善の工夫を教えることを通して、農本主義思想を育てるもうひとつの有力なジャーナリズムとなった。

註　黒岩については涙香会編『黒岩涙香』（扶桑社、一九二二年）、小野秀雄「黒岩涙香」（『三代言論人集』第六巻、時事通信社、一九六三年）、鶴見俊輔「黒岩涙香」（『大衆芸術家の肖像』――『二十世紀を動かした人々』第八巻、講談社、一九六三年）がある。

秋山定輔については、村松梢風『秋山定輔は語る』（講談社、一九三八年）、足立巻一「秋山定輔」（『思想の科学』一九六五年四月号）がある。秋山の労働者懇親会は、片山潜をよんで演説などしてもらったものの、会のなかみはむしろ園遊会のようなものだったらしい。

『家の光』については安達生恒「『家の光』の歴史」（『思想の科学』一九六〇年六月号）がある。生活技術を中心とする雑誌として、敗戦後の私生活尊重の時代には、『家の光』のおしすすめた農村共同体的な生活技術思想からはっきり区別された、家庭本位の生活技術思想をになう『暮しの手帖』が花森安治の指導のもとにすすめられた。戦後の生活ジャーナリズムとしてのこの雑誌の特殊性について書いたものに、松本市寿「『暮しの手帖』論――生活ジャーナリズムの役割」（『思想の科学』一九六五年二月号）がある。

四

ジャーナリズムの機関が大きくなるにつれて、その犠牲者の数も大きくなり、犠牲者による抗議の声はジャーナリズムを通してはきかれにくくなる。というのは、初期の小さな企業の乱立の期間が終って、いくつかの大きな企業だけが生きのこることになると、同時代の大きな企業相互の協力体制ができて、ジャーナリズムの企業はお互いに対して攻撃をすることを避けるようになるからだ。ある大新聞によってまちがった報道をされた者は、その抗議をほかの新聞にものせてもらいにくくなる。しかも、報道の規模が大きくなり、その間隔がせばまってきて、分秒をあらそうようになってくると、報道のまちがいはさらに避けにくくなる。また、百万を単位とする人びとに買ってもらうためには、黒岩涙香が赤新聞ではじめたようなセンセーショナリズムをとるようになるので、無理に記事をおもしろく、大げさにする結果、報道される者にとっては、その記事は真実からほど遠いものになる。報道された側の多くは、泣き寝いりをすることになる。その中で、ある程度の金の力と書く力をもっている者だけが、ジャーナリズムに対する反撃をくわえることができた。水上滝太郎の『貝殻追放』第一篇、「新聞記者を憎むの記」（一九一八年）は、センセーショナリズムの報道の文体にならされた大正時代の日本の新聞に対してくわえられた、数すくない反撃のひとつである。この文章は、大正時代の平均的新聞記者が書いた報道例を、その犠牲者が分析することによって、当時の記事のつくりかたのからくりを照らし出してみせる。

水上滝太郎（一八八七—一九四〇）は、明治生命保険会社創立者の四男として東京に生まれ、慶應義塾大学理財科を卒業、ハーヴァード大学に留学した後、父の会社に入り、後にその専務取締役となった。このような生粋のブルジョアとしての生活感情から見て、自分に対するゆがめられた報道をゆるせなかったのであろうし、このようなブルジョアとしての社会的背景のゆえに、新聞記事に対してただちに反撃をくわえることができたのだった。こうした反撃の道は、その当時もまた今日も、日本の大衆全体にとってはとざされている。水上は会社員として謹直な生活をつづけるかたわら、小説を書きつづけた。新聞記者批判を起動力としてはじめられた同時代の社会に対する批判は『貝殻追放』の連作となり、彼の代表作となった。ただし、新聞記者批判をもって社会評論をはじめた水上が、その死の前年の一九三九年にいたって、大阪毎日新聞社の取締役に就任しているのはおもしろい。

日本の新聞・雑誌のセンセーショナリズムは、大正時代を通して急テンポに進み、昭和のはじめに極点に達した。昭和はじめの三原山投身自殺の連鎖反応は、自殺の報道のしかたそのものがつくりだした事実といってよい。明治・大正の時代には、大島の三原山というのは大衆にとって聞きなれない名前であり、いわんや自殺の名所ではなかった。昭和に入ってからも、一九三二年には三原山での自殺者は一年間に九名、自殺未遂者三十名にすぎなかった。ところが翌年の一九三三年には、一月から三月までのあいだに自殺者三十二名、未遂六十七名にはねあがり、この年一年に男八百四人、女百四十人がここを自殺の場所にえらんだ。前年に対して三十倍となったわけである。自殺の原因は当時の社会がつくっていたとしても、三原山をえらばせるようにさそったのは、巨大なものにふくれあがった当時の日本のジャーナリズムである。大衆を操作する能力をこのころまでに日本の新聞・雑誌はつくりあげたのである。

当時の新聞・雑誌がいかにどぎつい記事を三原山自殺について書いたかが、犠牲者のひとりの兄によって告発されている。一九三三年一月七日、実践女学校専門部の学生真許三枝子と富田昌子が三原山にいっしょに旅行し、真許はそこで自殺した。おなじ年の二月十二日、おなじ学校の松本喜代子とさきの富田昌子は三原山をおとずれた。この時松本は富田の手をふりきって三原山の火口にとびこんだ。これについて『読売新聞』（二月十五日）は社会面のトップに五段ぬきで、

「学友の噴火口投身を、奇怪！　二度も道案内、実践女学校専門部生の怪行動　三原山に死を誘う女」

と書きたてた。昌子は新聞によって「死の案内人」、「変質者」というレッテルをはられた。これはすでに、事実の公平な報道の域をはずれている。ジャーナリズムのつくりあげた世論は、生きのこった少女を圧迫する。彼女は学校から処分され、自宅にひきこもって毎日をすごすうちに、脳膜炎となって、わずか二カ月後に死んだ。昌子の兄は、妹を苦しめて死に追いやったジャーナリズムに対して抗議する文章をのこしている。

「新聞は『あの人達に済まない……と憂悶の日を送り続け』たと、妹を報道し、妹を疲弊さしたのは先ず××新聞の非人道的抹殺的記事だったのだ。而《しか》して僕の愛妹は、『あの人達に済まない』と言わねばならぬ立場だったろうか。彼女が二人の頑強な自殺者に取っつかれた為に、余りにも人の愛を知らぬ不幸な友を二人までも親友にした為にこんな目に遭ったのだ。彼等二人の霊なるもの果して眼あり耳あり、而して純真の涙あらば、地下に去って妹の死に至るまでの僅かな時日の間に——だが彼女には社会の白眼を忍苦して生きてくれた長い棘《いばら》の苦難の道だったのだ——何が妹を苦悶させたかを知って、彼等こそ済まなく思っていただろうと思うのは肉親の、彼女に対する弁護とのみ考えてもらいたくない。現に松本は自殺直前に、『昌子さん、あなたをこんな所までおつれし

て了《しま》って、あなたの生涯を目茶目茶にして了うかも分らないわ。御免なさいね』と赦しを乞うたと言うに於いてをやである。（略）自己の死が如何なる波紋を描くか、その直前まで必死に諫止した妹は、直ちに如何なる運命に投げ込まれるかまでを熟視していたものと思える。父親にまで讃美された耽美主義の名の下に瞬時に自己を清算し切ってしまった彼女は運が好かった。」（富田迪夫「世に虐げられたる愛妹昌子を憶う」『婦人公論』一九三三年六月号）(1)

黒岩涙香・秋山定輔型の読者大衆にこびた報道様式は、三原山事件あたりでおとろえはじめる。一九三一年に起った満洲事変をはじまりとして、新聞・雑誌は国策に協力して事実をつくりかえ、大げさなものにして報道するという軍国主義美談製造方式にきりかえた。美談製造の工程は、加藤秀俊の「美談の原型」によってつぎのように跡づけられている。(2)

一九三二年二月二十二日、上海に上陸した日本陸軍は、中国軍の鉄条網を破壊するための、爆薬をくるんだ長さ三メートルほどの竹筒に火をつけ、二組六人の兵士にもたせて突っこませた。一組は生還、もう一組の江下武次一等兵、北川丞一等兵、作江伊之助一等兵は途中で傷ついたにもかかわらず作業を続け、爆死をとげた。これは参謀本部編の『上海付近の会戦（上）陣地攻撃及追撃』にある公式記述である。この公式発表は、『朝日』『毎日』などの新聞を通して、はじめから戦死を覚悟した突撃として報道され、いくつもの流行歌レコードによってひろめられた。三人の兵士の戦死の翌月には、歌舞伎、新歌舞伎、新国劇、新派、松竹少女歌劇、早川雪洲劇団によって「肉弾三勇士」が上演され、さらにその翌月には大阪の人形浄瑠璃までがこの物語を上演した。映画界では戦死後二日目の二月二十四日に、はやくも東活映画社が映画製作を決定している。

野間清治傘下の雑誌王国では、『講談倶楽部』四月号がつぎのように脚色された報道をおこなった。

これによると、二月五日に久留米の駅をたつ時に、三勇士のひとり江下一等兵はすでに戦死を覚悟していた。見送りにきた池谷計男という小学校五年生に、自分の血で染めたハンカチをわたしてこう言った。

「もとより生きて帰る心はないが、君にはげまされて、いよいよ戦死の覚悟はきまったよ。かたみのハンカチだ。もって帰ってくれ。」

この講談倶楽部の「実話」は、その小学生の同級生だった江崎誠致のきいた真相とはずいぶんちがうものだった。ハンカチは、見送りにいった小学生がいたずらに取ったものだった。それがいつのまにか血染めのハンカチとして江下一等兵の決死の覚悟を証明する品物とされていた。これは江崎が後に『死児の齢』に書いたことである。

十五年の戦争のあいだに、軍国美談はおなじしかたで数かぎりなく日本のジャーナリズムによってつくり出された。こうした軍国美談のかげには、戦う当事者としての兵隊とその家族の人びとが見失われるばかりでなく、戦いの相手方となった中国人、英米人、ロシア人の姿もまた見失われた。日本政府がこの戦争努力の中にまきこんだ植民地の人びと、朝鮮人、台湾人の姿もまた見失われた。われわれは今日になっても、あの戦争時代の真実を復元するために、日本の新聞・雑誌の記事をこまかくふるいわけて、美談のシンになっている基本的な事実をえりわけ、そこからあらためて全体を構成しなければならない。このような復元のために、まず美談製造の工程を知り、ねじまげのもととなった戦時下の日本のジャーナリズムの哲学を知っておくことが必要である。

（1）　橋川文三「アジア解放の夢」（『日本の百年』第四巻、筑摩書房、一九六二年）

（2）　加藤秀俊「美談の原型——爆弾三勇士」（『朝日ジャーナル』一九六五年四月十一日号）

大宅壮一著『炎は流れる』（文芸春秋新社）には、明治大正期の美談つくりのからくりの暴露が、豊富な実例を駆使してなされている。

五

「ジャーナリズム」の定義を見ると、『オックスフォード英語辞典』ではその第五番目の意味として、歴史的論議なしで公けの事件あるいは取引きを、それらがおこるにしたがって記してゆく記録、と書いてある。歴史とジャーナリズムとの区別はジャーナリズムの特色を考える上でのひとつの手がかりとなる。

歴史はすぎ去ったできごとを、主として回想の次元においてとらえる。ジャーナリズムは現在おこりつつあるできごとを、それらの意味が判定できない状態において、未来への不安をふくめた期待の次元においてとらえる。もちろん、すぐれた歴史家は、自分のあつかう事件がその同時代にいかなる意味の振幅をもっていたかを正確に再現する力をもつはずであるし、すぐれたジャーナリストは、いま起りつつある事件が歴史の中でどういう意味を確定的に持つかを予測しうるであろう。そのかぎりにおいて、歴史家の任務とジャーナリストの任務は互いにかさなる。にもかかわらず、それぞれには主な持ちぶんがあることは避けがたい。ジャーナリストの活動は主として期待の次元において同時代をとらえることに向けられる。

日本の新聞・雑誌が幕末以来の短い歴史しかもっていないことは、ジャーナリスティックな方法による同時代の記録の集積を、わずかの期間にとどめてしまう。しかし、ジャーナリスティックな方法を主にもちいて、同時代の期待の次元において過去の諸時代を再現する試みは、明治以前の時代に対してもひらかれている。このようにジャーナリスティックな方法をもちいて過去に接近する試みは、日本のジャーナリストによって何度かなされた。三宅雪嶺の『同時代史』、生方敏郎の『明治大正見聞史』、大宅壮一の『炎は流れる』がその実例である。

三宅雪嶺（一八六〇―一九四五）は、井伊大老が桜田門で殺された二カ月半ほど後に生まれた。自分の生涯が近代日本の胎動期にはじまっていたことに意義を見出した彼は、自分の生まれた年にはじまる毎年のできごとを一年ごとに編んで、ひとつの日本史をつくった。ここには子供の時から直接に見聞きしたり言いつたえをきいたりした同時代感覚が、かげの糸となって、雪嶺個人のパースペクティヴにおいて統合されたひとつの歴史が生まれた。

大宅壮一の『炎は流れる』は、彼の育った大正時代を中心とする歴史で、大正時代を理解するためにその背景に自在にさかのぼってゆくという構成をもっている。これは未完である。

生方敏郎（一八八二―一九六九）の『明治大正見聞史』は、ジャーナリスティックな方法を歴史に適用した最もすぐれた例であろう。彼に歴史を見る態度を教えたのは、学校を出て外務省の記録課に入り、幕末以来明治八年までの外交文書を編集する仕事だった。外交文書の中には、石井直助という英国領事館おかかえの俥引《くるまひ》きがほかの俥引き仲間とばくちをうっているので、巡査がこれを追いかけると、トットと逃げて領事館へかけこみ、門の中から巡査にむかってアカンベーをすることなどを訴えたものがある。いったん領事館へ逃げこまれたが最後、手のつけようがないので、巡査はすごすご戻って警察署にこれを報告し、警察は内務省に報告し、内務卿から外務卿に報告書がまわり、外務卿から英国領事館にその俥引きのひきわたしを要求するという一連の文書である。

そのほかにチャールズという英国人が福島県の東山温泉で、芸者や湯女を総あげにしてドンチャンさわぎをやっている。巡査があやしいと思ってしらべると、チャールズはそれまで日本語をつかってさわいでいたのに、急に手まねをしてみせて、日本語をつかわなくなった。東京からはその外人を連れてこいといってきたので、岡っ引が二人ついてチャールズを送ることになり、かごにのせたり馬にのせたりして、自分たちはその後をテクテク歩いて、福島県から東京までやってきた。東京につくとチャールズは馬車を早くはしらせて逃げてしまった。ところが一カ月たつと、おなじチャールズがまた福島県東山温泉にあらわれて、芸者を総あげにしてドンチャンさわぎをやっていた。とにかく旅行免状をもっていないので違法だとして、ふたたび岡っ引がつきそって東京に護送する。英国大使館に送りつけて、外務卿寺島宗則が英国公使パークスに抗議すると、パークスは旅行免状のないことなどは問題にせず、チャールズの商売をさまたげられたということで、あべこべに損害賠償を要求する。寺島外務卿は維新の元勲大久保利通、木戸孝允、大隈重信を集めて相談したが、みんな歯をくいしばるばかりで思案がつかない。

こういう文書を整理するうちに生方は、自分が学生として読んできた歴史の本とはまったくちがう世界に入りこんでしまったことを感じる。これこそ、その時代を生きた人びとにとっての同時代の姿だったのだろう。そこからはじめて歴史を構成することに彼は眼をつける。生方の生まれた群馬県沼田では、明治維新から二十年以上もたった憲法発布のころになっても、まだ人びとは明治政府に心から服従していなかった。子供同士が戦争ごっこをする時には二組に分かれざるをえないが、その分けかたはじゃんけんできめて、勝ったほうが賊軍となり、負けたほうが官軍となるしきたりだったという。

「いっちこ、たっちこ、高崎の、黄色いチャッポの兵隊が、西郷に追われて、トッテケテー」

という歌がひろく子供たちのあいだで歌われていた。地方の人びとの全体が明治政府に共感をもつようになるのは、日清戦争で日本が勝ってからのことだったという。

このような地方生活の中から同時代を見る眼は、中央政府の公式発表から同時代を見る眼と対立する。また、子供の遊びやはやし言葉の中に同時代の感覚や価値判断をとらえる方法は、それまでの歴史学になかったものといえる。この方法は、生方の本が出てから数年後に書かれた柳田国男の『明治大正史・世相篇』でさらに方法的に精密なものにされる。

事実の意味をひきだすのに、仮設の力がいる場合がある。ものごとの法則性についてのふかい認識が、目前のできごとの意味を正確にとらえさせる場合が多い。そのように、法則性の認識が目前のできごとを見事にとらえることを可能にした報道の実例として、マルクスの「フランスの内乱」、ダーウィンの「ビーグル号航海記」、ジョン・リードの「世界をゆるがした十日間」がある。これらはジャーナリズムの古典ということができよう。日本のジャーナリズムの歴史において、われわれはこれらと肩をならべうる古典をもたない。しかし、日中戦争に際して尾崎秀実が書いた一連の中国についての解説記事は、中国問題に対する法則的認識にささえられたするどい予測をふくんでいたと考えられる。

このように大きく歴史的脈絡の中で事件をつかみ、予測を試みる型の大記者の系列に対して、大づかみにすることを避けて、断片的な事実を事実として報道する小記者の系列がある。

日本の新聞・雑誌が全体として国策に沿うて、軍国美談製造にのりだした時代に、この全体的傾向にある種の歯止めをかけることができたのは、尾崎秀実のような少数の例外をのぞき、断片的な一個一個の事実の狐穴の中にたてこもって、その場その場でひとつの事実を報道するという方法をとった、いわば職人気質の小記者たちであった。大宅壮一（一九〇〇—一九七〇）の「無思想人宣言」、馬場恒吾(1)（一八七五—一九五六）の「新聞製作者とその人生観」は、ひとつひとつの事実を報道することのおもしろみに生涯をかける、根っからのジャーナリストの思想形態をえがいている。大宅と馬場とはそれぞれ戦時下の日本のジャーナリズムにおいて最も優れた同時代の記録を書きつづけた人びとである。

（1）馬場恒吾に関しては、敗戦後の馬場の読売争議における役割からさかのぼって推定して、敗戦までの自由主義ジャーナリストとしての役割が不当に軽視されているように思われる。

六

報道機関の規模が大きくなると、記者個人の報道と、その記者の属している新聞によってなされる報道とのあいだのひらきが大きくなってくる。明治のはじめにはそういうことはあまりなかった。自分の書く記事がのらなくなれば、べつの新聞に移ってそこで書くというふうな習慣がふつうだった。田舎からでてきた二十歳そこそこの青年のころに、黒岩涙香はくりかえし新聞をつくっているくらいだから、移るのはさらにたやすかったろう。

記者がべつの新聞社に移るのは、欧米では今日もふつうのことだ。しかし日本では、一度大きな会社に入った者は終身雇用制度をたよりとして、そこに終りまでつとめつづけることがふつうとなっている。ここではジャーナリストの思想と（機関としての）ジャーナリズムの思想とは縁のないものとなる。新聞社に働いている人びとの同時代観が彼らの新聞の紙面にあらわれている同時代観からかけはなれたものであることが、今日ではふしぎに思われていない。このような状況を決定的にしたのは、敗戦後三年目の一九四八年に占領軍が日本の新聞に強制して採用させた「編集権」の確立にある。[1] 一九四八年三月十六日に日本新聞協会が発表した「新聞編集権の確保に関する声明」によれば、編集内容に対する最終的責任は経営者と編集管理者に帰せられる。この編集権についての承認を前提とした占領軍の圧力が、敗戦直後の時期にたかまった新聞社従業員の編集への参画意欲をうちくだいた。

報道機関の機構の巨大化と、その内部における経営者の編集権の確立とは、ジャーナリズムの思想とジャーナリストの思想とをきりはなした。表現形態の最後の部分まで自分の責任のもとにおきたいと考えるジャーナリストは、マス・コミュニケーションとはちがうジャーナリズムの形式を工夫せざるをえなくなった。これが戦後の次に来た安定期に、「マスコミ」に対抗して「ミニコミ」（ミニマム・コミュニケーション）とよばれる小新聞、小雑誌に自覚的に賭ける人が多くなった理由である。

こうした状況下に、日本のジャーナリストの思想は、百年をさかのぼって、幕末―明治はじめのジャーナリズムの思想と新しく結びついてゆくように見える。

明治はじめの小型ジャーナリズムについてはすでにのべた。そのつぎに小型ジャーナリズムが活躍するのは、日露戦争前夜からの社会主義者の報道機関としてである。『平民新聞』、『労働世界』、『近代思想』などについてはすでにこの『現代日本思想大系』の「社会主義」、「アナーキズム」などの巻でふれられている。三度目に小型ジャーナリズムの活動が重要な役割をつとめるのは、満洲事変以後の戦争時代である。この時代を代表するものとして、矢内原忠雄の『嘉信』、生方敏郎の『故人今人』、桐生悠々の『他山の石』、正木ひろしの『近きより』がある。矢内原については武田清子編「キリスト教」にくわしい。生方については、すでにふれた。

桐生悠々（一八七三—一九四一）は金沢に生まれ、東大法学部卒業後、東京府庁、東京火災保険、博文館勤務をへて、『下野《しもつけ》新聞』主筆となった。その後『大阪毎日』、『大阪朝日』などの中央の大新聞につとめてから、ふたたび地方新聞の主筆として『信濃毎日』、『新愛知』、またもう一度『信濃毎日』で、中央政治批判の健筆をふるった。一九三三年八月十一日、「関東防空大演習を嗤《わら》う」という論説を書いたために、軍部の圧力で『信濃毎日』主筆の地位を追われた。明治はじめに育ったジャーナリストとして、彼は新聞記者は無冠の帝王だというこころざしをまもって、時勢にこびず、名古屋に移って一九三四年六月から読書会をおこし、その会報として『他山の石』（はじめは『名古屋読書会報告』と題された）を発行した。「他山」とは、この読書会で、日本人が当時思いあがって読まなくなった欧米の政治、経済、文化に関する新著を紹介していたからである。新聞記者は、馬場恒吾が「新聞製作者とその人生観」でのべているように、事件を見てそれをしらせることでうれしくなっている野次馬的人間であって、その彼にとっては書く場所をもっていることが欠くべからざる生きがいである。その書く場所をたもつために、自分の思想とどれほどあわなくなった新聞社にでもつとめつづけるという姿勢が生まれやすい。このことは、新聞社、放送局などに籍をおかない自由なジャーナリストの場合にも、単純に発表の場所をもちたいという欲望に流されて、自分の報道のしかたを自分で制約する例が多い。このことが会社づとめをすると否とをとわず、ジャーナリストの思想の転向の特有の条件となる。桐生悠々は、自分の見かたを発表する場所を求めることを第一義として、新聞社を転々とかえることをふつうのことと心得た明治のジャーナリストの気風をたもちつづけたために、新聞に対する軍国主義的統制のもとで、彼がジャーナリストとしてもちうる発表の機関は、自分が主になって仲間とともに発行する小型ジャーナリズムにしかなくなった。このころ彼は経済的にも追いつめられており、個人雑誌『他山の石』のわずかの購読料が生計の中心であったという。

彼の最期を息子の桐生浪男はつぎのように伝えている。

「そののち半月ほど経って九月に入り、危篤の電報を受けました。私は家族を連れて貴方（父悠々のこと）にお会いしましたが非常に喜んで下さいました。既に一週間余も水以外嚥下《えんか》できず衰弱は極度となっていられました。応急療法として、喉を切開して管を通じて滋養物を流す方法もありましたが、貴方はすでに『他山の石』の廃刊の辞を読者に送り社会的訣別をしたあとでもあり、この世の生活にはもはや何の希望も持っていられないので、手術拒絶の言葉に私も同意して、恐らく十数時間後に迫る死期を静かに待つこととしたのであります。九月十日夜半、だんだん衰える貴方の躰を感じつつ、もう駄目だと覚ったので、貴方の意思には反するでしょうが、一応弟を医者に走らせましたが、その間に貴方は私の膝の上で昇天されました。かすかに『頼む』と言う言葉を聞いたような気がしました。私は『本当に御苦労さんでした』と貴方の耳に伝えました。十一名の子供の養育と教育を筆一本の波乱の生涯の裡にここまで頑張った貴方の偉大なる父性への感謝を心から捧げました。翌々日、ささやかな葬儀を自宅で行ないました。貴方からの指図がなかったので一同の協議で仏式によりましたが、貴方の仏式の死出の旅路姿はリベラリストの悠々とはそぐわないようにも思えましたので、貴方の本箱から、誰の著書であったか忘れましたが、確か『自由主義の発生と成長と将来』という英書を、庭に咲いていた花束と共に棺に入れました。

その夜、貴方のからだを収めてきた覚王山の火葬場の煙突が、はるかに松林越しに見える貴方の書斎で、私共が通夜をしていましたが、夜半、憲兵隊か警察か忘れましたが四五日前に貴方の手で発送された『他山の石』廃刊の辞」の発行停止の命令を持って来たものがありました。居合した弟たちは色をなして意気まいたのですが、私はふと、貴方の句の中で最も忘れ難い『蟋蟀《こおろぎ》は嵐の縁に鳴きやまず』を口吟んだのであります。」

正木ひろし(2)(一八九六—一九七五)は一九三七年四月から『近きより』という同時代批判を主な内容とする個人雑誌を出しはじめた。この雑誌が敗戦の日までどうして続いたかは、ふしぎとしかいいようがない。ナチス支配下のドイツにおいても、ナチス批判の物語「大理石の断崖にて」を書いたエルンスト・ユンガーが生きながらえたように、また、ファシズム下のイタリーにおいてクローチェが自由主義の哲学を説きつづけたように、全体主義の言論統制にも数カ所はゆるいところがでてくるものであるらしい。この個人雑誌の読者・寄稿者の表を見ると、それがいわゆる左翼、右翼の区分を超えていることがわかる。ましてや旧左翼内の社民系とか共産系とか労農派とか講座派とかいうこまかい党派別とはさらに関係がない。純粋の学究といえる数学者の白石早出雄あり、陸軍大将宇垣一成あり、右翼の津久井龍雄、安岡正篤あり、少年軍事物語作家の山中峯太郎あり、プロレタリア作家の前田河広一郎あり、自由主義ジャーナリストの馬場恒吾あり、左翼から右翼に転向したばかりの作家林房雄があり、というふうで、思想的ならびに政治的陣営の区画を取りはらって自在にうごきまわっている感じがある。共産主義者を中核として左翼自由主義者をくわえるのが、当時の人民戦線思想の定石だったとすれば、『近きより』の購読者・寄稿者層は当時の人民戦線の常識をやぶっている。ここに意外な存続の理由があったように思われる。主筆が自由な立場にいること、ひもつきでないことが、取り締る側にあるていど理解されていたからではないのか。この雑誌の中心は、政府の軍国主義的政策に対する便乗の風潮への妥協のない批判であり、その批判は真剣な国家主義者にとっては聴くべきものと思われたのであろう。購読者・寄稿者が時として感想をのべており、それらはこの雑誌が少数読者層に対してなにを意味したかを伝えている。

一九四〇年のアンケートから。

「『近きより』は、筆者の時局に対する啖呵《たんか》の缶詰《かんづ》めとして、毎号賞味させていただいています。そしてその缶詰めはなるべく外の『市中の店』に卸《おろし》売《う》りされずに、生産者から直接消費者へ配給する方針を貫いていただきたいと思います。以上ははなはだ午勝手《かってながら》。」（『東京朝日新聞』論説委員　嘉治隆一）

「『近きより』を読んで痛快を覚えることが多い、同時にハラハラさせられることもある。職業柄間違いはあるまいと思うが、せいぜい御注意を願います。」（杉村楚人冠）

戦時下の大新聞内部にいた自由主義的ジャーナリストの嘉治隆一、杉村楚人冠たちが、大新聞社と無関係に、個人の力で同時代批判をつづける正木ひろしに対して深い共感をもっていたことがうなずける。思想の生産者から消費者へ、大新聞社の仲だちなどを経ないで直接におくりとどける小型ジャーナリズムが、いかに重要な役割をもつかを、これらの大記者たちは知っていた。

（1）「編集権」については、山本明「新聞『編集権』の成立過程」（『同志社大学人文科学研究所紀要』第五号、一九六三年）による。

（2）正木ひろしについては家永三郎の『権力悪とのたたかい』（弘文堂、一九六四年）がある。戦争中に自由主義的立場からの時勢批判の姿勢をくずさなかった岩波書店と東洋経済新報社についてもふれたかったができなかった。岩波については『岩波書店五十年』（岩波書店）と、社主岩波茂雄についての二つの伝記、安倍能成『岩波茂雄伝』（岩波書店、一九五七年）と小林勇『惜櫟荘主人』（岩波書店、一九五八年）がある。東洋経済新報社については『言論六十年』（東洋経済新報社、一九五五年）がある。戦時下の社長石橋湛山の著作の一部は、『現代日本思想大系』の長幸男編「実業の思想」におさめられている。

書かないジャーナリストとしての清沢洌の意味も重要である。多田道太郎編「自由主義」に『暗黒日記』が収められる。

七

機構としてのジャーナリズムの思想と、そこに働くジャーナリストの思想とがきりはなされ、その結果それぞれのジャーナリスト個人にとっては心ならずもジャーナリズムの機構の歯車にまきこまれて転向してゆくという過程があった。その過程そのものは、新聞社、放送局の内部でおおやけの手続きによって分析され反省されたことがない。日本は新聞・雑誌・放送・出版のさかんな国であるにもかかわらず、どの新聞社、放送局、映画会社、出版社の公式の社史を見ても、その中に軍国主義への協力にまきこまれてゆく過程の分析がなされた例を知らない。ヨーロッパでは全体主義への屈伏をおこなった新聞は、つぶれたり、社名を変更したりしたが、日本ではそうした例はない。むしろ社外からの自由な寄稿者としてのジャーナリストの立場から、自分がいかに戦時の発表機関のしくみの中で表現を変え、思想を変えていったかを記録した大熊信行（一八九三—一九七七）の「告白」が、戦時下のジャーナリズムの転向に側面から光をあてている。(1)

竹内好は「『戦争体験』雑感」の中で、敗戦を機会として教壇からしりぞいた教師をたずねて記録をつくりたいと書いた。ジャーナリズムの世界でも、敗戦を機会にしりぞいた人の意味はふかい。そういう人のひとりとして、むの・たけじ（一九一五―二〇一六）がいる。むのは、一九四五年八月十五日、敗戦の日に、それまでつとめていた朝日新聞社をやめた。一九四八年二月二日から、秋田県横手町で、タブロイド判二ページ、一部三円の週刊新聞『たいまつ』を発行し、今日におよんでいる。むの・たけじの方法上の特色は、小さい新聞に移ってからも朝日新聞社入社当時に教えられたとおりに、新聞記者は足で歩いて記事をつくるという信条を実行しているところである。小さな発表機関に移って妥協のない社会批判を試みる時、ジャーナリストは、同時代に完全に背をむける方向にむかいやすく、同時代のできごとについてゆくというジャーナリズム本来の機能を捨てやすい。こうしてジャーナリストは、その日その日とつきあってゆくというジャーナリストとしての至上命令を忘れて、詩人となり、思想家となり、説教家となる。そうした誘惑をしりぞけて、どんなに舞台が小さくなろうと、ジャーナリストとしての本来の活動をつづけてゆくところに彼の本領がある。

田村紀雄の「ローカル紙の生態」によれば、むの・たけじが横手で発行しているような小さな新聞は、第三種郵便の認可をとっているものだけで、全国に三千五百から四千あるといわれる。和歌山県と兵庫県との二県にかぎって、田村はこれらの小さな新聞の主筆たちの列伝をつくったが、その中にはむの・たけじのように地域社会を足でまわって、それぞれの市または町というかぎられた領域の中で同時代の記録および批判をつづけている人びとは多い。これらの小型ジャーナリズムによるジャーナリストたちは、中央の大新聞によるジャーナリスト以上に、ジャーナリストとしての機能を今日の日本ではたしている。

その反対の極に、大きなジャーナリズムの機関の内部でその改善のために努力しているジャーナリストの集団がある。小和田次郎の『デスク日記』は、マス・コミュニケーションの機関内部で、どんな記事がどのような理由で出ないか、あるいはどのようにしてどんな記事が出るかの工程を、日録のかたちであきらかにした。戦後の日本は、戦前のような軍事機密保護法や検閲の制度をもっていないのだから、送り出されるべき記事が送り出されない場合には、国家の強制力の直接の発動によるのでなく、経営者による社内の自己検閲による場合が多い。その社内自己検閲のからくりをみずからの手であきらかにし、ニュース製作工程そのものをニュースとして発表する道がたもたれてゆくならば、そこにはジャーナリズムの機能停止と戦う余地がなおも残されている。

今日の日本で働いている小型ジャーナリズムの中で、最も根本的なしかたで同時代批判をつづけているものに、吉本隆明(一九二四―二〇一二)の発行する『試行』(隔月刊)がある。この雑誌にはジャーナリズムのもつべき同時代についての記録性は薄く、今日についてゆき、同時代批判をおこなうという側面に重きをおいている。この雑誌は、大衆的規模での反対運動にもかかわらず日米新安保条約の成立した翌年、一九六一年九月に、谷川雁・吉本隆明・村上一郎の三人の同人によって創刊された。発行所を吉本の自宅におき、直接購読者のみによってささえられるというあくまでも非商業的なかたちをとった。その後同人から谷川と村上がしりぞき、吉本が発行責任者となって今日にいたっている。商売としてのジャーナリズムを廃して、自立的なジャーナリズムによって妥協のない批判をつづけてゆこうとしている。

占領軍による「編集権」概念の確立の過程で、『西日本新聞』から一九四七年十二月に追われた最高闘争委員谷川雁(一九二三―一九九五)は、一九五八年から『サークル村』という雑誌を出しはじめた。その創刊号にかかげられた「さらに深く集団の意味を」という宣言は、サークルという集団的主体による同時代記録の運動を進め、独自のジャーナリズムへの道をひらいた。ここではジャーナリズムは、もとの日記という意味をとりもどし、それを集団化し、中央の権力者によって編集権を独占された新聞というかたちのジャーナリズムと向きあっている。『サークル村』は二年あまりで生命を終ったが、このかたちでのジャーナリズムの成立の可能性を教えたという点で、影響はなお残っている。秋田県能代市を中心とする白鳥邦夫らの『山脈』は、サークルによる同時代記録をつみあげてゆくことで独自のジャーナリズムとして存続している。

日本のジャーナリズムの機構によっては、みずからの戦時屈伏の記録さえつくりにくいことは前に書いた。『山脈』のような東北の小都会を中心とするサークル・ジャーナリズムは、日本の大型ジャーナリズムの「編集権」による制約をもたない故に、民衆的レヴェルにおいて日本の戦争責任を自覚する目標をもって、記録をつみかさねている。(2)

(1) 戦時下の編集者の生活を記録したものとして、池島信平『雑誌記者』(中央公論社、一九五八年)、酒井寅吉『ジャーナリスト』(平凡社、一九五六年)、渡辺潔・美作太郎・藤田親昌『言論の敗北――横浜事件の真実』(三一書房、一九五九年)がある。

(2) 『山脈』の歴史については、白鳥邦夫『無名の日本人』(未来社、一九六一年)がある。戦争についての記録をつくっている生活綴り方運動のサークルは全国に多くある。主婦によるものとして、鶴見和子・牧瀬菊枝編『ひき裂かれて』(筑摩書房、一九五九年)、当時こどもだった人々によるものとして、月光原小学校編『学童疎開の記録』(未来社、一九六〇年)がある。

また、むの・たけじのように、家庭を基盤として運営される地域ジャーナリズムのもう一つの記録として真尾悦子『二人きりの工場から』(未来社、一九五九年)がある。

八

ジャーナリズムとは、単に新聞をさすものではなく、同時代を記録し、その意味について批判する仕事を全体としてさす。このように対象を理解する時、ジャーナリズム論は、三つの重要な視角をもつものと思われる。第一は、同時代のできごとを正確に記録し、そのゆたかな意味をひきだすことをさまたげる力についての考察である。これは、イデオロギー論的視角といっていいであろう。この中の一部分として、転向論的考察がふくまれる。第二は、ひとつのジャーナリズムの表現形態を、それのおかれる文化の総体の中でとらえる方法である。新聞ならば新聞を、新聞としてだけ考察するのではなく、ラジオ、映画など他のマス・コミュニケーションの種目とあわせて論じ、さらにその社会における会話の習慣、つきあいの習慣との関連においてとらえてゆく方法である。これは、文化人類学的な視角といえよう。ただ、この方法を通して研究をすすめると、研究の導きの糸となった思想につれられて、コミュニケーションの総合的な使用とその無限の拡大によって、人間の問題が解決されるような幻想が生まれやすい。それをおさえるために、第三にディスコミュニケーションの役割をとらえる注意を必要とする。新聞が普及し、ラジオとテレビの台数が増せば、その社会での思想の向上があるかのように考えるコミュニケーション万能主義をわれわれは排除しなければならない。これは、ジャーナリズムの自己抑制の視角と呼んでおこう。

一九六五年現在の日本には、アメリカについで、そしておそらくソ連やヨーロッパ諸国以上に、多種多様なマス・コミュニケーションの種目が発達している。島国の二千年間の歴史を通して編みだしてきた明治以前からのコミュニケーションの様式もまた、様式においては、若い国であるアメリカをしのぐほどに多彩である。これらのマス・コミュニケーションおよびコミュニケーションの諸様式をひとつのものとしてとらえ、またお互いの交流の面においてとらえる研究は、戦後に大きく発達した。しかしこうしたとらえかたは戦後にはじまったものではないので、すでに大正時代、日本で大衆社会と大衆文化が最初に成立したころから、すぐれた個別研究がいくつかなされてきた。この巻（『現代日本思想大系』12「ジャーナリズムの思想」）では戦後の研究をべつとして、大正時代から敗戦までの時期になされた総合的なジャーナリズム研究の先例をいくつかおさめることにした。こうした研究の中では柳田国男と中井正一の仕事が重要なものだが、それらはべつの巻にすでにおさめられているのでとりあげなかった。

清水幾太郎（一九〇七―一九八八）の「流言蜚語の社会性」は、いまここにあげたイデオロギー論的視角、文化人類学的視角、ジャーナリズムの自己抑制的視角をあわせそなえた総合的ジャーナリズム論のひとつの例であり、日本独自の新聞学がこの論文とともに生まれたといってよい。この論文は、十八世紀ロシア史におけるプガチョフの死刑にまつわる伝説の分析というかたちをとっているが（それでも伏字をまぬがれていない！）、じつは一九三六年二月二十六日の陸軍少壮将校の重臣襲撃の直後に書かれた日本の新聞批判なのである。この二・二六事件については当時、納得のゆく報道がおこなわれず、やがてはきわめてあいまいなかたちで責任者の裁判と処刑がおこなわれた。当然のことだが、この事件についてさまざまの流言がおこった。清水は、この状態を全体としてとらえ、新聞による報道が制約されるのに応じて、民衆の手製新聞ともいうべき流言がわきあがってくることを指摘し、流言との相関関係において、流言の側に筆者としての共感を仮託しつつ新聞の批判をおこなったのである。

戸坂潤（一九〇〇―一九四五）は、日本のマルクス主義哲学者の中で、新聞をイデオロギー論の対象としてとりあげた数すくない人のひとりである。戸坂は「新聞の問題」、「新聞現象の分析」、「アカデミーとジャーナリズム」、「批評の問題」、「与論の考察」などの一連の論文を書いた。戸坂は資本主義社会のからくりを見させまいとする新聞の働きについて考えた。新聞がこのために生みだす意識の幻想性をとらえるための方法を工夫しようとした。「新聞現象の分析」は一九三三年二月に『現代のための哲学』の一部としてはじめて発表されたもので、新聞紙と読者の関係、新聞紙と新聞社組織との関係についてのこまかい議論を展開している。大新聞が中立性を看板としながら、その中立性のもとにおいてブルジョア階級の利益にしばられたイデオロギーを代表する条件が分析されている。[1]

長谷川如是閑（一八七五―一九六九）が一九三六年に書いた「ラジオ文化の根本問題」は、満洲事変以後急速にのびてきたラジオの量的威力に対してある種の抑制をくわえようとする意図から書かれた。ラジオが普及することを通して、日本各地の青少年たちが自分のおかれている環境や生活感情と無関係な表現形式をラジオからまなんで、それをおうむがえしに模倣することを憂えた。自分のくらしに根ざした思想とその表現方法をラジオ文化の普及によってうばわれてはならぬ。ラジオが普及するのに応じて、そのラジオ悪に対する解毒剤として、大衆の中に、自分たちのもっている「原型芸術」がおこってこなければならぬ。自分が誰かもうひとりの身近かな人と話す話しかた、自分たちの仲間でやる祭りや踊りに対する愛情が、さらに強くわきあがってくることが、ラジオ文化発達の時代に必要だと長谷川は言う。この論文の中で展開された「原型芸術」と「複製芸術」との区別は、戦後に多田道太郎の『複製芸術論』にうけつがれるもので、多田の議論の中では、オリジナルのない複製芸術としての映画やレコードが民主的工業社会の新しい表現様式として高く評価され、如是閑ほどの悲観的評価は見られない。如是閑の評価のしかたがあたっているかどうかはべつとしても、彼がここでマス・コミュニケーションとパーソナル・コミュニケーションとのつりあいのとれた発達という社会的理想像を提起することによって、ジャーナリズム論のひとつの規準をつくったことは重要である。

戸坂潤は新聞に対して唯物史観を適用することを主張し、精密な見取り図をつくったが、個別的な実例についての分析に成功をおさめていない。彼の仕事は主として概論に終った。今村太平(一九一一―一九八六)は、マス・コミュニケーションのひとつの個別的実例の中にはいっていって、その分析を通してそれの生みだされた社会構造との関係をときあかすことのできる映画理論家として、一九三八年に「映画芸術の形式」をもって登場した。今村の映画論においては、社会構造の歴史に対する彼の認識と映画作品に対する彼の鑑賞とが互いに触発しあって、いきいきとした相互作用となってあらわれる。映画は今村にとって、特定段階の特定社会の産物であるとともに、作者ならびに観客にとっての創造的思考の過程である。映画の特色を今村は記録性の中に見る。対象とカメラとのあいだにあるぬきさしならない一義的な関係が、今村の言う映画的思考の細胞である。その最小単位の記録をつみあげてゆく過程で虚構性があらわれてゆくとしても、その虚構性は、文字言語による小説とか論文とかのもつ虚構性とはちがうものとなる。なぜならば、今村は一九四〇年に『記録映画論』に書いたように、「カメラの前では想像が想像のままで存在するということはできない」からである。「あらゆる想像は、明瞭な人間行動としてのみカメラの対象になる。記録映画の歴史は文学と反対に、想像を想像として存在せしめず、事実によっていちいち置きかえてゆくものである。」

この『記録映画論』が、戦争下の戦争報道映画に密着して、それから刺戟を得て書かれたことは興味ぶかい。また、このように記録映画を基本におく今村に、べつに『漫画映画論』という著書があって、日米戦争の前夜に書かれたにもかかわらず、アメリカの漫画映画に対するふかい共感と洞察とをふくむものであることが注目される。ここでも今村は、漫画映画の創出にあたっての記録性と、その記録を虚構によっておきかえてゆく工程とを分析し、記録性と虚構性の相互作用として漫画映画をとらえている。(2)

戦後の日本には、アメリカ占領の下にコミュニケーションの諸種目の国際化が、なかばおしつけられたかたちで進んだ。占領終了後の今日も、おしつけられた状態は続いているが、同時に日本人のつくりだすコミュニケーションが国際的有効性をもつ条件もまた生まれている。日本人のあいだから黒沢明の「羅生門」、「生きる」、「七人の侍」などの映画、岡村昭彦のベトナム戦争写真集などのように国際的影響力をもつ作品があらわれた。報道と評論の領域にも、加藤周一、小田実のように諸外国と日本との比較によって、外国人に納得できるしかたで日本の状況を報道する力をもつ人びとがあらわれた。日本のジャーナリズムは、史上はじめて国際的な報道の領域にのりだすところまできたように思われる。

明治時代に日本のジャーナリズムは最も近い外国である朝鮮人の側から日本を見る工夫をおこたり、大正時代には関東大震災直後の数日のうちに四千人の朝鮮人を裁判なしで殺した事実について報道することなくすぎた。昭和時代に入ってから、日中戦争をその相手方である中国人の側から見ることを、日本のジャーナリズムはおこたった。このような日本のジャーナリズムの過去の欠落への反省にささえられる時に、はじめて日本のジャーナリズムは国際化にたえるであろう。

ジョージ・オーウェルはジャーナリストとしての彼の最もすぐれた作品「スペイン戦争回顧」において、義勇軍の兵士として彼が見た戦争が、彼の味方側のソヴィエト系の新聞にも敵側のナチス系の新聞にもあらわれていないことにおどろいたと書いている。歴史的事件の底辺をささえる人民の姿は、ジャーナリズムの上に完全にあらわれることはないであろう。そのことをわきまえながら、しかもそれにむかって歩むことがジャーナリズムの目標となる。

（1）戸坂のジャーナリズム論については、山本明「イデオロギーとしてのジャーナリズム」（『人文学』第六一号、同志社大学人文学会、一九六二年七月）に教えられた。

（2）一つのイメージは、ある個人の内部においては映画的思考の単位であり、それをつくり出す社会においては集団的行動の単位である。こうして映画は（写真も、テレビも、ラジオも）、思想のメカニズムの内部にはいってくるものとしてとらえられると同時に、客観的に組織される対象としてもとらえられる。こうした考え方は、今村の映画論の中に展開されていると同じころに、中井正一の「委員会の論理」（一九三六年）においてあらゆるコミュニケーション手段をふくむ体系として展開された。この考えを適用するならば、ジャーナリズムの組織の仕方が、人間の認識の条件を左右するという考え方に達する。これは、ウィーナーのサイバネティクスの考え方に近いところに、戦前に中井らが達していたことを示すものである。

〔付記〕この選集（「ジャーナリズムの思想」）をつくるにさいして、資料の収集を那須正尚氏に助けていただいた。感謝する。

（一九六五年六月）

平和の思想

一　戦争の追体験と再構成

戦後日本の平和思想は、一九三一年にはじまり一九四五年に終る十五年間の戦争からきりはなして論じることはできない。戦後の平和思想に活力をあたえる源泉の一つが、十五年戦争をどうとらえるかという努力にあるからだ。

しかし、敗戦後すでに二十三年すぎた今日では、あの戦争の体験談から反戦運動の活力をひきだすということは、もはや重大な問題とはなり得ない。むしろ、戦争体験のまったくない戦無派の若い世代の人が、自分たちの仕方で十五年戦争を追経験し再構成することをとおして、十五年戦争下の反戦運動の挫折の上に今日の反戦運動をきずくことが問題だ。(1) 戦争を体験した年輩の人々にとっても、実は問題は同じなので、二十三年前の戦争を今日の自分の生活にひきよせてこれをとらえることは、単純に昔を思いだすということではなく、今日の価値意識と認識とをとおして、みずからの戦争体験を追経験し、これを新しく構成することに他ならない。

戦中にもどってそこから考え直すということは、今ではむずかしいことだ。それをよくなし得る人にとってさえ、自分の青春を理想化してとらえる誘惑から脱けでることはむずかしい。小田実の

『「難死」の思想』は、戦中・戦後の日本の戦争記録の多くが特攻隊の出発で終るという問題をとりあげて、出発後の苦しみともだえとその死にいたる過程から戦争をとらえることをすすめた。このような見方は、戦中に育った青年にとっては、いやな考え方であり、かれら（私たち）体験派によってではできない戦争体験の再構成である。小田実は、青年将校としてではなく、空襲下に逃げて歩いていた子供の一人としてこの着想を得た。戦後になって彼がアメリカに行き、アメリカの側から空襲の写真を見たり、空襲する者の側の話をきいた時に、彼は、別れのさかずきをかわすところで終る戦中派の美学とは別の視点をしっかりともった。小田の戦争観は、小田よりも若い戦後うまれの人々の戦争観へと、戦中派の戦争観を転回する。その方向に未来があることを私は信じるが、それにもかかわらず、後藤弘の「雑感」にあるように、国家の運命に殉じた人々にたいして、その思想の価値について議論することなく無条件にぬかずくという態度に、私は共感を禁じ得ないし、共感をもつことを悪いこととは思えない。

敗戦後に忠霊塔が占領軍の命令で倒された時代に戦死者追悼の意味を見過したことがくやまれてならないと臼井吉見はのべたことがある。戦争の目的を信じて国家に殉じたものへのたやすい忘却は、敗戦直後の平和思想をうわすべりする性格のものにした。これにたいする当然の反動が、旧軍国主義者の側からおこり、やがて、一九六四年八月十五日、天皇の参加を得て政府の行事として千鳥ケ淵で戦没者追悼の儀式がおこなわれた。戦後しばらくとめられていた戦没者にたいする叙勲も再開され、これも戦時の位階勲等の方式どおりにすすめられ、この反響を見た上で、やがて生存者にたいする同じ方式による叙勲がはじまった。戦争をおこしたことに責任のあるもの、敗戦をもたらしたことに責任のあるものが公式に名誉の称号をあたえられた。しかし、戦中といくらかちがったことは、敵であった国々の高位の軍人と官僚にもまた高い勲章があたえられたことで、大都市のじゅうたん爆撃と原子爆弾投下を指揮したルメー大将にも勲一等の称号があたえられた。ここには、国家がおたがいに肩をよせておたがいの戦争犯罪をかばいあっている姿がある。

このような戦後の展開にたいして、戦後にもちこされた未決の戦争責任とあわせて、さかのぼって戦時下の戦争責任を問う動きが、うまれた。敗戦直後になされた戦争責任の追及については、日高六郎編『戦後思想の出発』(『戦後日本思想大系』第一巻、筑摩書房、一九六八年)の本文と解説にくわしい。伊丹万作や大熊信行のすぐれた論文をふくんだ敗戦直後の戦争責任論が、戦後思想の蓄積として残らなかったという事実の上に、敗戦後十年目に、戦争責任の問題が、戦後責任の問題とあわせてふたたび提起される。

一九五五年十一月号の『詩学』に発表された吉本隆明の「前世代の詩人たち」は、戦時下に軍国主義の詩を書いた人々が、そのことをたなあげして戦後はおなじような詩的技巧をもちいて民主主義の詩を書くことを、衝いた。敗戦直後の戦争責任追及が、朝日、毎日など大新聞や総合雑誌においてなされ、また占領軍の威光をかさにきて大規模になされたにもかかわらず、思想的蓄積にならなかったのと対照的に、小さな詩の専門誌に無名の若い詩人によって書かれたこの論文は、その後の十年あまりのあいだにゆっくりとその影響力をましていった。この論文の影響を考えると、日本の戦後思想においても一つの確実な蓄積がなされたことがわかる。

戦争の責任が宙に消えて、戦争をすすめて来た当人が、確信をもって今度は平和主義と民主主義をすすめるという状況に当惑した人は多い。この当惑が、戦後思想の最大の問題の一つだったと言っても、言いすぎではないと思う。戦後の積極的な平和思想は、この当惑の中からうまれた。

安田武は、学徒兵の一人として戦争にゆき、多くの友人を失って、みずからは生きてかえって来た。一九五三年十一月五日、彼は『朝日新聞』に投書して、学徒出陣の日を、不戦の誓いの日にすることを呼びかける。この投書は、敗戦直後の学徒兵の手記編集にはじまった「わだつみ会」によってとりあげられ、毎年十二月一日に不戦の誓いの行事がおこなわれることになった。安田の考え方は、最初に彼がこの問題について同人雑誌に書いた「再読『きけわだつみのこえ』」(『貌』一九五六年)によくあらわれている。それは、戦中の国家主義者から戦後の自由主義者にやすやすと転身した進歩的教授にたいする私怨と、戦中にその厭戦思想にもかかわらず戦死した友人にたいする愛着とを軸として、めんめんと書きつがれている。私情を軸としている故に、この文章は、進歩的学者についての評価においても不公平であるが、同じ理由によって、いつまでたっても絶えることがないという生活の姿勢としての強さをあわせもっている。おそらく、人間を支えるものは、究極においては私情であろうという一つの断定をたてることで、安田武は、戦後の合理主義にたいして一つの反措定をおいた。それは、合理主義的平和論にたいして、てごわい同伴者として作用する。現状分析と未来への予測の上にたつ平和論にたいして、そのような平和の理論を支える私情がなければ、それは戦争と平和に両天秤をかけた学問とはなり得ても、平和の思想としてはなりたち得ない、と安田は考える。軍国主義批判の理論を学習した多くの学徒兵が、理論は別として、思想としては軍国主義に与して孤独のかけを行なって死んでいった。その証言が『きけわだつみのこえ』である。かれらが戦争の破局的段階で、自分の理論と無関係な孤独のかけを行なった、その状況を、戦後においても、くりかえし私たちは、復元してみる必要がある。平和は、戦後の日本の大衆の望むものであるが、しかし同時に、平和への努力は、戦時下の学徒兵とおなじく、しかし今は反対の方向にむけてひとりひとりの孤独なかけとして行なわれることがなくては、今後の試練にたえられないだろう。多くの点で不公平さをもつ安田武の文章をはじめにおいたのは、平和の思想が、学術的、客観的な情勢分析だけで成り立つものではないと、私も思うからだ。

このような私怨が、わだつみの世代にかぎられるとは、考えられない。敗戦後の平和の時代においても、さまざまな私怨とその表現の方法が、この時代にきりこむ力をもつ思想を支えている。戦後の平和の中での疎外の形態を考えることが、今後の日本の平和思想の可能性を考えることに結びつくだろう。私の予想では、戦中の平和思想の圧殺の諸相と、戦後の平和思想の圧殺の諸相とは、それほどへだたりのあるものとは思われない。いずれの時代においても、思想圧殺の当事者は同じ人々だったのだし、そのやりかたに大したちがいがあるわけではない。敗戦にさいして自発的に責任の位置からしりぞいた政治家、官僚、実業家、新聞経営者、記者、宗教家、教師は、きわめてすくない。自分たちの使う教科書に墨をぬられたことにおどろいた小学生の記録は多いが、教科書に墨をぬらせたことについての屈辱と反省を書いた教師の記録はすくないという。(2) 敗戦当時の小学生、中学生の中に、明治・大正には見られなかった大人不信の姿勢がうまれたのはあたりまえのことである。この人々の中から、国家にたいする反対運動のにない手が多く出たことも不思議ではないし、この人々の中から国家にたいする既成左翼運動の指導者にたいする反対運動のにない手が多くうまれたことも不思議ではない。一九五六年以後の反スターリン主義の運動は、黒田寛一などのような戦後派の若い左翼理論家によってそれ以前からとなえられていたが、この考え方は、ソ連におけるフルシチョフらのスターリン批判を機会として、敗戦当時に小学生だった年代の学生たちの間にひろくうけいれられるにいたった。ソ連において、たとえばハンガリア事件（一九五六年）などを通じて、スターリン批判以後の政権が、スターリンにおけるような言論の抑圧の方向にもどるようになってからも、日本の学生運動の中では、もはやスターリン批判以前にあともどりすることのできない条件ができている。現代の世界情勢について充分の証拠をもつことができないままに、自分たちの仲間のくだした政治的判断を固執し、これに反対するものにたいしては腕力と棍棒とでおどしつけるという、スターリン主義批判を看板にしたままのスターリン主義という性格が現在の非共産党系学生運動に残っている。しかし同時に、ソ連政府、中国政府をうしろだてにした日本国家批判の運動という性格は、一九五九年以後の日本の非共産党系の学生運動においてはぬぐいさられた。この人々の眼には、戦前ならびに敗戦直後の日本の既成左翼の視野から一貫しておとされて来た、ソヴィエト国家によって疎外されている人々、中国政府によって疎外されている人々の問題が、つねにとらえられている。このことは、日本の革命思想として新しい領域をきりひらいただけでなく、日本の平和思想としても、重大な新しい領域をきりひらいたものと言える。敗戦後の日本の社会党、共産党が、満洲におけるソ連軍の日本人一般市民にたいする暴行を軽く見ようとしたり、ソ連による千島の占有についての批判を抑制したりしてきたことは、既成左翼組織のかかげる平和思想について、その自主性をうたがわせる根拠をあたえた。政府与党側が、アメリカという大国依存の平和思想を代表するとおなじように、既成左翼組織はソ連という大国依存の平和思想を、戦後のかなり長い期間にわたって代表して来た。この状況とてらしあわせる時、日本共産党からはなれてから日本の学生運動のつくりだした拠点は、戦後日本の平和思想にとって重要なものだった。

平和主義という思想は、どんな平和でも平和ならいいのか、平和のかげにどのようなひどいことがなされていても平和ならいいのか？　という難問をかかえている。平和を、ただ戦争なしの状態と規定して、これを他のあらゆる価値の上におくならば、この難問をかえりみることなくはじめから切り捨ててしまうことになる。そうすれば、いかなる戦争にたいしても、いつも、その当事者双方を責めるということになるだろうし、そういう立場のとりかたは、論理的には明晰だが、社会思想としては、不十分なものになろう。そのような平和主義は、もし文字どおり社会に適用されたなら、今の社会における富の不均等と権力の不均等を正当化することになり、平和の下で進行する飢えと搾取と差別とを見過すことになる。田中慎次郎の着想をかりるならば、そのような静的な平和観を排して、今の社会にたいして力づよくはたらきかける車輪の軸となるような動的な平和観が必要なのだ(3)。

動的な平和観は、人間の価値の実現の条件としての生活をひろく確保しようという努力からうまれる。それは、平和の名の下に生活をむしばむさまざまの力にたいしてたたかう努力とむすびつく。平和の名の下に存在している人間の不幸の諸形態をどのようにとらえているかが、平和の思想の質をきめる。

『きけわだつみのこえ』は、戦前にいくらか軍国主義以外の教養に接することのできた学徒兵が、平和への心の傾きを示しながら戦争に殉じる記録である。これらの学徒兵の手紙には、平和への願望が語られているにもかかわらず、平和であった時代にさえも日本が朝鮮、台湾、中国にたいして続けて来た不当な支配についての自覚と反省が見られない。このことは、学徒兵を支えた平和の理念が、動的なものになり得なかった原因を示している。この十五年戦争以前のいわゆる平和が、どれほどの屈従と飢えと貧困とを植民地の人々にしいて来たか、また国内の人々にしいて来たか、そこからかれらの国家を見ることができたならば、かれらはその国家に奉仕する自分の献身の姿勢を美化することに終らなかっただろう。戦後に、戦争体験をもたない若い人々がきりひらいた平和思想の領域は、その

部分にかかわるものだった。(4)

(1) 石井力・中村政則・高橋武智・山口俊章・古山洋三・平野英雄「戦争体験の挫折を越えて」(『わだつみのこえ』一九六八年六月、第四三号) は戦中派にたいして、戦無派からくわえられたするどい批判を含んでいる。

一九六八年九月二十日の『朝日新聞』(世論調査「明治百年をこう見る」) によれば、この百年間で日本にとって最も大きな事件は何か、という問いに対し「太平洋戦争・原爆・敗戦」と答えた者が、「明治維新」と答えたものをしのいでほぼ九割を占めている。このことは、「戦争体験」が戦後日本の大衆の間に語りつがれて、戦後思想の重要な部分となっていることを示す。

(2) 無着成恭「教育」、久野収・鶴見俊輔編『思想の科学事典』(勁草書房、一九六八年)。

(3) 田中慎次郎「核兵器で平和が保たれているのか」『世界』一九六八年一月号。

(4) 玉城素の次のような評価に私は賛成する。「日韓闘争に参加し、あまりにもみじめな敗北の味を知った戦後派の若い世代の中に、ひそかな衝撃波が生じていたのであった。ここに、まったく新しい形で戦後の朝鮮問題体験が開始されていたのである。それは戦後政治の枠組から解放された思想運動としての国際連帯運動の可能性をはらんでいる。」——玉城の状況分析は、『民族的責任の思想』(御茶の水書房、一九六七年) にくわしい。

玉城はここで主として京都の九・一委員会について述べているのだが、その他にも、日本のいろいろな地域におこった金東希 (ベトナム戦争におくられることを拒否して日本に密航して来た韓国軍兵長) を守る会、(台湾独立運動に参加したという理由などで日本から日本政府の協力で台湾に強制送還されて重罪の宣告をうけた学生を助けるための) 台湾学生の人権を守る会がある。次の資料集にある金東希のうったえは、軍国主義に反対する韓国人が、日本の平和憲法にたいしてもつ切実な期待を表現している。塩沢由典、片見富士夫編『権利としての亡命を——金東希問題を考える』(京都・金東希を守る会発行)。日本の憲法は、このような国際政治の脈絡の中で理解される必要がある。

二　厭戦と反戦

たんなるヒューマニズムでは駄目だという批判が、平和ということだけを目的として集まる大衆運動にたいして、学生運動の側からくわえられる。その含みは、ヒューマニズムではなく、社会主義の理論を支えとする運動でなくては平和をもたらすために実効をもち得ないし、平和を目的とすることではなくて革命の実現をプログラムにもつ運動でなければ平和の条件をつくることができない、ということにある。

しかし、第二次世界大戦以後の世界について明らかになった事情は、資本主義の仕組みが戦争誘発へのつよい条件をそなえているという傾向を確認するとともに、ある国が社会主義体制をとるということが必ずしもその国の内部から戦争誘発の条件をとりさらないということをも新しく認識させた。ハンガリアおよびチェコスロヴァキアにたいしてソ連が軍隊をもって侵入し、その国の政治体制を武力でもってかえさせたという実例は、平和の思想にとっての試金石となっている。ここで、「真の社会主義」、「真の共産主義」とは何かという論争がひらけてくるわけだが、おおざっぱに言って、「社会主義」を自称する社会体制があるところでも、その国が戦争を誘発しないという根拠はないということまでは明らかになっていると思う。第一次世界大戦直後におけるように、人民の祖国ソヴィエトを守れという掛声ひとつで、平和運動を呼びおこすことはもはやできない。敗戦直後の日本につよくあらわれたような、ソヴィエト政府のやりかたを何から何まで美化してソヴィエト国家を平和思想の化身のように主張する平和思想は、今日では、左翼の間でも影をひそめており、戦後二十三年の思想的空気のうつりかわりを感じさせる。しかし、二十年前には、ソヴィエトの満洲侵入当時の日本の婦女子にたいする暴行さえも無視してソヴィエトを擁護する平和思想が、日本の社会主義陣営には（政治家だけでなく、学者、評論家をふくめて）普通だったのである。[1] また、ソヴィエトの側について言えば、敗戦直後の満洲における掠奪や暴行については戦後二十三年の今日にいたるまで公に認めたことがない。このような平和の思想を（ソヴィエトは国家としても、また正統的な知識人の言説としても）代表しているのである。今日では、ソヴィエト政府の完全美化、あるいは中国政府の完全美化を前提とする平和思想の型を想定して、どの平和論をもあざわらうような論陣のたてかたが、マス・コミュニケーションをにぎわしている。そういう論陣のたてかたによると、社会主義とか革命にもってゆきさえすれば平和の問題がすべてかたづくということはない。ここまではマトを射ていると思う。だが、この点だけを主張して平和論に水をかけることに終始すると、米国を中心とする資本主義諸国の側から戦争がたとえばベトナムにたいしておしつけられてゆく条件にたいして眼をとざすことになる。

平和の思想は、社会主義の公理の一つの系《コロラリ》として考えられないほうがいい。久野収が戦後の初期に発表した論文、「平和の論理と戦争の論理」（『世界』一九四九年十一月号）は、平和の理論を革命の思想に従属させて考えるのがただ一つのまっとうな道だとする考え方がひろく知識人をとらえている時期に、平和への要求から出発して一つの思想体系をつくる道もまた開かれていることを示した。平和の理論と革命の理論の区分と両者の相対的自立性、これをみとめた上でさらに平和の理論と革命の理論がいかにかかわるかを考えることが、二十年前とおなじく、今日も問題であろう。久野収の提案は、平和についての討論のルールを示したものとして、有効である。また、この論文の中で、戦争にたいする嫌悪の感情を自分の中に育てることが、平和の思想にとって重大だという指摘があるが、この考え方は、権力政治の情勢分析としての平和論からこの論文を区別する。

戦争にたいする嫌悪の感情は、厭戦という形でも存在し得るし、反戦という形でも存在し得る。原爆を体験した原民喜の「ガリヴァ旅行記」は、厭戦思想の表現であり、人間性そのものにたいする疑いと結びついている。厭戦の感情は、人間嫌悪の感情とむすびついて、彼の思想の深さをつくる。ここには、政治嫌いの立場からあらゆる戦争に対立しつづける一つの視点がある。老荘的、仏教的な平和思想は、このように、根づよい人間不信とむすびついて成りたつものだが、そういう平和的心情は、これまでのところ明治以後の日本では開拓されずに終った。日本の仏教徒は、日清戦争以来、一九四五年の敗戦に至るまで、このような人間不信の上にたつ戦争批判の立場をつくり得ずに、政府の戦争政策を美化することに終始して来た。妹尾義郎《せのおぎろう》の新興仏教などの運動は、例外である。戦後の二十三年間においても、藤井日達を指導者とする日本山妙法寺の軍事基地反対運動のような例外はあるが、日本の仏教徒は、日本政府が平和国家をとなえる時にはこれにしたがい、アメリカと結んで軍備を拡張する時にはまたこれにしたがうというふうで、仏教に根ざした独自の厭戦的平和思想をのべることをしない。平和運動なるものに、かくされた権力欲をかぎつけ、これにたいしても不信の念をもち、いかなる種類の平和運動にも積極的にくわわらない平和思想も、またあり得ると思うが、そのような平和思想は仏教徒の著作よりももっと明らかな形で原民喜の一連の随筆に見ることができる。

日本の仏教の側からは、十五年戦争の時代の軍国主義讃美について、戦後、ほとんど反省はあらわれていない。市川白弦の『禅と現代思想』は、私の知るかぎり、戦争責任を追及した仏教徒の文章としてまれな実例である[2]。仏教のもっている根源的視点から見る時、平和運動でさえも一種の政治運動である以上おちいりがちなかたくなさがあって、それがあわれに見えるであろう。そのような見方にうらうちされた平和思想が、日本の仏教徒の間からおこることが、ここに一つの可能性として示されている。

日本のキリスト教の場合にも、戦中の軍国主義化は、仏教とかかわりなかったし、敗戦直後の動きにおいても、仏教とかかわりなかった。日本のキリスト教団は、戦中のみずからの責任を自覚することなしに、戦後のアメリカ化の時代に入っていった。教会の戦争責任を追及する動きは、一九五九年の安藤肇の『深き淵より』(3)にはじまり、やがて、一九六七年の日本基督教団による太平洋戦争当時のみずからの戦争責任の告白にいたる。敗戦から二十二年たって、みずからの戦争責任について告白するについては、ベトナム戦争が触媒として働いた。アメリカの進めるベトナム戦争とこれに協力する日本政府の外交政策とは、日本のキリスト教徒の中に、戦後の自分たちの安易なアメリカ化にたいする反省をうみ、この戦後責任の自覚をとおして、さかのぼって十五年戦争下の自分たちの戦争責任を追及する地点にかれらをみちびいた。この動きは、同志社大学人文科学研究所編『戦時下抵抗の研究』という共同研究によくあらわれている。(4)キリスト者によるこの共同研究は、戦争下のキリスト教徒による戦争反対運動の実例を忠実にたどることをとおして、日本のキリスト教徒にたいする免罪符をつくるという誘惑をきっぱりとしりぞけ、どのようにして戦時下の日本のキリスト教徒の抵抗が不毛なものに終ったかを記録している。この本の中の和田洋一「抵抗の問題」によれば、もっともきびしい弾圧をうけ、百名近くの検挙者を出したホーリネス派の場合、その弾圧のもとになったのは、函館の牧師補、小山宗佑が、隣組が輪番制で戦勝祈願のために神社に参拝するのに参加しなかったというので訴えられ獄中で自殺したという事件である。しかし、戦争反対の意志をもったこの苦い牧師補の名前さえ、戦後のホーリネスは公式記録にのこさなかったということから見ても、戦中も戦後も、ホーリネス派は、信念として戦争に反対して来たわけでないことが推定される。やや偶然におこった戦争反対の行為は、その後、今日にいたるまでこの教派によってうけつがれることなく終っている。

同じ本の中の佐々木敏二「灯台社の信仰と抵抗の姿勢」によれば、ホーリネス派とならんで戦争下に弾圧をうけ、九十二人の検挙者を出した灯台社の場合、主幹の明石順三をふくめて五人の非転向組が最後まで戦争反対の意志をつらぬいた。五人のうち、二人が獄死、一人が危篤状態で牢獄を脱し敗戦後の一九四五年十月三十日に検事免訴となった。このようにして生きのこった明石順三は、一九四八年に米国総本部から除名され、資金難になやんで少数者のグループによる布教活動をつづけた後、一九六五年に栃木県鹿沼市でなくなったという。その生涯は、最近にいたるまで明らかにされることがなかった。日本のキリスト教会にそれを明らかにしようという関心がなかったためであろう。つい近頃のこと、灯台社の熱心な青年が、私の家にパンフレットを売りに来た時、このグループが戦争中につづけた日本のキリスト教者としてたぐいまれな戦争反対の運動について敬意をもっていることを私はのべたが、この青年は、そういうことについて何も知らなかった。戦後の日本にも灯台社の布教活動はあるが、それは戦中の明石順三たちの生死をかけた平和運動から切りはなされて、アメリカの本部と直結してつづいているもののようだ。

このような戦後の状況の中で、十五年戦争の下での平和の思想としての日本のキリスト教の死を確認し、その死体を発掘しようとする努力が、敗戦から二十余年の後にはじめられた。この努力は、戦中だけでなく、戦後の日本社会にたいする批判の上にはじめてなりたつものであり、今後の平和思想にとって大きな意味をもつ。

（1）遠山茂樹・今井清一・藤原彰『昭和史』（岩波新書、初版一九五五年）には、この傾向が見られた。この本の刊行当時、敗戦直後に満洲にいて引きあげて来たという体験をもつ学生たちが私のクラスにいて、その体験にもとづいてこの本の批判をリポートに書いてくることがあった。かれらの証言のほうに、より多くの真実があったことは、今日では明らかだ。内村剛介『生き急ぐ』（三省堂新書、一九六七年）は、敗戦直後の時期に日本の左翼の間で正統の意見だった平和思想の見おとしていた歴史の部分を私たちにつきつける。戦後の平和思想は、この本の告発にみずからをさらす必要がある。

（2）市川白弦『禅と現代思想』（徳間書店、一九六七年）。他に、一九六〇年ころから、この人は仏教徒の戦争責任についていくつもの論文を発表した。

（3）安藤肇『深き淵より——キリスト教の戦争体験』（長崎キリスト者平和の会刊行、一九五九年）。この本は、自費出版であり、戦後のキリスト教界で問題にされることはすくなかった。著者はやがて、戦争体験によって得た視点から日本のキリスト教史全体にかかわる書物を書いた。安藤肇『あるキリスト者の戦争体験』（日本YMCA同盟出版部、一九六三年）。

（4）同志社大学人文科学研究所編『戦時下抵抗の研究Ｉ』（みすず書房、一九六八年）。この中には、無教会派について書かれた篠田弘人の論文、戦時下と戦後の日本キリスト教団について書かれた笠原芳光の論文がある。

三　世論にあらわれた平和思想

戦争はきらいだ。なぜか？
戦争はどうしておきるのか？
戦争をおこさないために、自分たちに何ができるのか？

このような問題を問い、それに答えようとするところに平和の思想の領分がある。これらの問題に答えようとする時、問う人は、現代の世界の状況分析を必要とするであろう。それとは反対に、こういうふうに問題を問うこともできる。

現代の世界の状況は、どういうものか？

現代では、平和はどういうメカニズムで守られているか？

現代の条件で、平和を守るために何をなし得るか？

このような発想からなされる平和論も、平和の思想の領分だろう。しかし、戦中、戦後の日本の言論の歴史は、このように世界の大勢からときおこす人々が、平和の思想から平和以外の思想にかわりやすいことを示している。世界の大勢の論議は、外からつたえきいた知識として成立する他ないし、それは、きわめてたやすく別の世界像におきかえられる。したがって、大量の知識にうらづけられているように見える状況論も、その大部分が、他のものと自在にとりかえ得る部品からなりたっている。その種の情勢分析にもとづく平和論よりも平和の思想としてたよりになるのは、戦争についての自分の反対の意志から出発して、自分の見聞を分析して自分なりの情勢把握をつくり、この情勢把握にもとづいて自分の反戦（あるいは厭戦）の行動（あるいは無行動）の計画をたてるという流儀の考え方だと思う。それは、思想の形成の順序であって、思想の表現の順序としてもそういう形をとる必要はないが、こうした仕方での主体のかかわらせかたをぬきにした平和論を平和のためにあてにすることはできない[1]。

こう考えるなかで、無行動ということはある重さをもってくる。戦争のためには自分の指一本あげまい、同時に、反戦運動などというものにもある種の権力意志とある種の戦争勢力との結託を感じるから、このためにも指一本あげまいという考え方には根拠がある。
　敗戦後、ソヴィエト軍にとらえられ、何の根拠もないままに一九四五年から五六年までソ連に抑留された内村剛介は、戦後史をふりかえって次のように書く。「戦犯とは勝者が敗者に押しつけた名であると言って、戦犯そのものの存在を拒む風潮が今日本で盛んであるが――そしてそれを著者はにがにがしく思うが――現代の戦争の犯罪なるものはそのような次元では把えようのないものである。『勝・敗』と『正・不正』は互いにまったく別な次元にある。正しいから勝つのでもなければ、勝ったから正しいのでもない。〝正義の戦争〟ということばはまやかしである。よしんばそれを社会主義者が唱えようとも、うそはやはりうそである。」（前掲書『生き急ぐ』あとがき）
　歴史の必然的法則をすでに自分は洞察して手の中ににぎっているかのようによそおい、さらにその必然的法則を、（科学の名において）ソヴィエト政府の政策にすりかえて、その政策の擁護の立場から、平和論を展開して来た人々へのするどい告発がここにある。
　この考え方は、ソヴィエト政府への一体化にもとづく平和論への批判であるばかりではない。勝・敗と正・不正を混同して展開されるあらゆる平和運動にたいする批判でもある。平和運動は、運動であるかぎり、それがどのように権力をきらっても、ある仕方でみずからの権力を組織して、より大きな権力にたちむかってゆかざるを得ない。この時、平和運動の中に、運動の勝敗をもとにして正・不正を考えてゆくという権力政治の視点がまざって来やすい。だからこそ、平和運動に参加する人々は、平和運動にたいするつよい不信の感覚をもつ人々がいることを、たえず心においている必要がある。もし権力政治と同じ種類の行動形態しかとり得ないとすれば、平和運動としての独自の運動の意味などなくなってしまうだろう。平和運動は、みずからの運動の中に入ってこようとしない人の思想の重さを考える必要があり、平和の思想は、平和のための発言をしない人々の沈黙の意味を考える必要がある。

一九四五年にアメリカ政府が日本人の上に原爆をおとした時、仁科芳雄などのような原子物理学者をのぞいて、すぐさまにこの原爆投下の意味をとらえた人はすくなかった。まず、日本政府が、この原爆投下の事実をかくそうとし、その後ではアメリカの占領軍政府がこれをかくそうとした。これにたいする日本人の認識は、支配者の権力に抗して、長い年月をかけて自主的にきずかれていった。

一九五四年三月一日にビキニで米国の水爆実験がおこなわれ、このために日本の漁船の乗組員が被害をうけた時、それまでに蓄積されていた原爆にたいする抗議の声があつまって一つの力となった。それは、一九四五年におけるように占領軍の指令による日本の政府ぐるみの民主化とちがって、権力に抗して自主的にきりひらいた道すじである故に、敗戦直後の平和主義にない独自の力をそなえていた。

一九五二年に杉並図書館の館長となり、一九五三年にあわせて杉並公民館の館長ともなった国際法学者の安井郁は、「杉の子会」という婦人の読書会を育ててゆくうちに、このビキニの水爆実験と第五福竜丸の被災に出会った。彼は、この事件と杉並区の市民の原水爆への反応をむすびつけて一つの声としてうったえることを考えた。これは、原水爆禁止署名運動杉並協議会のはじまりであり、後の原水協のはじまりだった。敗戦直後まで東大の国際法の教授として日本政府の軍国主義政策に協力する立場をとってきた安井は、敗戦後の占領軍の指令にもとづく教職適格審査で、追放指定をうけた。一九四八年に、彼は東大を去り、戦中とは別の境涯に自分をおくこととなった。戦中の自分の行動とその帰結とは、官僚レヴェルでの政治参加のもつ意味について根本的な再検討を彼に強いた。核時代における国家批判の方法として市民のレヴェルでの政治参加の意味が、新しく彼の前にひらかれた。安井郁にとって、原水禁運動の組織者とは、きわめて適切な役柄だった。その後の原水爆禁止運動は、全国的な規模のものとなり、国際的影響をもつにいたった。しかしやがて政党系列ごとに分裂して、初期におけるような市民運動としての独自の力を失った。この原水爆禁止運動の歴史は、日本の平和運動にとって、つねにそこから考えてゆかねばならぬ回帰的な問題を含んでいる。

人類が戦争のために原子力を使うことは、何としてでもさけなくてはいけない。核武装をした大国がその危険を防ぐ方向に足をふみだしてくれないなら、国家のわくをふみこえて世界の市民の力をあつめて危険を防ぐ必要がある。このあたりまえの要求をかざしてあつまった市民運動が、その支持する国家、その支持する政党ごとに分裂して、要求を一つにすることに失敗したのである。運動の構成に政党をかかわらせたことにこの失敗の原因があった。いかなる職業的政治家の介入をも許さず、原水爆反対の意志をもつ市民の運動としてこの運動を守りぬけば、別の道をきりひらくことはできたと思う。

一九四五年、敗戦の年のくれにはじまって一九五二年、占領の終りとともに終った戦犯裁判ならびに戦犯追放は、軍事力によって敗戦国民におしつけられたもので、この結果にかならずしも国民が納得したわけではない。これに対する国民の反応も原爆に対するとおなじように、その時すぐにではなく、ゆっくりとあらわれて来た。

この戦争裁判と追放は、国民の自主的な行動でなかったし、その幕切れもまた奇妙だった。朝鮮戦争以来、米国の政策がかわるとともに、誰れを戦犯として追放するかの規準が、はじめは日本を戦争にまきこんだ軍国主義者を対象としていたところから、戦後の占領体制に批判的な共産主義者を対象とするところに、適用の仕方をかえられた。それと同時に、かつてはA級戦犯の容疑者として牢獄に収容した人々を、アメリカの政策上の都合で日本の政界に復帰させようという動きが出て来た。占領の初期には、戦争の最高責任者と考えることのむずかしい外交官広田弘毅などさえも死刑にしたにもかかわらず、経歴から言ってこれ以上の責任のあると考えられる岸信介その他を戦犯容疑をといてさらに追放解除にした。やがて、岸は日本の総理大臣となり、米国と新安保条約をむすぶ。ちょうどそのころ米国の中国スパイ用飛行機（黒いジェット機）が日本を基地にして動いていたことがわかる。また米国の大統領がはじめて日本を訪問する予定があり、この時にあわせて新安保条約を強行採決して日米軍事同盟のしるしとして贈るという計画があった。この時におこった日本歴史上最大の規模の抗議のデモは、日本人の自主的な仕方での戦犯追放の運動と解されてよいものだった。アメリカの新聞や雑誌は、日本におこった爆発的な抗議の意味を理解できなかった。圧倒的な多数を議会で占める与党の決議に、なぜ国民の中から大衆的抗議がおこるのかを、一九六〇年にはアメリカのジャーナリズムはとらえられなかった。（それからしばらくして、アメリカにも、ベトナム戦争をめぐって同種の大衆抗議がおこるのだから、今はいくらかわかるだろうが。）それは、かれらが、占領軍による戦争裁判と戦犯追放のおしつけとについての自覚を欠き、また戦時閣僚の岸信介が敗戦後に首相となってアメリカとくんで中国に対立するという状況にたいする日本人の不快についての知識をもたなかったことから来る。

ベトナム戦争は、さきに書いたように、日本人に、新しい仕方で戦争裁判のことを思い出させた。

文明の理想によって日本国家の戦争がさばかれるという考え方をうけいれるならば、同じ文明の理想によって、今度はアメリカのベトナム戦争がさばかれなくてはならない。(2) このような考え方は、バートランド・ラッセルやジャン＝ポール・サルトルを中心とするベトナム戦争裁判に見られるものである。この裁判を支持する運動が日本につよくおこり、日本政府のベトナム戦争加担をもふくめてさばく東京法廷がひらかれた。米国の北ベトナム爆撃開始の一九六五年以後、安保闘争に原型をもつ自主的な市民の抗議がひろく行われ、安保闘争のころに見られなかったねばりづよさで三年後の今日まで続いている。このような市民の自主的反応の中に、一九四五年以後のアメリカによる文明の名の下での戦争裁判にたいする一つの修正動議がある。

一九五二年の講和会議によって、アメリカ軍による日本占領は終ったが、しかし、全面的に終ったわけでなく、日本の中に米軍の基地をのこした。沖縄は、島ぐるみ一つの基地とされ、日本本土との自由な交通の道を断たれた。日本は、中国をおさえるためのアメリカの前進基地となった。ベトナム戦争においても、沖縄はもとより、日本本土内の基地は兵隊と軍需品の輸送、兵器の修理、負傷者の療養、攻撃機および軍船の発着などさまざまの用途で使われて来た。日本の米軍基地のそれらの用途について政府は発表したがらず、何かの機会にニュースもれがあるごとに、しぶしぶそれをみとめて来た。平和憲法の理念を捨てさることに政府は積極的ではなく、戦争と無関係な国家として日本が存在しているというイメージをくずすまいと努力して来た。

これにたいする国民の反応は、政府のかかげる理想をうけいれると同時に、今の政府がいくらかそれをうらぎっているとしてもまだその理想にむかう航路にひきかえすことができるという判断にたっている。小林直樹らが一九六六、七年の両年にわたって日本全国でおこなった調査によれば、「今の国際情勢の中で、日本の安全をまもるためにあなたは次の方式のうちどれがいちばんよいと思いますか」という問いにたいして、答は次のようにわかれた。(3)

1 日米安保条約をもっと強化する。(核兵器のもちこみなどを認める)……一・八%
2 安保条約を継続しながら、日本の国防力を少しずつ強めてゆく。……二二・四%
3 米軍の基地をとりはらって、有事のさい駐留するだけにする。……九・二%
4 アメリカの安保条約を廃棄して、自前の軍備に切りかえ、中立の立場をとる。……一一・一%
5 非武装中立の理想をまもり、東西両陣営と不可侵条約を結ぶやり方をとる。……一九・九%
6 アメリカとはなれて、共産陣営の国と協力する方向に切りかえる。……〇・八%
7 その他……三・一%
8 わからない……三〇・八%
9 無回答……〇・八%

これらの答えは、日本の中に米軍基地があることをみとめるものが二四%、日本から米軍基地をとりさることを望むものが四一%という二つの方向にわかれる。

基地に反対する運動は、一九五二年以来、基地の被害をうける基地周辺の人々を中心として続けられて来た。今では、基地のなかの最大のものである沖縄を争点として、ここにすでに設けられている核基地をとりさって日本復帰を計る運動がたかまっている。

（1）表現の順序として、平和の思想が、情勢分析の形でのべられることは、必要である。主体の側からでなく、状況の側から平和をとらえてゆく方法の論文は、この本に多くを収録できなかった。久野収編『核の傘に覆われた世界』（平凡社、一九六七年）、石田雄『平和の政治学』（岩波新書、一九六八年）を見てほしい。

（2）ベトナムにおける戦争犯罪調査日本委員会編『ラッセル法廷』（人文書院、一九六七年）、『続ラッセル法廷』（同、一九六八年）、バートランド・ラッセル『ヴェトナムの戦争犯罪』（河出書房、一九六七年）。

戦争裁判の理念が、どのような不足をもっていたかを今日の要求にてらして分析したものとして、次の論文がある。鶴見和子『極東国際軍事裁判――旧日本軍人の非転向と転向』（岩波書店『思想』、一九六八年八月、第八号）。

（3）小林直樹『日本人の憲法意識』（東京大学出版会、一九六八年）。

四　党派をつくりなおすもの

戦後日本の世論は、平和憲法を守ることを求め、ベトナム戦争に日本がまきこまれて協力している現在の状況に反対であり、日本から米軍基地がなくなることを望んでおり、わずかの武装あるいはまったく武装なしで中立主義のコースを進むことを国家に望んでいる。

いったい、世論の思想などというものは、思想としてとりあげるにあたいするか？　世論は、国際情勢についてのアマチュアの判断の集合であり、国際情勢についての専門的情報とその情報の科学的分析の上にきずかれたものではない。しかも、その世論のにない手の大部分は、いわゆる政治的無関心の人々の意見にすぎない。これらのマイナスがあるために、世論を、思想としてあつかわないという考え方もなりたち得る。

しかし、私は、問題が戦争と平和のような生活にかかわる大きなものである時には、戦後二十年あまりの日本の世論は、一つの思想としてのまとまりをもっていると思う。もちろん、それは、自主的武装か完全非武装かというところで未決定の部分をふくんでいるが、そういう未完成の形で生きている重大な思想である。

世論が国際情勢についての専門的情報の集積と精密な科学的分析を含まないという批判に対しても、過去五十年ほどの日本の学者、官僚および政党理論家などの専門家が、その背景とする国家権力の政策の変更に応じておかして来た無原則な判断の変更の歴史と考えあわせて見る時、世論はそれらの専門家の意見と対比した上でそれほど欠点のあるものではない。

また世論の思想が、平和にむかっているとしても、それじしんとしての政治力をあらわすことのできる集団的行動をつくり出すことができない、という批判にたいしても、これまでにあった平和のための集団的行動が、大衆の支持することのできない権力意志に支えられて来たということと考えあわせる時、かれらの思想の無行動性に、ある根拠をみとめる。大熊信行の「家庭像の創造」、その他の一連の文章は、世論の主流としてのマイ・ホーム思想を理想化することによって、かえって今日の集団的平和運動の見おとしやすい部分を明らかにしている。

戦後日本の世論にあらわれた平和思想は、明治・大正・昭和をとおして地方の民衆の間に生きた平和主義者柏木義円の言葉を借りて言えば、「愚俗の信」にたつものである。[1] 学問によってそう考えるようになったとか、世界情勢のニュースを分析してそう考えるようになったとかいうのでなく、人が根拠なく人を殺すのはよくないという素朴な日常生活上の信念をもってそこから同時代を判断する考え方を、平和思想における「愚俗の信」の立場と呼ぶとすれば、「愚俗の信」に支えられた場合にのみ、学者・評論家・政党活動家・官僚の平和思想に信頼することができる。官僚の間に、このような平和への意志につらぬかれた人があらわれることが、世論にあらわれた平和主義を日本の国家のコースに生かすことになる。しかし、ここでは敗戦直後の総理大臣となって平和憲法の誕生に一つの役割を果たした幣原喜重郎、砂川判決の起草者、伊達秋夫などを例外として、平和についての「愚俗の信」をつらぬいた政府の官僚を思い出しにくい。

「愚俗の信」は、しばしば、これこれのわなにおちいってはならない、これこれのことをしてはならない、というふうな否定の形の主張としてあらわれることが多い。安保条約を破棄しアメリカの核の傘からはなれたあとで、どのように自立的な経済を日本がきずきうるかの未来図を、日本の世論に設計しろと言っても無理である。このような代案を提出することができないから、現行の政府案でゆく他ないと主張するのが、官僚ならびに官僚の立場を代弁する学者の考え方である。平和をつくりだすために必要な代案は、「愚俗の信」におされて窮地にたつ時に官僚がつくりだすものである。「愚俗の信」の立場にたつシロウトは、実現可能な未来のコースを大まかに設定すればいいし、その細目までを立案する義務をもたない。

「愚俗の信」は否定の表現形式をとると書いたが、その考え方は、政府と対照的に民衆における十五年戦争の伝承によくあらわれている。白鳥邦夫の『私の敗戦日記』は、戦争中の自分の体験を自分の鏡として戦後二十余年を生きて来た人の記録である。『あの人は帰ってこなかった』におさめられた戦争未亡人伊藤俊江、小原こめの手記は、自分の家族のかけた人とともに戦後を生きて来た体験の記録である。作田啓一・高橋三郎の「われらの内なる戦争犯罪者――石垣島ケース」は、二十三年前の戦争当時の状況をたどりなおした仕事であり、また二十年前の連合軍による戦争裁判の記録をたどりなおした記録であるが、その意味づけが、戦後の安定した今日の社会にひきよせてなされているところに特色がある。今のわれわれのつとめている職場のにこにこした課長や課長補佐や同僚が、そのまま戦時の別の状況にうつされれば戦争犯罪をおかし得ることを、かわいた筆で書いている。(2)

政府は積極的な形で未来の理想を国民に提出したいという欲望にかられて、「期待される人間像」などを起草して民衆にくばるが、われわれが平和のためにそれよりも必要なのは、どういう条件でわれわれが人間性を失うかについてのネガティヴな肖像なのではないか。戦争体験のネガティヴな形での伝承、政府側の凸版の思想に対する、いわば凹版の思想が、平和の思想の切実な部分をつくる。十五年戦争の事実を美化して少年に教えようとする教科書検定制度に反対する家永三郎の法廷戦争は、凸版の思想にたいして凹版の思想を堅持しようとする運動としての意味をもつ。(3)

十五年戦争当時の日本の政治の責任者が、たくみにアメリカ軍の追及をのがれて米国と結びついて戦後の平和国家を推進して来たことは前にのべた。このことにたいする抗議は、戦後の日本の学生運動の中につよくあらわれた。敗戦直後からうまれた若い世代による大人不信は、その後、敗戦体験をもたない学生たちの中にまでひきつがれて、今日に至っている。敗戦にさいしてみずからの退陣を決意できなかった指導者層がその後の新指導者層にも、責任をとらなくてよい気風をひきついでいる以上、若い人々の間に、体験をこえた思想としての大人不信がひきつがれていることは、適切な対応である。

戦後の学生運動は、日本の社会主義の思想に何をつけたしたか。ソ連、中国、いずれの国家権力をも背景としない自立的な社会変革の運動を、学生がつくりだしたということが、かれらの最大の業績だと思う。このことは、平和運動にとって、どこかの国家の代弁をするのとはちがう自立的な運動の可能性をひらいて来た。しかも、かれらは、この運動を言論のレヴェルですすめるだけでなく、自分たちの生きかたをかけた抗議として政府につきつけた。その自発性と自己犠牲という性格において、一九五二年の血のメーデーの死者近藤巨士は、一九六〇年の安保闘争の死者樺美智子、一九六七年の羽田闘争の死者山崎博昭と意外に近い。かれらは警察や新聞のつくりあげた「暴徒」という姿からは遠くはなれた孤独の思想家だった。かれらが自分の心の動揺を誠実に記録しようとした態度、集団の権力をにぎろうという衝動からはなれて、自分の生き方として平和を求めていった態度は、戦後の学生運動のにない手がその最前列（最高位ではない）においてはどういう人だったかをわれわれに教える。

世論が、政治不参加という仕方で平和思想の表明をしていることの意味は、前にのべた。しかし、おなじ思想的立場をもっている場合にも、戦争参加を強要される条件が自分の生活の上にのしかかって来る時に、政治権力不信の立場をすてないながら、民衆は、ある種の政治行動にのりださざるを得ない。沖縄の平和運動は、そういう性格をもっている。立川基地に近い砂川の農民の思想と行動がそうである。ビキニの水爆実験を自分の身にうけた第五福竜丸の乗組員とその遺族の場合、広島と長崎で原爆の被害をうけてその後の困難をかかえて生きて来た人々の場合がそうである。こうした状況におかれた時、その局限された場所から、国際的連帯への意志がうまれることを、岡村昭彦は『南ヴェトナム戦争従軍記』以来の報道の連作で書いて来た。状況に追いつめられたのでなく、学生と同じように自分の思想に追いつめられて焼身自殺を計った由比忠之進のような人がいる。やや機械的な労組大組織の平和へのとりくみかたにあきたらず、創意と自立と統一とを合言葉として活動をはじめた「反戦青年委員会」の動きがある。これらの動きは、日本の現政府の動きと対立し、日本の国家と対立するとしても、無用な党派性をこえようと努力する平和思想として日本の世論と地つづきの場所にいる。

ベトナム戦争にいやけがさしてアメリカ軍をすてた脱走兵を助けてかくまうという一見ラジカルな行動にしても、米軍の発表した脱走兵リストとひきくらべると、その九割までは脱走兵援助で知られるべ平連などと無関係な日本の人々によってなされているのだ。脱走兵の一人が、沖縄をはなれて日本本土に来てからべ平連に行きつくまで一年半、ある基地の女性によって一室にかくまわれていたことは、日本の大衆の性格を考える上で一つの示唆をあたえる。彼女は、戦争の末期、広島にいて原爆をうけた人の一人だった。

このような「愚俗の信」としての平和思想の切実なにない手から、平和運動の諸国への統一の呼びかけが、くりかえしなされて来た(4)。

これまで平和運動などに参加しない人々の平和思想を中心にして考えて来た。この脈絡の中でとらえる時、無党派の市民運動の形で表現される平和の思想でさえも、不必要な党派性をなお多くもっている。何もめだった反戦行動をおこさない人々の生活の中に、その生活を支える思想の一部分としてある厭戦の思想が、平和運動の基礎となるもので、この基礎から遠くはなれる時、平和運動は、平和運動としてはもろいものになってゆく。

無党派の市民運動からはなれて、学生運動、労働運動、革新政党の運動について、それらが平和を守る力として大きなものでなくては困るのだが、戦後の日本の思想として、それらがどれほど堅固なものをうみだしたかはうたがわしい。労働階級が労働階級として、生産点でゼネラル・ストライキをもってたちあがる時、日本政府の戦争協力は根本からたちきられるだろう。しかし、そのような仕方で政府の戦争協力をたちきるほどの打撃をあたえたことは、戦後史を通じて一度もなかった。ベトナム戦争で軍需品をつくる労働者の責任についても、労働運動の中で十分にとりあげられたことがなかった。アメリカにおいて労働組合の運動が一貫してベトナム戦争賛成の立場で運動をすすめてきたことについてさえ、そういう状況についての認識をなるべくもつまいという姿勢が、労働組合の中にも、革新政党の中にもあった。そのことは、やがて、日本の労働運動と革新政党運動の中に反戦の姿勢がはっきりあらわれてこないことをも見まいとする姿勢とむすびついた。同じ時期に、学生運動は反戦運動の前衛としてあざやかな活動を続けた。かれらは、学生大衆によって十分支持されているのではない。層としての学生が、自分たちの学費だけではなく、生活費の大半を自分の労働でかせがなくてはならず、その故に全体として権力批判の姿勢をもつという時代は、戦後しばらくして終った。その後は、たとえば一九六四年の東京都大学祭連盟（早稲田・慶応三田・東大駒場・明治・立教からなる）が「平和を乱すものは何か」という質問をしたところ、早稲田大学におけるその答えは、次の様な順序になったという。第一位、愚連隊（一六％）、第二位、国粋主義（一二％）、第三位、不良出版物（九・四％）、第四位、安保条約（九・二％）、第五位、創価学会（七％）。早稲田大学だけではなく、慶応、明治、立教でも、愚連隊という答えが第一位だったという。学生運動の指導者が期待するような、「安保条約」という答えを出したのは東大駒場だけだった。(5) この調査にあらわれているように、今日の百万をこえる大学生大衆は、社会主義の理論を支持するものでもないし、マルクス主義を支持するものとも言えない。大学にも来ないで主として毎日マージャンをしている学生をふくめて、かれらがマルクス主義のある理論の正統性をふりかざす学生運動の諸党派を否認しないのは、（めんどうだからという理由もあろうが）大学の教師、大学の経営者などをふくめて今日の日本の社会で責任ある位置についている大人たちにたいする不満を共有しているからだ。

労働運動の中で、つよい自発性をもつ反戦行動があらわれたのは、一九六五年十月十五日以来のことである。この日、反戦青年委員会（正式の名は「ベトナム戦争反対・日韓条約批准阻止のための青年委員会」）が、日韓条約批准に反対して、国会前のすわりこみを実行した。この新しい運動は、反戦行動に参加しようとするものの負担と責任においてなされた。この集団がつくられたのは、最初の行動の日の一月半前、一九六五年八月三十一日のことだった。この結成大会には、労組青年部と学生団体の代表が出席した。民青はこの会合からはなれたが、その他の学生運動の諸団体は、労働者を主体とした討論の中で、学生相互の討論の場とはちがって協力の面をつよくあらわした。この傾向がつよくなって一つの原理として、日本の平和運動をつらぬくようになるかどうかは、三年の歴史を通してでは言いきることはできないが、かれらがかかげたセクトをこえたつよい行動性の原則が、労働者の運動の中にひろがってゆくだけでなく、学生運動の中に、また市民運動の中にひろまって行くことが必要だ。[6]それと反対の極にあたる何も目に立つ行動をしない大衆個々人の厭戦思想の中から、市民運動へ、学生運動へ、労働運動へと別の影響がつたわってゆくことも望ましい。あらゆる運動が不当に党派性を育てやすく、みずからの権力悪に敏感でなくなり、やがてそれが専制と戦争にむすびつく危険をもつからだ。

（1）　柏木義円については次の本におしえられた。伊谷隆一『非戦の思想』（紀伊國屋書店、一九六七年）。

（2）　戦争体験の記録については、次の本と重複しないように努力した。山田宗睦『戦争体験』（徳間書店、一九六六年）。

（3）家永三郎の戦争の見方については、『太平洋戦争』（岩波書店、一九六八年）。

（4）広島の人々の思想と生活については、大江健三郎『ヒロシマ・ノート』（岩波新書、一九六五年）が迫力のある証言である。

（5）『早稲田祭新聞』（一九六四年十一月）。野口武彦「恥辱のなかの平和」（『思想の科学』、一九六五年八月号）による。

（6）反戦青年委員会は、「自立」「創意」「統一」の三つの原則をかかげている。

「自立」とは、参加者のひとりひとりが運動の主体だということ。動員費なしの参加は、すでに常識となっている。組織加盟と同時に個人加盟の職場反戦委員会を結成している。これは、組織全体が加盟するだけでは個人の自覚と自立を確立できないからである。

「創意」とは、第一に、労働運動の中にすでにつよくあらわれた自主規制のわくをやぶってゆくことにむけられる。国会周辺ではまさつをおこさないようにして通過するという方式を守ってゆくことにきめるのではなく、むしろ合法のワクをたたかいの中でひろげてゆくことをめざす。第二に、活動の多様化をめざし、職場・街頭・地域活動のどれかに行動を局限するというのでなく、それらの活動領域を一点にむすびつけることをめざす。

「統一」とは、いっさいの侵略加担に反対するすべての青年が参加できるように、ひらかれた組織をつくることである。巨大組織の間で指導者の話し合いで共闘の原則をきめるということに期待をかけず、組織のちがいを越えて参加者大衆のあいだに共感と連帯をつくりだす過程を重視する。

反戦青年委員会編集・発行『反戦』（一九六八年）による。

（一九六八年十月）

普遍的原理の立場

丸山眞男
鶴見俊輔

事実の記録をつくろう

丸山　前にも言ったんですが、戦後思想史というのは、だいたい論壇史じゃないか。それはそれとして意味はあるけれども、むしろ事実で、まだ明らかにされていないことを、いまのうちに残しておく必要がある。仮に論壇の論文にしても、その執筆当時の事情とか、いきさつとか、いろいろあるでしょう。だんだん記憶はうすれるしね。そして、あとからの回想は、だいたい、現在の立場を過去に投影するということになりがちだから、なるべく早く着手したほうがいい。あまり整然とした話でなくて、雑駁なる思い出を、たくさん残しておくべきだ。何しろ以前は書きものしか記録として残せなかったけれども、政治家なんかのはあちこちでテープにとっているし、また、ほかにも戦後史として計画的に残しておこうという企画はあるけれどもね。もっと広く戦後には各地にいろんなグループが、簇生《ぞくせい》したわけでしょう。「思想の科学研究会」もその一つだ。そういうものの記録を、それぞれが残しておくべきだ。

鶴見　「近代文学」なんかはよい記録が残っていますね。

丸山　結束が固いから。そのもっとも対極をなすものは民科（民主主義科学者協会）だな。民科の歩みはわからないことだらけでしょう。わたしもよく知らない。

鶴見　政治が絡んできますからね。人を中傷したりする、そのスレスレまでいくから、公平な記録をつくろうとする人はかえってひかえちゃうんです。

丸山　しかも、意見と事実が峻別されにくい。とくに、一方からは事実の叙述として書いたことが、相手から見ると、ひじょうに主観的な意見として映る。「思想の科学研究会」なんか、まあ比較的そういうことはないほうかもしれない。意見が分かれても、少なくとも政党が絡まっていないから、いろんな人からヒヤリングをとれば、わかると思う。戦後史論というのは、そういうまだ書かれていない史料の上にのっていないと、めいめい勝手なことばかり言っていることになる。

鶴見　丸山さんの戦争中の軌跡はわりあいにわかるような感じがするんですけどね。あのなかに、大西祝《おおにしはじめ》の評価を戦争中に麻生義輝《あそうよしてる》の哲学史の書評を書かれたことがありましたね。あのなかに、大西祝の評価を書かれていて、歴史主義一本じゃダメだっていう考えかたが、そこに出ているということを、丸山さんは指摘されているわけですが、戦争中の歴史主義的な思想の流れが主流だったときに、そういうふうな、いま流れているものと別の流れが、かつてはあって、それが重大なものだということを指摘することをやめない……、そういう意味で、ふだん忘れていて状況に合うことをぽこっと思い出す、その思い出しの論理から、ひじょうに自由な考えかたを戦争中にとっておられたような気がするんです。たとえば、「国民主義の形成」ですか、あのなかにアーネスト・サトーの記録が出てきますね。英艦の砲撃で壊れた砲台を日本人が修理している、そこへサトーたちが行くと、みんな寄ってきて、自分たちのすることを手伝ってくれる。

丸山　嬉々としてね。

鶴見　そういうことを戦争の最中に書いておられるわけですが、あのあたりは、戦後、状況が変われば、またこういうふうになるんだということを何か予言しているような気がして、わたしはとても感心したんです。戦争中に日本人の思想の振り幅の狭くなったそのときにも、日本の思想史の振り幅の全体のカタログをもっておられた。つまり、戦争中の思想史というのは、ひじょうに狭いところに追い込まれていたわけですけれども、それより広いカタログをもって、いまあらわれている以外のことを忘れまいという姿勢があった、と思うんです。そういう考えかたから、戦後に入ると、戦後史は戦中史にくらべればずっと広いわけですけど、それでもいろんなものが落ちていた。戦争中に、アーネスト・サトーの記録だとか、大西祝のほとんどかえりみられなかった歴史主義的でない別の哲学の流れを忘れまい、としておられたと同じしかたで戦後の思想史に対されたとき、どういうものを忘れまいと考えられたか、そういう力の置きかたっていうか、ポイントはどういうところにあったかということをうかがいたい。

丸山　戦後でも二十余年たちますからね。「戦後」と一括しては言いにくいと思うんです。いまわたしの姿勢を鶴見さんはひじょうに合理化した表現で言われたけれど、単純に言えば、アマノジャクみたいなもんだったと思うんです。もしこのアマノジャク精神の「先生」はだれかと言えば、やっぱり福沢諭吉ですね。むろん戦争中で言えば、ただアマノジャクだけじゃなかった。アマノジャク・プラス・サムシングがあったと思うけれど。それと、もう一つわたしの体質のなかにあったのは、きのう言ったことと無関係に急に変わったことは言いたくないという気持ち。内的連続性というか、あるいは一種の保守性と言ってもいいかもしれない。変わるにしても、突然変異的な変わりかたはしたくないという気持ち。しいていえば、この二つですね。しかし、それは時期によって、それがわりあい表面に出た時期と、そうでない時期とがある。表面に出た時期は、実は戦争直後の一、二年ですね、かえって。

鶴見　陸実《くがみのる》（羯南《かつなん》）のことを書かれたのは、とても早かったですね。

丸山　ええ。一九四六年です。あれなんか一つのあらわれで、日本主義や国粋主義にもよいところがあるじゃないかという、まあ、単純なアマノジャクですね。もっと前には、「青年文化会議」の機関誌の第一号に書いた、「何をなすべきか」という一文があります。これにはさっきの「連続性」の面が出ている。昨日まで追究してきたテーマを引きつづきやるだけのことだ、という、ちょっとスネたような言いかたをしている。それから、新憲法制定の直後に、「憲法普及会」というのがほうぼうにできましてね、政府のお声がかりで。わたしの同僚や先輩たちが講演などに動員されたけど、わたしは断った。新憲法自体に批判的じゃなかった。にもかかわらず、「憲法普及会」に参加するということは、やっぱりいやだった。それから、憲法ができると、それにともなって、関係法令の大規模な改廃制定がおこなわれたわけです。そのときなんか、猫の手も借りたい時代ですから、わたしは法律の専門家じゃないけれども、一般的な民主化の風潮もあって、法律なんてものは、必ずしも法律専門家じゃないものも加えてやるべきだという考えかたから、わたしなんかにも、法改正について、委員会に参加しないかってさそわれたわけなんです。けれども、みんな断った。もちろん復員して以来、あふれるような解放感はあったし、木部達二君なんかと三島の庶民大学の手伝いなどをして、いわゆる啓蒙活動はいっぱしにやっていたんですが、何かそのへんの気持ちはよくわからない。ただ、いまになってこんなことを言うと、ある意味では、いまの時代に迎合することになるんで、気分としては言いたくないんだけれど、あのときの左翼に対する異和感は、つよかったですね。

鶴見　そうですか。わたしには丸山さんのそういう面は、あまり伝わってこなかった。

丸山　その当時のノートに書いた感想なんかも残っていますし、なんなら証拠をお見せします。ただ、異和感なんてものじゃなくて、当時むしろ憎しみと軽蔑をもったのは、やはり、戦争中羽ぶりのよかった知識人たちに対してですね。その感情は今日自分でも追体験できないほど激しかった。被害者意識もあったんです。

鶴見　あのころは、どちらかといえば、木村健康《きむらたけやす》氏とか竹山道雄氏に、ひじょうに近いグルーピングというか、分類される面もあったと思うんです。その後、分解して……。

丸山　さっきの続きを言えば、そうだったんですよ。しかし、自分のことはなかなかわからないもんですね。しいて言えば、戦争直後の時代のあと、第二期が来るんです。レッドパージのころです。わたしはこんなに早く国内状況が変わるとは思わなかった。その点ではあまかったと言われてもしかたがない。

そうなってくると、基本的にはアマノジャクなんですけど、その方向が、広く言えば進歩勢力というのか、そういうものと一致するようになってくる。左のほうがだんだん押されはじめたから、なにくそっと思って、アマノジャク精神から言っても左をふくめた民主勢力の肩をもつようになる。正直に言って、全面講和問題あたりを契機にして、コミットしたわけですよ。戦争直後の世相に対して、多少、斜めに見ていた考えかたから、もっと積極的にというか、わるく言えば、現実政治の動向の一つにコミットするようになってきた。「平和問題談話会」は政治活動をしたわけではないけれど、やはり、レッドパージ、全面講和というのが、一つの転機だったと思うんです。ところが、それからまもなく大病をした。

その後の大きな時期は安保ですね。これは、わたしをよく知ってる若い人からひじょうに意外だと言われた。つまり、ぼくはそれまでおよそああいうかたちの政治参加なんかしない人間だと思われていたわけです。そこは世間のイメージとひじょうに違うんです。世間では、どうかすると、戦後ずっとインテリゲンチアに号令をかけてきた思想家の一つの型みたいなイメージで見られている。ところがわたしを知っている人からは、およそどんな意味でも先頭に立ったことをやるのはきらいな、むしろ隠遁家だと思っていたのが、安保のときに、ばかに新聞などに名前が出てきたんで、びっくり仰天したという人がずいぶんいるんです。だから、わたしの心理では、あれは例外なんです。こっちから出ていったというよりは、むしろ向こうから攻撃をかけてきたでしょう。だから、防衛なんですね。さっきの保守と矛盾しないんです。保守なんだ。保守なんだけど向こうから攻撃かけてきたから、そんなら受けて立とうというだけのことで、とくに積極的にこっちから政治参加したということじゃないんです、わたしの心理では。元来隠遁型なんです。叱られるかもしれないけれど、やっぱりね、天下国家論よりは音楽なんか聞いてるほうが、楽しいね。下手なピアノを弾いているほうが楽しいんだなあ。

原爆体験

鶴見 丸山さんは日記をつけておられるそうですが……。

丸山 つけてないですよ。戦後、病気の前後、昭和二十五（一九五〇）、六年ごろ一時つけてましたけれど、面倒くさくて、またやめちゃった。学生時代はつけてたんですよ。ところが、ほら、特高に押収されちゃったでしょう、それ以来、やめちゃったんです。

鶴見　ずっとつけておられると、思い違いをしたというようなことが、あるていど出てくると思いますが、戦後、いろんな事件があって、その意味での測定というか、その事件のなかで、こういう傾向があると想定したものがそうじゃなかったとか、そういうふうなことはありましたか。

丸山　わたしはね、ちょっとずれるかもしれないですが、いまかえりみて、いちばん足りなかったと思うのは、原爆体験の思想化ですね。わたし自身がスレスレの限界にいた原爆経験者であるにもかかわらず。ほかの、たとえば、戦争中の学問思想に対する抑圧についてのわたし自身の経験とか、あるいは、さかのぼれば震災体験ですね。九つのときですから、戦争体験よりもむしろ強烈なんですよ。あのとき、ルポルタージュを書いたんです。

鶴見　九つのときにですか。

丸山　ええ、ルポルタージュを書いた。むろん齢九歳ていどのルポルタージュですけど。いまも残っています。つまり、それくらい震災体験は強烈なんです。それとか軍隊とか、そういう体験を思想化しようと自分では努めてきたつもりですけれど、ところがそのなかでどう考えても欠落しているのは原爆体験の思想化なんです。

「平和問題談話会」で、わたしは、朝鮮戦争のあと、「三たび平和について」という報告の序論の部分の原案を書いたんです。それで、なんとかして平和共存論の理論的基礎づけをしようとした。そのときに、原爆でこれまでの戦争形態がすっかり変わった。原爆の出現によって、どんな大義名分のある戦争でも、現在の戦争は手段のほうが肥大化しちゃって、目的に逆作用する可能性がひじょうにつよくなった、ということを述べたわけです。けれども、それは一つのグローバルな「抽象的」観察なんで、わたしが広島で原爆にあい、放射能も浴びたという体験とは結びつかない。現在、日本人がヒロシマを重い経験として感じている。そうして大江健三郎さん（『ヒロシマ・ノート』）とか、最近の井伏鱒二さん（『黒い雨』）とか、作家がその重みを作品に結晶化しようとしている。そういう意味での原爆体験というものを、わたしが自分の思想を練りあげる材料にしてきたかというと、してないです。その点が、自分はいちばん足りなかったと思いますね。

鶴見　何がその思想化を押しとどめたんでしょうか。

丸山　わからないんですけどねえ、それ。

爆発直後には、市民がワーッと司令部の構内に逃げ込んできましたから、塔の前の広場がまたたくまに、被爆者で埋まってしまった。足の踏み場もないくらいだった。背中の皮なんかベローッとむけちゃった人なんかザラです。女の人は半裸体で、毛布かなんかでからだを隠して、何にも語らない。放心状態ですね。真夏ですから、上からカンカン日が照りつける。ヤケドの薬なんて何人分も用意してなかった。そんなに大勢の人が一度にヤケドするなんて想像もしないでしょう。ずいぶんあとになって、呉の海軍から飛行機で薬を投下してくれましたけどね。それまではほったらかしでした。そういう目をそむける光景をさんざ見てるわけですねえ。それでいて原爆の意味ということを、今日になって考えるほどには考えなかった。やっぱり、戦争がすんで、やりきれない時代が終わったって感じのほうがつよかったです。

それから、もう一つは、わたしは兵隊で、使役やなんかは一般の兵隊といっしょにやっていましたけれど、所属は情報班ですから、潜水艦が東経何度北緯何度に来た、なんて通信隊から情報が来ますね、そのたびごとに地図に潜水艦の印をつける、そんな単純作業をやってたんです。それと、国際情報が来るわけですね。兵隊は閲覧禁止なんだけれど、だれもいないときによくそれを見てたし、それから、ある時期以後からは、情報班長の中尉が道楽仕事みたいなもんですが、わたしに国際情報を毎週書かせた。東京の参謀部じゃないから別に極秘情報があるわけじゃない。AP通信といったていどのものです。それでもそこでいろんなことを知ったわけですよ。たとえば、ハンブルグの爆撃、ドレスデンの爆撃。あのじゅうたん爆撃というのは残虐きわまるもんでね。正確な数は覚えていないけど、死者何十万です。東京の五月の空襲でも何十万と死んでるでしょう。そうするとね、原爆だけが、とくに残虐だというか、そんなふうには思えなかった。じゃ、ハンブルグやドレスデンはどうなんだってことになるわけでね。おそらく戦争一般の残虐性ということのなかに、原爆の問題も解消しちゃったんでしょうね。戦争というのはこういうもんだ、戦争すればしかたがないというとおかしいけど、戦争に必然的にともなうものだという感じとして、当時は受けとっていたんだと思います、おそらく。

しかし、とにかくなぜだかわからないですね。原水爆戦争が共滅戦争だということは抽象的には考えてきましたよ。だけど、ほんとうの自分のなかの体験に裏づけられているとは言えないんだなあ。ふつう、観念的といわれている民主主義とか基本的人権とかはね、わたしはほとんど生理的なものとして自分のなかにあると感じています。しかし、原爆はそうじゃなかった。少なくとも、ビキニの問題（一九四六年）が起こってくるまではそんなに深く考えなかった。まあ、わたしの懺悔ですね。そのうしろめたさがあるから、いまさら自分も被害者でございという顔で被爆者運動に参加するのをためらう気持ちがある。

戦争中に考えてたことは、戦争が終わると一度ひじょうに左寄りになって、その反動としてナチみたいなのが出てくるんじゃないかと予想してたが、そうはならなかった。かなり揺れもどしはひどいけれども、そうはならなかった。これも、見とおしがはずれたといえば、はずれたことでしょう。

「日本対外国」観をやめよう

鶴見　アメリカ・ヨーロッパ的なものの影響力の限界みたいなものに、戦後の世界史が突きあたった。アメリカも、自分の普遍性を試されるというか、むしろ、普遍性のなさを暴露してきたような感じですね。それは、世界的規模だけでそうだというだけではなくて、日本のなかの問題と結びついてでてくるわけなんですが、アメリカ・ヨーロッパ的なものに対する幻想というものはなかったんですか。

丸山　どういう点の幻想なのかなあ。まず第一に、米ソの対立は、戦争中からかなり激しかったってことは、さっきの国際情報のていどでもよくわかっていた。むしろ日本に入ってくる情報は希望的観測もあって、戦後処理に関する米・英対ソ連の意見の違いがひじょうに強調されていたわけですよ。

それから、常識として、わたしたちはすでに三〇年代において、とくにアメリカの恐慌以後は、いわゆる、ブルジョア民主主義というものに対する批判とか懐疑とか、そっちのほうをさんざん注ぎこまれていたわけだから、わたしたちの精神史から言えば、なだれを打った転向の時代に、かえって、ブルジョア民主主義とか自由主義とかいうものを見直した、というか再認識したといったほうが正しいんです。その点は、少年のときいきなりアメリカに行った鶴見さんとはちょっと違うと思います。

つまりマルクス主義にはコミットしなかったけれど、やっぱりムード的左翼だったから、河合栄治郎さんなんかの自由主義万々歳に対してはあまっちょろいなあ、と思っていた。ところが大学に入ると、なだれを打った左翼の転向時代で、しかもきのうまで勇ましい、ラディカルなことを言ってたやつが、たちまちわたしなんかをとび越して右がかったことを言い出し、やがて御稜威《みいつ》とか聖戦とかを口ばしるようになる。むしろ、いままでなまぬるいリベラルだと思っていた人のなかに、反動期になればなるほどシャンとしてくるという人がいる。むろんリベラルにもダラシのないのが多かったけれど。とにかく平素口で言っている思想だけではわからないものだという感じを痛切に味わった。それでもまだ大学時代には、リベラル・デモクラシーとか新カント派的な二元論なんかは、市民社会を絶対化しているのでダメだというような論文を、南原繁先生に出しているくらいです。だから、むしろ初めから惚れていたというより、だんだん見直してきたんです。したがって、戦後にはすでにブルジョア自由主義にただ一辺倒になるには、あまりにスレッカラシになってたということだと思うんです。

鶴見　吉本隆明の批判なんかについて、どう思われますか。アメリカ・ヨーロッパ的な座標軸というもので、日本の特殊性を見ていこうとする傾向が、丸山さんのなかにある。現実のヨーロッパ・アメリカに対する、原理的に言ってですよ、それに対するある種の幻想につながって、対比的につねに考える。このことのもっている脆さというようなことですね、結局。

丸山　何かの幻想を基準にしているということならだれだって、それはあると思う。

鶴見　わたしにはあるんですよ。

　わたしは、それで、ひじょうな方向転換を戦後にした。アメリカ的な考えかたが、これほど普遍性としての矛盾を露呈するとは戦争中には思ってなかった。だから、戦後の日本のいろんな影響のなかで、ある種のアメリカナイゼーションの方向に行くことを期待して、幻滅しているわけです。その結果、現実のアメリカから切れることで、現実のアメリカとは違うしかたでアメリカ的になろうと思って、日本のことだけしか関心の対象にしない、というふうになっちゃって、一種のコジツケですが、いまのような立場になっちゃったんです。

丸山　わたしに言わせれば、鶴見さんにはそういう無理をする傾向がある。無理してナショナリストになろうとして……。

鶴見　吉本の丸山論は、わたしにはあてはまるんです。わたしは自己批判してます。

丸山　吉本さんの丸山論になぜ答えないかってよく聞かれるんですが、わたしには——吉本さんだけでなく——直接なかたちでは答えない、わたしなりの理由があるんです。だけどそれはまた別の話になっちゃうから、ここでは触れません。

あなたと違う点の一つは、わたしはもともとアメリカというものをまったく知らなかったし、いまでもアメリカはわからないところだなと思っています。だからいまあなたが言われたように、ヨーロッパ・アメリカ的というふうにいっしょにして言われるとすぐ、ヨーロッパとアメリカとはまるで違うじゃないかって反撥したくなる。わたしが実際に行った感じもそうです。つまり、ヨーロッパへ行ったときは未知のところへ来た感じがまるでしなかったが、アメリカはまったく見当がつかない感じ。だから、帰ってきて、一度もアメリカ論を書きません。むずかしいなあって感じです、アメリカを論ずることは。

ところがね、ヨーロッパというのは、伝統に寄食してるっていうのか、現在のヨーロッパには、何か混沌とした新しいものとか、そんなもの何もないですよ。ただ過去の遺産たるやまったくたいしたものだから、まだとうぶんはそれで食いつないでいけると思います。けれど、現代のヨーロッパから何かとてつもないものが出てくるとは思えない。ところがアメリカからは何が出てくるかわからない無気味さと、その意味でのおもしろさがありますね。おまえはヨーロッパの過去を理念化してそれを普遍化している、と言われたら、わたしは、まったくそのとおりと言うほかない。他の文化に普遍性がないというんじゃもちろんないですよ。ただ、わたしの思想のなかにヨーロッパ文化の抽象化があるということを承認します。わたしは、それは人類普遍の遺産だと思います。固くそう信じています。もっともっと学びたい。

そういう意味で、わたしが国連で見たひじょうに印象的だった光景は、ちょうどフランスに捕まっているアルジェリアの捕虜が、捕虜の処遇に抗議してハンストをやった。そこで、フランスの捕虜の処遇をもっと人道的にしろという決議案が総会に出た。アメリカもイギリスも棄権。フランス代表は席を蹴って退場です。そのときに、反仏的な意味をもつからいけないとアメリカ代表が言ったんです。そしたら、決議案の趣旨説明に立ったパキスタン代表が、何を言うか、われわれは自由・平等・博愛をまさにフランス革命から教わったんだ。フランス革命の理念にいまフランスがやっていることは反しているじゃないか。抑圧民族の解放も、われわれはみんなフランス革命から教わったんだ。反仏的とは何か、と色をなして言いましたよ。実際そうだと思うんです。思想的にいえば、植民地の独立運動は、ヨーロッパが世界に教えた理念を非ヨーロッパ世界が逆手にとったんですね。もしそれがヨーロッパという一つの地方の理念だったら、逆手にとれるわけがない。政治思想や近代科学だけのことじゃないんです。西洋音楽の調性構造だって断じて地方的なものじゃない。

アメリカは、さっき言ったようにわたし自身知らなかったし、なにしろトクヴィルがびっくりして書いたように、アメリカデモクラシーは本来、ヨーロッパ的なものと異質のものがあるという感じをもっていました。プラグマティズムなんてのは、まさにあなたから教わったようなものだ。

過去のなにかを理念化するのがいけないというのなら、いっさいの思想形成自体が不可能になっちゃう。手品師じゃあるまいし、そんな何もないところからパッととり出すオリジナリティなんてものは、にせものにきまってますよ。そういう意味で、わたしがヨーロッパ思想史や文化史からわたしなりに最大に学んできたことをすこしも否定しません。同様に、中国の勉強から学んで、判断の軸をつくったっていいじゃありませんか。

東洋対西洋とか、日本対外国という発想はわたしはきらいです。とくに、何かというと、日本ではこうだけれど、「外国では」こうだという言いかたがはやるのは、日本の空間的地位と文化接触の昔からのかたちとに制約されている、それこそ日本的な発想ですね。日本とアメリカとか、日本とインドネシアとかいう言いかたならどこにもあるけれど、日本と「外国」というふうに、日本以外の世界が「外国」という名で十ぱひとからげにされる。昔はその代表が中国だったのが、明治以後「欧米」に代わっただけ。それも文明というより欧米列強、つまり「くに」なんです。だからおよそ、コスモポリタニズムほど、日本で昔もいまも評判のわるいことばはないし、またこれほど異質的な思想はないですね。白樺派のコスモポリタニズムなんていうこと自体チャンチャラおかしいんだなあ、わたしに言わせれば。あれくらい外国崇拝と変に日本的なものとがくっついている妙なものはないです。むしろ、道元とか親鸞とか、そういうところにコスモポリタニズムみたいなものがありますね。やはり、普遍宗教ですから、真理に直接個人が向きあう、一種の世界市民主義みたいになる。彼らは、けっして仏教をインド（天竺）という「くに」の教えとは思っていません。したがって、ヨソのものをもらってきて、ウチでどうこうするっていう発想自体がない。コスモポリタニズムよおおいに起これ、だな。

インターナショナリズムと言ってもいいけれど、これはなんといってもナショナリズムののちに出てきたものですからね。だからわたしは、「人生いたるところ青山あり」というコスモポリタニズムが出てこなきゃ、「ウチ」的ナショナリズムでないナショナリズムは日本に根づかないと思う。

鶴見　占領下に育った人たちのなかに、皮膚感覚としてそういうものを身につけた人たちが出てきてますね。

丸山　わたしもそう思います。しかし、実際はなかなかたいへんでしょうね。たとえば、若いあいだに海外旅行などして国際的なものの見かたをして、そういう意味ではいかにもコスモポリタン的な感覚を身につけていても、私生活の面では、たとえば、結婚とかいうことになると、平気で親がかりになる。そういう若い人が実に単純なマイホーム主義でしょう。マイホーム主義というのは、これはね、『万葉集』とともに古いんだなあ。ちっともそれと切れてない。敷島の大和の国に人ふたり――つまり君とぼくと――ありとし思はば何か歎かむ、あとは知っちゃいない、可愛いかあちゃんと二人だけの閉塞的な天地をつくっちゃえば、あとはベトナムもヘッタクレもあるかって考えは、太古からあるんだなあ（笑）。われ一人じゃないんで、二人でなくちゃいけない。万葉のそういう面は、戦争中には抹殺されて、大君の辺にこそ死なめ、といった歌ばかり言われてね。実際は万葉にはこの二つの流れがあるんですよ、滅私奉公的な流れとマイホーム主義の流れと。

鶴見　そのマイホーム主義がさっきのウチとソトという分けかたの原型になるんですね。

丸山　原型になる。無限に細分化されますからね。会社で言えば、ウチの会社になるし、会社のなかでは、またウチの課になって、これは相似三角形みたいなもんで、いちばん小さいのがマイホーム。だから、滅私奉公対マイホーム主義と対立するように言うけれど、実ははじめから二つは並存してるんです。

ただ、さっきのウチ・ソトの発想にしても、これからは急速に変わっていかざるをえないでしょうね。わたしは、そういう意味で開国、開国というんです。だけど、いわゆる開国というのは、海外交流といった空間的開国ばかりで、精神的開国というのはなかなかむずかしいと思う。自分の精神のなかに、自分と異質的な原理を設定して、それと不断に会話する。鶴見さんなんか、ファナティックなところがある反面（笑）、それがあるので感心するんですが、対話対話っていうけれど、一般には少ないですね、自己内対話というのは。その代わりに一枚岩の精神がお互いにケンカしている。

防衛の積極的意味

鶴見　市民主義と呼ばれる潮流が、安保の状況で果たした役割を、どういうふうに考えられますか。

丸山　市民主義というのは他称だという前提で言えばですね、それまではいつも動員かけられて、何かの組織が政治に参加したというかたちの大衆運動が多かったわけです。それでは律しきれないひじょうに多様な職業の人が、多様な場所で、多様なかたちにおいて、たとえばデモだけでなしに、地域集会とか、勉強会とか、多様なかたちの政治参加が出てきた。あとまで長くつづかなかったのは、確かにまずい、そのことは否定できない。けれど、あの安保のとき初めてああいう広汎なプロテストが出てきた。そう急には定着しないとは思うけれど。

鶴見　敗戦後の占領下民主主義の残り火が一挙にパーッと燃えあがった、最後のもりあがりだったという意見もありますが……。

丸山　わたしはそうは思いませんね。むしろそれは、ずっとアクティヴだった人の実感でしょう。米よこせデモをふくめて、占領下のデモとは基本的に違う何ものかがあったと思います。しかし、それはまだ市民的不服従のひじょうに初歩的な形態だからね。そう初めから理想的にはいかない。もっと正確にいえば、いままでのかたちでのデモの最後のもりあがりと、新しいかたちの市民的不服従の萌芽と、その両方の交錯といったほうがいいかもしれない。

市民的不服従というのは、日本の大衆運動の伝統的形態から言えば「革命的」意味をもっている。けれども、それはもともといわゆる革命じゃなくて、基本的に防衛でしょう。だから向こうから攻撃をかけてこないと、またマイホーム主義になっちゃうという弱点をもっている。けれども弱点といえば、従来の企業労組中心の闘争だって、また街頭激突主義だってそれぞれ弱点があるんでね。むしろどんなに初歩的にしろ、新しい何ものかの萌芽のほうに着目したいな。あれがあれっきりのものなら、どうして権力側はこんなに心配してるんですか。むしろ権力の本能みたいなもので、その何ものかを嗅ぎつけておそれていると思うんです。

鶴見 安保以後の状況というのがあるんですけれど、わたしにはわからないことがとても多くなってきたという感じなんです。その前は、だいたいのところは押えられる感じがするんですけれど、いまは、たとえばライターにしても、全体の像がつかめないんですよ。丸山さんはどうですか。

丸山 わからないっていうよりね、やっぱりわからないって言ってもいいのかなあ……行動の軌跡というのか、つぎはどこへ飛んでいっちゃうかわからないというような、そういうライターが増えてきた。そういう意味なら同感です。

鶴見 不確定性が、そのものの性格としてあるわけですね。

丸山 そういうことです。ただそれよりもやっぱり、中国の文化大革命みたいに、国際的にどうも意味がつかめない事件が出てきた。中国がいったいどういう世界革命戦略の見とおしをもってるのか、そういう点になるとどうしてもわからない。ただ何か世界史はじまって以来の、巨大な実験をやっているという感じ。たとえば、スターリニズムとか、そういうのとはひじょうに違った、ある意味ではこれまでの人類の常識に挑戦してるような、何かをやってるという感じはあります。しかし、それがともかくできるのは、中国のとてつもない広さとか、他の世界から孤立してやってゆけるといった特殊の条件があるからで、革命路線としてどういうふうに規定するのかと言われるとさっぱりわからない。

いま、宗教改革の前夜の時代の文献を読んでるんですけれど、ある面ではひじょうに似ている。ヨーロッパでは、十三世紀ごろになると、それまでラテン語訳だけが認められていた聖書が各地方で俗語に訳されて、聖職者以外の民衆がね、初めて聖書を直接読めるようになって、いたるところで集会をやるわけです。そして、坊主が言ったりおこなっていることは、福音書の教えと違うじゃないかと、あちこちでにわかに騒ぎ出す。しかもそういうセクトを実権派も改革派も利用しようとするので、きのうの正統はたちまちきょうの異端にされる。何か状況が似ている。リテラシー（識字力）の急激な普及を度外視しては考えられない。その意味ではまさに「文化」大革命なんですが……。

特殊性と日常性

鶴見　わたしが丸山さんの議論で、いちばん引っかかるのは、特殊性という問題なんです。これは、天皇制の評価と絡むんですが、それから、現実のヨーロッパを美化していないかということとも絡むんです。特殊性の前に普遍性が先行してなくちゃいけないと、くりかえし言われますね、この『現代日本の革新思想』（座談、一九六六年）のなかで。わたしがいちばんつまずくのはそれなんですよ。ここに犬がいるとか、ここに白い茶碗があるとかね、そういういかなる経験的な判断をとってみても、そのなかに普遍性があるわけですよ。隣のおばさんはよい人だとか、そういうものにもとづいて、つまりある特殊に絡めて、われわれは判断してる。そういうふうに、どういう経験の断片をとってみても、そのなかに推定されるものとして、伏線として普遍性があるわけです。

丸山 同じことを言ってるわけです。論理的に先行するということは。

鶴見 論理的には先行しますよ。同時に、判断のかたちとしては特殊性が先行すると言えないこともないんです。というのは、認識するプロセスで、あとから普遍性が漸進的にあらわれてくる。より普遍的な命題とか、より普遍的な判断として……。

丸山 プロセスはまさにそうですよ。いきなり普遍が出てくるはずはない。ただ、どんな特殊的な命題のなかにも、論理的に普遍的なものがふくまれているということを、意識していればいいんですよ。それならわたしは何もいうことはない。だから、鶴見さんがね、いかにナショナルと力んでもわたしは驚かない。安心している。（笑）

鶴見 いやあ、そう言われるとぐあいがわるいなあ。（笑）

丸山 つまり、あなたには歯止めがある。根本的にインターナショナルだから。

鶴見 つまり、そこのとこなんです。そう言われると、先どりされちゃって話のつぎ穂がなくなっちゃうんだが、わたしが戦後、そうとうつまずいても立ち直ってきたのは、そこのとこなんですよ。わたしのは、どんなに切りとっても、そこでかなり普遍的な判断ができるような思想の場というものはあるし、八百屋のおばさんはよい人だとか、そういうことの積み重ねで、ある種の普遍的な思想の流れというものは出てくるんだ、そういうものとして思想を組み立てる道がありうるという考えかたなんです。だから、日本的なものとか、日本的な経験の積み重ねをとおして、かなりのていど、普遍的な機能をもった思想をつくりうる。

丸山　そこが鶴見さんの戦争直後の考えと違っているんなら、わたしがむしろ鶴見さんの思想を誤解していたことになる。わたしは、それは日常的なものであって、特殊なものとは言わないんだ。ここに犬がいるとか、われわれは日常的にそういう関係のなかにいる。それだけのことですよ。日常的な経験を大事にするのが本当の哲学だということは、まさにあなたから教わったことです。だけどね、日本的なるものと言われると、ちょっと待ってくれと言いたくなるなあ。（笑）

鶴見　いや、日本的と言うことはやめましょう。純粋に特殊的なものということはありえないんですよ。

丸山　それならいい。それなら同じですよ。むしろ逆に言えば、民主主義とか、何とか主義とかそういうものだけを、丸山は普遍と考えているという、そういうのが、わたしに言わせれば、まったくかなわない誤解なんだ。なるほど民主主義とか基本的人権とかは、そりゃ普遍理念ですよ。けれども普遍というのは、そういうことだけを言ってるんじゃない。たとえば、地下鉄に乗ったり、雑踏にもまれて歩いているときに、わたしの感覚のなかでは、自分はいま日本にいるとか、隣にいるおばさんは日本人だとか、そういうのはほとんど意識しない。イギリスの地下鉄に乗っても隣にいるのはただの人間でね、むしろ、ふと自覚的に、ああおれはいまイギリスにいるんだな、と思った。帰ってきて間もなくこんどは、御茶ノ水の雑踏にもまれて、ふと自覚したときに、初めておれはもう日本にいるんだな、と思う。わたしは英会話はおそろしく苦手なので、これは語学の問題とは思われない。これは日本とかイギリスとかいうことだけじゃなくて、たとえば、いま未知の編集者とかどこかの会社の人が訪ねてきたとします。名刺を出されれば、ああ何会社の人かと思います。だけど、何か世間話でもはじめれば、編集者も何会社の社員も何大学の教授もへったくれもない、ただの一人の人間と一人の人間とがダベっているという感じにすぐなっちゃう。普遍的というのはそういう感覚のかたちでわたしのなかにあるんです。

鶴見　いや、イギリス経験論というのは、そこに根を置いた思想だと思います。コモン・センスですね。常識主義というのは普遍性とあまり離れない。

丸山　それならわたしは大賛成です。自覚的な哲学としては、そこをまさに、鶴見さんなどから教わったんですよ。これは日常経験の問題であって、よく言われる特殊対普遍の問題とは違うんじゃないですか。イギリスのロックやヒュームほど、わたしに言わせれば普遍主義的なものはない。透明でしかも合理的です。

いま日本で、特殊的とか普遍的とか、そういう言いかたをするのはよほど用心しないといけないんじゃないかな。あなたの言うような高級な意味では、イメージとしては、必ずしも広がらない。でも、普遍の強調は、いかに誤解されようが、特殊の強調が誤解されるほどはわるくない、というのがわたしの根本の考えかたなんですよ。普遍主義も誤解されて、欧米主義になったり、変なこともたくさんあります。しかし、そのほうがまだましだ。特殊性の強調が「ウチ」的日本主義になるよりもね。

鶴見　教育者的なとらえかたなんですね。

丸山　さっきのアマノジャクもあります。いま、どっちが俗耳に入りやすいか、どうですか。

鶴見　それは普遍のほうが俗耳に入りやすいですよ。

丸山 そこが、根本的に状況判断が違うんだ（笑）。あなたの判断は、実に知識人主義ですよ。政財界のおえらがた、大新聞社の幹部とか、広く日本の社会を見てごらんなさいよ。普遍的という発想とおよそ縁遠いですよ。人類普遍の理念とかそういった抽象的な理屈はどうでもいい。そんなものは学者のおしゃべりにまかしとけばいいと言って、つとめの帰りに、バーできれいな女の子を抱いて飲んでるほうが、それこそ普遍的——じゃない、一般的なんだ。そのくせ、日本の伝統とか、日本人としての誇りなんていうと抽象的とは思わないで、ウンウンとうなずく。それが圧倒的な傾向ですよ。それがわかんないようじゃ、日常的なんていうのはやめたほうがいいな（笑）。わたしはあなたの哲学はおおいに信用しますよ。だけど前からあなたの日常感覚は信用しないんだ。あなたの感覚は、ひじょうに一般の日本人から浮いてる。育った生活環境から言ってもわたしのほうがはるかにドロドロした「前近代的」なものなんですよ。（笑）

型のもつ意味を忘れるな

鶴見 日本の民衆が伝えてきた生活の型というものについてはどう思われますか。

丸山 戦後史だけじゃないんですけどね。明治以来の百年というものは、人間生活における形式とか、型というものがもってる意味を、もっぱら崩す方向に働いたんじゃないですか。その意味ではさっきのアマノジャクの精神から見ると、戦争中『日本政治思想史研究』を書いた時代とは、ちょうど百八十度変わった視点から江戸時代を見直しているんです。これは視点をいろいろ変えてみるということで、べつにあそこでの分析を否定するということじゃないんですが。江戸時代は外に向かうエネルギーが封鎖され、身分格式が固定してしまったので、型を洗練させること以外に、ほかに生きがいのなかった社会なんですよ。だから、全部型の洗練に向かったんです、真理も善も美もね。

　学問で言えば、たとえば、塾なら塾、藩校なら藩校で、徹底して学問の型を教える。剣道で言えば、戦争がないから、道場で型を覚えるほかにしようがない。遊女は遊女で、蚊帳に入るときの身ごなしまで、微に入り細をうがった型があって、それを長年かかってちゃんと習得した人だけが太夫《たゆう》になれるんです。商家でも、丁稚から番頭になるにはたいへんなしつけを経なければならない。型を磨き洗練することで、全体の文化体系をあれほどに完成した社会というのは、江戸時代以外にはない。このために、鎖国という巨大な代償を払った。つまり、外からの通信や刺激が来ないでしょう。内容的には千篇一律になるから、どうしてもエネルギーは形式を洗練させる方向ばかりに向かう。だから学問でも芸術でも正統意識がひじょうに発達する。

　家元というのは、義や真理の正統を体現したものです。だから儒学を中心にしてドグマの歴史、つまり教義史をちゃんとたどることができる。正統意識がないと教義の内在的発展もない。日本で支配的な潮流はむしろそれと逆で、形式なんかどうでもいいというエネルギー主義と、それから大陸文化をもらって適当に手直しする修正主義です。そのなかでは比較的に言えば、江戸時代は例外的な時代と言っていい。そういう観点から見ると、明治の文明開化以後の歴史は、社会生活から文化にいたるまで、江戸時代が三百年かかって営々と築きあげてきた、型・形式がひたすら崩れてゆく一方的な過程で、戦後はただその傾向が加速されただけなんです。明治の天皇制というのは、社会的文化的にはすでにアナーキーになっていたのを、政治的にワクをはめてやりくりしてきた。生活のなかから近代社会の新しい型を、自主的につくってゆくことはついにできなかったんです。公式的に言えば、これが民主主義の未成熟ということなんですね。

明治の末年に「国民道徳論」というのがやかましかった。あれはちょうど「期待される人間像」（一九六六年）にあたるんです。サムライという人間像が崩れて以後、大日本帝国臣民の人間像をつくり出そうというあがきですね。実際は大衆社会化がとうとうと進行していた。大衆社会というのはひとくちに言えば、型なし社会ということでしょう。社会生活の形式もそうだし、たとえば、言語で言えば文体です。文体というのは、文章の型ですよね。漢文体とか、文語体とかいう型があったのが崩れて以後、それに代わるような口語文の型は、少なくとも社会的に確立されていない。「明六社」の人びとがするどく意識した、話しコトバと書きコトバの分裂という問題も解決されていない。コトバはコミュニケーションの手段なんだから内容さえ通じればいいじゃないかというなら、文体なんていう意識は起こらない。そうすれば、ギャーとかワッとかいう擬音でも、意志は通じることになる。江戸時代に儒者が口をすっぱくして言ったことは、人間は礼を知ることで、禽獣と区別されるということだった。礼——つまり形式がただなくなるだけだったら、無限に動物に接近する。だからコトバも擬音がやたらに増えてくるのはとうぜんじゃないですか。

ところで「思想の科学研究会」は、思想や学問のこれまでの型に反逆したわけですね。それはそれでいい。しかし、ただ型や形式をぶち壊すというだけだと、日本の文脈ではどうなるか、とくに現代のような社会ではどうなるかといえば、マスコミに対して、まったく無抵抗になるんですよ。だって、マスコミはいわば型を壊すことを商売にしている産業だから。これにたいしてアカデミーというのは、まさに、学問の型をしつける場所なんです。つまり、あそこに、必ずしも、オリジナルな思想家がいるわけじゃない。新しいアイディアを創造する場でもない。しかし、そこでは、学問の型を教える。

そこで、現代の日本でたんに反アカデミズムなんて呼号することは、さなきだに内容主義、便宜主義の風習のつよい日本では、江戸時代においてわずかに例外的に支配的だった型をしつけるという意味を、まったく忘却することになるんだ。

エー、学問のしつけのきらいなかたは、イラハイ、イラハイ。お手軽に学問の匂いをかぎ、評論らしいものをすぐ書けるようになりたいと思うかたは、イラハイ、イラハイってことになるんだ。「三四の侍」のほうが、道場の先生よりも、真剣で斬り合ったらつよいかもしれませんよ。しかし、そんなことを言えば、落とし差しのやくざにももっとつよいやつがいるかもしれない。道場の意味は、剣の使いかたの基本を教えるところにあるんで、そこで学んだからといって、ただ人をたたっ切るのがうまいとはかぎらない。

もしアカデミーに存在理由があるとしたら、徹底して学問の型を習練することです。だから、現代の大学で、それをやってないじゃないか、つまりアカデミーじゃないじゃないかということなら、まさに、批判されるべきだ。そういう大学批判ならいくら批判されたって、大学人はあまんじて受けねばならない。ところがアンタイ・アカデミズムなんていうときに、コッケイだと思うのは、そういう批判じゃないからですよ。わたしが「思想の科学研究会」に参加したのは、民間のアカデミズムをつくるっていうから、それはひじょうによいことだ、と思ったからですよ（笑）。ところが、型とか形式を蔑視する内容主義になっちゃったから、きびしいシツケのきらいなかたは、イラハイ、イラハイ、ということになった。これが「思想の科学研究会」に対してもっているわたしの根本的な疑問です。

型へのシツケという意味、これが人生にとって、どんな意味があるかを考え直す必要があるんじゃないか、芸術でも、学問でも。

たとえば、博士論文は、こういうふうに書くものだという、型があるんですよ。それは論文の内容と独立してそれ自体意味がある。およそ、博士論文というのは、こういうもので、註というのは、こういうふうにつけるんだ、というふうにしつけていく。ところが、「思想の科学」主義は、そういうものをすぐ無意味だとか荘厳ぶっているとかいって壊そうとする。それも一面では意味があると思うけど、現代のように、型の意味、シツケの意味が忘れられている時代では、「思想の科学」主義は、まったく時流にのっていると思うんだ（笑）、時局便乗ですよね。だから、せっかく新人を育てても、「思想の科学」を踏み台にしてすぐマスコミに出ちゃう。「思想の科学」にどこまでもとどまっている人は、いいほうだ（笑）。マスコミへのステップになる傾向はとどめがたいといつか鶴見さんが言ったのを覚えているけれど、わたしに言わせれば「思想の科学」のイラハイ、イラハイ主義のなかに、それを必然にする何ものかがある。（笑）

（一九六七年五月）

丸山眞男（まるやま・まさお）　一九一四－九六　政治学者　主著『現代政治の思想と行動』『日本の思想』

解説　持続する思考

長谷川　宏

わたしが鶴見俊輔の著作を熱心に読んだのは、一九五〇年代末から六〇年代末にかけての、大学生・大学院生時代のことだ。この本に収録された文章は、IIの「石川三四郎」と「柳宗悦」を除くすべてがその時期に発表されている。

鶴見とほぼ同年の若き論客として谷川雁や吉本隆明などがいたが、詩人でもあった谷川と吉本の場合、時代の状況と激しく切り結ぶ気合いが、昂揚した文体と難解な修辞を生み、読者を昂奮と陶酔に誘いがちだったのに比べると、鶴見の文章はゆったりと穏やかで、落ち着いた気分で読みすすむことができた。そのころ盛り上がりを見せた六〇年安保闘争やベトナム反戦運動についても、鶴見はアメリカの軍事戦略とそれに追随する日本政府の姿勢に強く反対する姿勢を堅持していたが、折々の発言は状況を広く見わたす冷静で篤実な運動家の面影を伝えるものだった。

鶴見のものの考えかたと人柄にたいするわたしの印象は、民芸運動家・柳宗悦《やなぎむねよし》についての鶴見自身の印象に通じている。柳宗悦論の書き出しはこうだ。

なぜ柳宗悦が私にとって大切な思想家かと言うと、彼が、熱狂から遠い人だからである。

明治以前のことについてはよくわからないけれども、明治以後の百年あまりについて言えば何度も集団的熱狂が時代の気分としてもりあがり、そのわくの中で、もっとも極端な方向につっぱしるものが、英雄のように見えた。柳宗悦は、彼の活動したそれぞれの時代において、集団的熱狂から自由な人だった。

このことが、私には、日本の著作家の中でまれなことに見えたし、この人に対して敬意をもちつづける根拠となってきた。

柳の思想の核心には、いつも、おだやかさとがんこさがあった。それは、柳の思想の特色であると同時に柳の人がらの特色でもあり、彼の思想と人がらの接点となるものである。

（本書一八九ページ）

柳が民芸の美しさに目を開かれたのは、二十代の朝鮮旅行で無名の陶工たちの手になる普段使いの陶磁器に衝撃を受けたことをきっかけとしていた。

その旅行が一九一五年で、その五年前の一九一〇年に朝鮮は韓国併合条約により日本の属国となっていた。日本の植民地支配にたいする朝鮮民衆の抵抗は根強く、一九一九年には三・一独立運動が大きな盛り上がりを見せ、あわてた日本政府は軍隊と警官隊の出動によって暴力的に運動を鎮圧した。事実を知った柳は、「朝鮮人を想ふ」と題する論文を「読売新聞」に発表して日本政府の残虐非道の措置を批判し、さらに、声楽家の妻・兼子とともに朝鮮に赴き、謝罪と友誼回復のための音楽会と講演会を催した。日露戦争以降、欧米列強の後を追うようにして東南アジアへの侵略と支配を進めるのが日本人の集団的熱狂となりつつあるとき、隣国への軍事弾圧を謝罪し、芸術を機縁とする友愛の念をもちつづけようとすることは集団的熱狂から自由でなければかなわぬことだったし、その思いを表明するのにみずからの手で音楽会と講演会を開催するのは、穏やかで頑固というにふさわしい試みだった。

柳と鶴見とのあいだには三十年あまりの年齢の隔たりがあるが、時代を生きる気分には相似たところがあった。鶴見も集団的熱狂から遠い人だったし、穏やかにして頑固な思想家という面を多分にもっていた。その典型的な例が最初の論文「日本思想の可能性」の冒頭近くに出てくる。日本軍の真珠湾攻撃によっていよいよ日米戦が始まるというとき、鶴見がアメリカに留学中の身で自分の身の処しかたを思いめぐらした一文だ。

この戦争に日本は負けるし、負ける時に日本にいなければならないと感じた。この感じかたには合理的な根拠はない。……私の理性からいえば、日本の国家が負ける時に日本にいても、日本の外にいても、どちらでもいいはずだ。しかし、日本の国家が負ける時には日本にいなければいけないという感情がはっきりと私の中にその時あった。

(本書一〇ページ)

たしかに、日本が負けるときに日本にいなくても、日本について、負けについて、戦争について考えることはできる。だが、敗戦が具体的にどういうものか、人びとが個人として、また集団としてどのようにそれに耐え、どのように日々の生活を維持し、どのように敗北を受け容れていくのかを身近な出来事として経験するには、日本にいて人びととともに戦争を生き、戦争に負けるのでなければむずかしい。日本にいなければならないと感じたとき、鶴見の心にはそのような思いが蟠《わだかま》っていたと思う。自分の考えることが自分の日常の生活や経験に根ざし、そこから広がって普通の人びとの日々の暮らしと思いにつながっていくのが鶴見の生涯変わらぬ思考法だった。そのように地に足をつけ、身を低くしてものごとを考えていく流儀は、負ける日本にいなければならぬという若き日の決断に早くもすがたをあらわしていた。

明治以降の近代日本においては、体系的に秩序立った堂々たる思想はもっぱら西欧から輸入されて大いなる尊崇の対象とされ、その裏づけとして西欧の先進文明がありがたがって模倣されたが、そういう条件の下では、身近な人びとの生活のなかに思想の糧を求め、身近な生活との齟齬と矛盾こそが思想発展と力だと考える鶴見の作風は少数派たらざるをえなかった。さきに挙げた柳宗悦もそうだが、そのほか新渡戸稲造、小泉八雲、石川三四郎など「Ⅱ」で取り上げられる人物はいずれも少数派として日本の近代を生きていこうとした人たちだった。そういう少数派にとって思想とはどういうものか。鶴見はそう自問し、こう自答する。

わたしは思想を、それぞれの人が自分の生活をすすめてゆくために考えるいっさいのこととして理解したい。それは断片的な知識とか判断からなりたっているものだが、おのずから全体をつらぬく傾向あるいはまとまりを持っている。その細部に注目するのでなく、全体のまとまりに注目する時、とくに「思想」とよばれるような対象がはっきりあらわれるのだと思う。

（「日本の思想百年」本書二七ページ）

思想が出来合いものとは考えられていない。思想の根にある生活に分け入り、そこにまとまりを見出す努力のむこうにようやくすがたをあらわすものが思想だと考えられている。思想への興味よりも生活への興味のほうが上まわっていると思えるほどだ。

こういう思想のとらえかたをあえて強調しなければならないと鶴見が考えたのは、戦時下に起こった日本共産党系の活動家たちがなだれを打つように反軍国主義から天皇制軍国主義へと転向していった現象と、敗戦後にかつての軍国主義の主唱者たちが掌《てのひら》を返すように平和と民主主義の使徒になるという現象とが、日本社会の精神的なひ弱さとして強く胸にせまってきたからだった。戦争中の集団転向は官憲による苛烈な思想弾圧を考えれば、まだしも理解できなくはない。が、戦後の転向はどう考えるべきか。

戦争の責任が宙に消えて、戦争をすすめて来た当人が、確信をもって今度は平和主義と民主主義をすすめるという状況に当惑した人は多い。この当惑が、戦後思想の最大の問題の一つだったと言っても、言いすぎではないと思う。

（「平和の思想」本書二五八ページ）

かつての軍国主義の信奉者が敗戦とともに確信をもって平和主義と民主主義を鼓吹する。そんなすがたはたしかに多くの人を当惑させたと思う。人の意見というものはどんなに抽象度の高い意見でも当人の人柄と結びついていて、掌を返すような意見の変更は人柄への不信を招くからだ。

だが、多くの人を当惑させるような主義の転換に戦後思想の最大の問題を感じとるという思想的感覚は、鶴見に独特のものだった。思想を人びととの日常生活とのつながりのなかで考える姿勢に相呼応する思想的感覚だった。

生活のただなかから問題を汲みとり、論点を整理して首尾の一貫した思想に組み上げ、それを生活の現実に投げ返して内容・形式ともに磨きをかける。思想と生活とのあいだのそういう往復運動こそが思想を生きたものにすると鶴見は考えた。さきに挙げた柳宗悦、石川三四郎や、「ジャーナリズムの思想」に出てくる黒岩涙香、三宅雪嶺、正木ひろしなどは鶴見が日本の近代史のなかに見つけ出してきた、思想と生活に相渉る知的人物たちだったが、日本の戦後を生きる鶴見自身が、離反しがちな思想と生活をともどもに視野に据えて時代を生きるという課題を手放さない思想家だった。

目配りの広さと意表を突く着眼のおもしろさはだれしも認める鶴見の論作の大きな特色だが、それも、右の課題に応えようとしておのずから培われた面がけっして小さくなかった。戦後という時代は他に類を見ないほどに変化のめまぐるしい時代だった。鶴見は時代の最先端を走る人ではなかったが、心の奥に響く問題には誠実に向き合う人だった。誠実さは思考の持続を要求しないではいなかった。思考しつづけることが時代に誠実に生きることだった。

この本に採録された文章は鶴見の書いたもののほんの一部にすぎないが、どの文章を読んでも鶴見が生活のなかで思索を重ね、思想を身近な伴侶として生きていることがはっきりと感じられる。

（はせがわ・ひろし　哲学者）

【た行】

人名索引

初出一覧

日本思想の可能性　『思想の科学』一九六四年一月号
日本の思想百年　笠信太郎編『日本の百年』社会思想社、一九六六年十月
日本の思想用語　久野収・鶴見俊輔編『思想の科学事典』勁草書房、一九六九年六月
日本の折衷主義　『近代日本思想史講座　第三巻』筑摩書房、一九六〇年五月
日本思想の言語　『展望』一九六五年一月号
石川三四郎　鶴見俊輔編集・解説『近代日本思想大系16』筑摩書房、一九七六年十一月
柳宗悦　鶴見俊輔編集・解説『近代日本思想大系24』筑摩書房、一九七五年六月
ジャーナリズムの思想　鶴見俊輔編集・解説『現代日本思想大系12』筑摩書房、一九六五年六月
平和の思想　鶴見俊輔編集・解説『戦後日本思想大系4』筑摩書房、一九六八年十月
普遍的原理の立場　『思想の科学』一九六七年五月号

編集付記

本書は著者の日本思想に関する論考を独自に編集したものである。

一、編集にあたり、筑摩書房版『鶴見俊輔著作集』を底本とした。ただし、上記に未収録の「石川三四郎」は『鶴見俊輔集9』（筑摩書房）、「柳宗悦」は初出、対談は『思想とは何だろうか』（晶文社）に拠った。

一、底本中、明らかな誤植と考えられる箇所は『鶴見俊輔集』等と照合し訂正した。

一、本文中、今日の人権意識に照らして不適切な語句や表現が見られるが、著者が故人であること、発表当時の時代背景と作品の文化的価値に鑑みて、底本のままとした。

鶴見俊輔（つるみ・しゅんすけ）

一九二二年東京生まれ。哲学者。四二年、ハーヴァード大学哲学科卒業。四六年五月、都留重人、鶴見和子、丸山眞男らとともに雑誌『思想の科学』を創刊。その後、京都大学、東京工業大学、同志社大学で教鞭をとった。六〇年には市民グループ「声なき声の会」を創設、六五年にはべ平連に参加した。七〇年同志社大学教授を辞職。主な著書に『アメリカ哲学』『限界芸術論』『戦時期日本の精神史』（大佛次郎賞）『戦後日本の大衆文化史』などのほか『鶴見俊輔集』（全十七巻）、『鶴見俊輔座談』（全十巻）がある。二〇一五年死去。

日本《にほん》思想《しそう》の道《みち》しるべ

二〇二二年六月二五日　初版発行

著　者　鶴《つる》見《み》俊《しゅん》輔《すけ》

発行者　松田陽三

発行所　中央公論新社

〒一〇〇-八一五二
東京都千代田区大手町一-七-一
電話　販売　〇三-五二九九-一七三〇
　　　編集　〇三-五二九九-一七四〇
URL https://www.chuko.co.jp/

DTP　市川真樹子
印　刷　図書印刷
製　本　大口製本印刷

Published by CHUOKORON-SHINSHA, INC.
Printed in Japan　ISBN978-4-12-005543-0 C0010

中央公論新社の本

思想の流儀と原則

鶴見俊輔
吉本隆明 著

戦後思想史の極点をなす哲学者と思想家の激しい論争を対論とそこに至る論考によって再現。〈解説〉大澤真幸

単行本

親鸞の言葉

吉本隆明 著

名著『最後の親鸞』の著者による現代語訳で知る親鸞思想の核心。鮎川信夫、佐藤正英、中沢新一との対談を収録。

中公文庫

幕末明治人物誌

橋川文三 著

吉田松陰、西郷隆盛から乃木希典、岡倉天心まで。歴史に翻弄された敗者たちへの想像力に満ちた出色の人物論集。

中公文庫